シリーズ
総合政策学をひらく
Exploring New Horizons in Policy Management

言語文化と
コミュニケーション

慶應義塾大学総合政策学部

シリーズ「総合政策学をひらく」刊行にあたって

　未来を考える。そのための学問を展開してきた慶應義塾大学湘南藤沢キャンパス（以下 SFC）において、総合政策学部は、未来を切りひらくための政策を考えることを学部の教育と研究の中心に置いてきた。政策を「人間が何らかの行動をするために選択し、決断すること」と捉え（加藤 1989）、また「人間の行動が社会であり、その社会を分析する科学は、総合的判断に立脚しなければ成り立たない」という認識のもとに、総合政策学という学問が存在している（加藤・中村 1994）。この総合政策学という学問が生まれ、SFCに総合政策学部が設置されてから 30 年あまりが経過した。

　いま私たちが生活する社会は、大きく変動している。社会が共有してきた価値や利益は流動し、社会が了解してきた規範や制度といったゲームのルールは動揺している。これまで当然のこととされてきた前提の多くは変化している。グローバル化と相互依存の深化は、国際社会の平和と繁栄を保証すると見做されてきたが、現実の国際社会は異なる姿を示している。自由民主主義は、社会が追求する政治体制の既定値であって、これが後退することはないと考えられてきた。しかし自由民主主義の退潮、権威主義の台頭という認識が広まっている。情報通信技術の進歩は、自由民主主義の深化につながると理解されてきたが、それは権威主義の強化に貢献する側面もあることが分かってきた。

　社会が共有していると信じる利益や価値は、時間の経過とともに変化する。社会の秩序は流動する。社会問題の多くは、従来型の解決方法に常に懐疑的であり、常に新たな発想を要求している。

　SFC は、総合政策学を、現実社会の問題、すなわち政策問題を実践的に解決する取り組みをつうじて知の蓄積を図ろうとする、「実践知の学問」と定義している（國領 2008）。そうであるがゆえに総合政策学は、常にあるべき自らの姿を問い続けるべきもの、と理解してきた。「社会が変わり続ける限

り、総合政策学の知見は常に古くなりつつあり、更新され続けなくてはならない。社会に間断なく問題が生まれ続ける限り、これだけ学んでおけば良いという固定化された知識では不十分である」と（土屋 2021）。

　そもそも社会の問題は、必ずしも、特定の学問領域に立ち現れるわけではない。問題を解くための有効な政策的判断を導くためには、複数の学問分野からの視点が必要である。学問には、それぞれ固有の研究対象としての領域がある。経済活動を対象とする経済学、法律を扱う法学、政治現象を分析する政治学がある。これに対して総合政策学は、既存の学問領域とは異なる性格を持つ。既存の学問を discipline oriented の学問と捉えるのであれば、総合政策学という学問は issue oriented の学問といえる。より正確にいえば、総合政策学は、discipline oriented の学問を前提としながらも、社会問題の解決の方向性と具体的な解決手段である政策を検討し、その実践のあり方を模索する issue oriented の学問である。

　総合政策学が、個々の先端的な学問領域に通暁しつつも、それを総合的に捉え直して、問題解決のために学際領域に踏み込もうとする学問と理解される理由はここにある。総合政策学が魅力的であるのは、秩序の流動と社会問題の変化を的確に捉え、問題の変化に適応する学問を構築しようとする考え方を備えているからである。

　SFC と総合政策学部は、その開設から 30 年あまり、総合政策学のあるべき姿を繰り返し自問してきた。その最も包括的な取り組みが、学部の創設から 10 年を機に刊行された、シリーズ「総合政策学の最先端」（全 4 巻）である[1]。同シリーズは、総合政策学を「大きな変革を経験しつつある人間社会の動向を的確に理解するための視点としての方法ないし研究領域」と定義した（小島・岡部 2003）。そしてシリーズを刊行するための基盤となった研究プロジェクトが、「文部科学省平成 15 年度 21 世紀 COE プログラム『日本・アジアにおける総合政策学先導拠点』」であった。ここで総合政策学は「実践知の学問」と簡潔に定義された。研究プロジェクトの軌跡と成果は、慶應義塾大学学術情報リポジトリ（KOARA）に納められている（総合政策学ワーキングペーパーシリーズ 2003）。

　そしてこのたび総合政策学部は、SFC 創設 30 年を区切りとして、シリー

ズ「総合政策学をひらく」を刊行する。シリーズ「総合政策学をひらく」は、これまでの総合政策学の歩みを振り返り、現在の総合政策学の姿を確認し、これからの姿を展望する試みである。SFC で修学することを選択した学生たちが 30 年先の世界を切りひらく学問を示そう、という試みである。本シリーズは、『流動する世界秩序とグローバルガバナンス』、『言語文化とコミュニケーション』、『社会イノベーションの方法と実践』、『公共政策と変わる法制度』、『総合政策学の方法論的展開』の 5 つの巻によって構成されている。各巻のねらいは、それぞれの「はじめに」および「序章」が詳細に論じている。

　本シリーズの編集委員会は、2021 年 8 月に立ち上がった[2]。2019 年 12 月にはじまった新型コロナウイルス感染症の世界的な感染爆発、そして 2022 年 2 月のロシアによるウクライナ侵攻は、人間社会に大きな衝撃をあたえ、秩序の流動を強く促している。所収された各論文の筆者は、30 年後の世界に生きる学生たちの姿を思いながら執筆したに違いない。

　本シリーズの刊行は、湘南藤沢キャンパス教職員、慶應義塾大学出版会の編集担当者による共働の成果である。関係するすべての方と本シリーズの刊行を慶びたい。刊行にあたっては、慶應義塾大学からさまざまなご支援をいただいた。伊藤公平塾長、土屋大洋常任理事に感謝したい。

2023 年 1 月

総合政策学部長　加茂具樹

---

1)　岡部光明編『総合政策学の最先端 I　市場・リスク・持続可能性』慶應義塾大学出版会、2003 年。金子郁容編『総合政策学の最先端 II　インターネット社会・組織革新・SFC 教育』慶應義塾大学出版会、2003 年。梅垣理郎編『総合政策学の最先端 III　多様化・紛争・統合』慶應義塾大学出版会、2003 年。香川敏幸・小島朋之編『総合政策学の最先端 IV　新世代研究者による挑戦』慶應義塾大学出版会、2003 年。

2)　編集委員会は、加茂具樹総合政策学部長・教授、神保謙総合政策学部教授、廣瀬陽子総合政策学部教授、宮代康丈総合政策学部准教授、山本薫総合政策学部専任講師、琴坂将広総合政策学部准教授、宮垣元総合政策学部教授、新保史生総合政策学部教授、和田龍磨総合政策学部教授、桑原武夫総合政策学部教授、清水唯一朗総合政策学部教授によって組織された。

参考文献

加藤寛（1989）、「未来は君たちのものです　慶應義塾 SFC を志望する諸君へ」『慶應義塾大学湘南藤沢キャンパス　総合政策学部　環境情報学部　（1990 年 4 月開設）』慶應義塾湘南藤沢新学部開設準備室。

加藤寛・中村まづる（1994）『総合政策学への招待』有斐閣。

小島朋之・岡部光明（2003）「総合政策学とは何か」『総合政策学の最先端』慶應義塾大学出版会。

『平成 15 年度　文部科学省 21 世紀 COE プログラム研究拠点形成補助金『日本・アジアにおける総合政策学先導拠点』研究成果」（総合政策学ワーキングペーパーシリーズ2003）https://koara.lib.keio.ac.jp/xoonips/modules/xoonips/listitem.php?index_id=77910

國領二郎（2006）「巻頭の辞」、大江守之・岡部光明・梅垣理郎『総合政策学　問題発見・解決の方法と実践』慶應義塾大学出版会。

國領二郎（2008）「政策 COR の軌跡と意義」『KEIO SFC JOURNAL』第 8 巻第 I 号、7-19頁。

土屋大洋（2021）「巻頭言　特集　古くて新しい総合政策学のすすめ」『KEIO SFC JOUR-NAL』第 21 巻第 I 号、4-5 頁。

目　次

はじめに

　言語は人々をつなぎ、文化を生み出す。言語の文化は、人間同士を結ぶコミュニケーションによって培われる。言語文化とコミュニケーションの視座から世界を見渡す時、どのような政策の展望をひらくことができるだろうか。

　慶應義塾大学湘南藤沢キャンパス（以下 SFC）は、1990 年の創設以来、教育・研究の方針として、言語の多様性を強く意識してきた[1]。そして、言語の多様なあり方を見据え、積極的に価値づけることが、学問と社会の発展に寄与するという信念を実践してきた。この信念は今も揺るがない。だが、言語をめぐる状況は刻々と移り変わる。状況が変われば、新たな課題も生じる。その一方で、時の移ろいにもかかわらず、変わらぬ永遠の課題もある。現在の総合政策学にとって、言語文化・コミュニケーションの課題は何か。その課題を理解することは、政策を考え、実行するための端緒である。また、政策の構想・実施によって世界の現状を改善し、今後の発展を望むならば、人々を取り結ぶ言語文化・コミュニケーションの課題を広く的確に把握しなければならない。

　言語文化・コミュニケーションから政策へ、そして政策から言語文化・コミュニケーションへ——このような相互作用を生み出すことによって状況の改善を目指せるのは、分野を横断して学際的な領域に踏み込む総合政策学というアプローチの真骨頂である[2]。本巻では、言語文化とコミュニケーションに立脚した総合政策学に向けて、現在 SFC で取り組まれている研究の方

1

向を、3つの部に分けて示している。

　第Ⅰ部「ことばを学び、考える」では、言語そのものと世界・文化の理解との関わりを取り上げる。第1章（今井むつみ）は、世界を切り分け、整理するという言語の働きに注目しながら、外国語に習熟し、それを実際に使用できるようになるための条件を提示する。第2章（大堀壽夫）は、主に英語の fair という語に着目して、それが用いられる状況のデータ分析をおこなうことにより、話者集団が共有する信念・価値観といった社会的・文化的側面を明らかにする。第3章（國枝孝弘）は、現実を完全には掬いとれないという言語の限界を自覚しながらも、その無力を言葉に変えようとする文学の営みと意義を論じる。第4章（藤田護）は、アイヌ語とアイマラ語の口承の物語において、人間と動物の関係がどのように表象されているかという点を比較検討し、各表象の違いの要因を探る。コラム（髙木丈也）では、世界各地の朝鮮民族コミュニティの事情を紹介しながら、その民族性と言語政策の関係を考える。

　第Ⅱ部「場を創り、ことばを教える」では、言語政策・言語教育の問題を扱う。第5章（中浜優子）は、第二言語習得のプロセスにおいて要となる点を機能主義的アプローチや語用論の角度から明らかにし、グローバル社会で求められるコミュニケーション能力を上達させるための提言を行う。第6章（杉原由美）は、多様な言語文化背景を持つ日本語使用者を、日本社会の内外を問わず、積極的に包摂するような日本語コミュニティの「再想像」を目指して、さまざまな実例・実践を考察する。第7章（白頭宏美）は、学習者オートノミーというコンセプトに着目し、SFC の日本語科目で設置されている自律型クラスを紹介しながら、その授業を通して育成されている自律能力の現状や課題を分析する。第8章（藁谷郁美）は、日々の生活に入り込んでいる仮想空間と共存せざるをえない現在の学習環境を踏まえて、SFC のドイツ語教育の取り組みを実例として挙げながら、これからの外国語教育環境デザインの論点を示す。コラム（鄭浩瀾）では、中国語において、異なる生活習慣や文化を持っていても共通して使える「普通話」がどのように形成されたのか、その歴史を概観する。

　第Ⅲ部「政治を動かし、社会を変える」は、政治・社会における言語コミ

ュニケーションの問題に迫る。第9章（宮代康丈）は、1848年にフランスで勃発した六月蜂起を例に取り、政治理念を語る言葉の曖昧さをめぐって生じる論争や対立の意味を検討する。第10章（山本薫）は、「ユダヤ人国家」にして「民主国家」でもあるというイスラエルで生き続けることを選んだアラブ人市民の葛藤を、とりわけアラビア語とヘブライ語の関係に焦点を当てて考察する。第11章（野中葉）は、現代インドネシア社会の現状に対して異議申し立てを行っている作家フェビー・インディラニに着目し、その作品の世界観と意義を明らかにする。第12章（西川葉澄）は、現代文学の重要なテーマである越境体験について、それがどのように創作言語を変容し、文学的実践を更新しているのかという点を分析する。第13章（大木聖子）は、科学から答えを得られないような問題や、市民が問い掛けない限り科学の世界では問われないような問題があることを指摘し、専門家と非専門家との間でのコミュニケーションや対話の重要性を論じる。コラム（杉本なおみ）では、医療系4分野の「モデル・コア・カリキュラム」に見られるコミュニケーションの捉え方と、本来のコミュニケーション学での捉え方との比較を通じて、医療系学部でのコミュニケーション教育の現状に一石を投ずる。

　以上の各部で示されている問題群を見渡す時、その複雑さと多様さにたじろぐ向きもあるかもしれない。しかしながら、そのありさまが我々の世界の姿なのである。圧倒されたままでいるわけにはいかない。その姿を理解しよう。そして、課題があるのであれば、その改善に向けて歩を進めよう。本書はそのための道標となることだろう。

　もっとも、本巻の意義は、多様であることの強調に尽きない。多様性を同じ一つの場で共有すること——これがSFCの特徴であり、強みである。同じ場を共にするからこそ、各々の研究の間にコミュニケーションが生まれ、守るべきものとしての価値も共有される。本巻は、そのような多様と共有の成果である。

編者
宮代康丈
山本薫

1) SFC における多言語主義については、平高史也・古石篤子・山本純一編『外国語教育のリ・デザイン——慶應 SFC の現場から』（慶應義塾大学出版会、2005 年）の第 1 部「SFC 外国語教育のフレームワーク——理念・変遷・研究」を特に参照していただきたい。

2) 「総合政策としての言語政策」という捉え方は、平高史也によって提起されている（平高史也「第 6 章　言語政策の枠組み——現代日本の場合を例として」、梅垣理郎編『総合政策学の最先端Ⅲ　多様化・紛争・統合』慶應義塾大学出版会、2003 年、p. 133）。また、言語・コミュニケーションの能力と現状を変革するための能力との連関は、SFC の設立時に意識されていたと言ってよいだろう。関口一郎は、SFC における外国語教育の理念がキャンパス創設の目的と重なり合うことを的確に表現している。「総合政策、環境情報の両学部は、21 世紀の世界を積極的にデザインし、そのためには自分の意見を明確に伝達し、リーダーの一員として合意形成を行える人材の養成をひとつの目的としているが、〔外国語の〕インテンシブ教育の最終的な方向もこうした自己表現と合意形成能力に置いている。〔…〕自らの主張を十分に言語のレベルで展開し、他者の意見も十分に理解した上で議論を構築する能力は、これからの外国語教育にとって必須のものであろう」（関口一郎「慶應義塾大学湘南藤沢キャンパス（SFC）への道」、関口一郎編著『慶應湘南藤沢キャンパス・外国語教育への挑戦——新しい外国語教育をめざして』三修社、1993 年、p. 24）。

第I部
ことばを学び、考える

第1章 ことばは世界を切り分ける

今井むつみ

はじめに

　ことばは世界を分割し、整理する。私たちは日本語によって、切り分けられ、整理された世界を当たり前だと思っている。しかし、言語による世界の切り分け方は、想像以上に多様である。単語による切り分けも、文法による切り分けもある。まずは単語による切り分けから見ていこう。

I　言語は世界を切り分ける

1　ことばによる色の切り分け

　私たちは、「赤」という色が実態として存在すると思っている。青と緑は「別の色」であるとも思っている。しかしそれは本当なのだろうか？

　アメリカのカリフォルニア大学の研究グループが、世界中の言語の中から119のサンプルを取り出し、それぞれの言語における色の名前の数を調査した（Kay, Berlin, Maffi & Merrifield 1997）。色の名前の数がもっとも少ないのは、パプアニューギニアのダニ族という部族の言語で、この言語には色の名前が2つしかない。色の名前が3〜4つの言語が20、4〜6の言語が26、6〜7つの言語が34、7〜8つが14、8〜9つが6、9〜10の言語は8で、10以上の色の名前を持つ言語は、11しかなかった。つまり、日本語や英語のように11も色の名前（基礎名）がある言語は、少数派だったのである。例えば、色ことばが3つの言語では、大まかに言って、白っぽい色、私たちが赤と呼ぶ色から黄色にかけての色、私たちが呼ぶ緑・青・黒にまたがる色に、それぞ

れ名前がつけられている。

　この調査から、私たちが呼ぶ「緑」と「青」を区別しない言語は、区別する言語より多いこともわかった。119の言語のうち、緑と青を区別する言語は、30しかなかったのである。一方で、緑と青を区別するだけでなく、私たちが「緑」、「青」と呼ぶ色を、さらに細かく基礎名で分ける言語も存在する。例えば韓国語では、黄緑を「ヨンドゥ」、緑を「チョロク」という二つの基礎語によって、「別の色」として扱っている。ロシア語やギリシア語は、私たちが「青」と呼ぶ色の範囲を二つの基礎名で区別している。日本語も同様で、黒に近い、濃い青を「紺」と呼ぶ。

　このように、どのくらい細かく色を分けて、それぞれを「別の色」として区別するかは、言語によって大きく異なる。世界の多くの言語が日本語の「赤」や「青」「緑」に翻訳できる色のことばを持っていない。「赤」「青」「緑」など、私たち日本語話者にとって当たり前で自然な切り分けは、必ずしも色の必然的な切り分けではないのだ。

2 「歩く」と「走る」

　人やモノの動きは主に動詞で表される。名詞と異なり、動詞はモノとモノとの関係を表す。例えば「歩く」「走る」というありふれた動詞も、動作のカテゴリーを表すことばである。一言で「歩く」「走る」といっても、実際の動作は実に多彩だ。歩き始めたばかりの赤ちゃんの歩く様子、ウォーキングをしている人の歩く様子、話に夢中になって歩いている女子学生の歩き方、ファッションモデルの歩き方。それらがみな「歩く」という動詞でひとくくりにされているのである（今井 2010）。

　「走る」も同様で、普通の人がジョギングするときの走り方、短距離の選手が「走る」ときの走り方、ハイヒールの女性が電車に遅れそうなときに必死に走るときの走り方はずいぶん違うが、それらの多様な動作を「走る」という動詞でひとくくりにしている。実は、英語ではこの三種類の走り方は、run とは別の動詞で区別する。最初は jog、次は sprint、最後は dash である。動きに関して、一般的に英語は人の動作を「どのように動くか」という観点から日本語よりも細かく区別して、それぞれの動きを異なる動詞で表現する。

例えば、日本語で「歩く」としか言いようのない様々な動作に関して、英語ではぶらぶら歩くときには ramble, amble、肩をいからせ胸をはって歩くときには swagger、酔っ払って千鳥足で歩くようなときには stagger などの別の動詞で表現する。しかし、すべての言語で英語のように、動きの様態によって細かいカテゴリー分けをするわけではなく、例えばスペイン語、フランス語などは、様態によって細かく区別される動詞カテゴリーはあまりない。

　言語は動き方（動作の様態）で動作を区切り、カテゴリーをつくるだけではない。動きの方向で、動きを区別したカテゴリーをつくる言語もたくさんある。たとえば「入る」、「出る」、「上がる」、「下がる」などの動詞は、ある場所からある場所への移動を示し、この場合、動作をする人がどのような様態で動くかは問題にしていない。例えば「入る」は動作主がある場所の外からある場所に移動し、その場所にとどまっていることを意味する。そのときの動作主は、人でも動物でも、自分で移動できる対象なら何でもよい。「入る」場所は、境界によって区切られた空間ならどこでもよく、さらにどのような動き方で動いてもかまわない。よろめきながら入っても、こそこそつま先立ちで入っても、スキップをしながら入っても、「入る」ことには変わりないとするのである。

3　「持つ」「運ぶ」動作を表す

　モノを持つ、あるいはモノを持って移動する、というのも日常的にいつも人が行う動作である。興味深いことに、英語は歩く、走るなどの動きでは、「どのように動くか」で非常に細かく動作を区別してカテゴリーをつくっているのに、「どのように持つか」に関してははとんど区別しない。一方、モノを持つだけで移動を伴わない hold とモノを持ちながら移動する carry はまったく別の動作として区別される。

　日本語は英語よりも少し細かく「持つ」動作を分けている。例えば、肩でモノを支えて持つのは「担ぐ」、背中で支えるのは「背負う」、両腕で支えて持つのは「抱える」という動詞で表す。このほか、日本語は人（子ども）やペットのような特別な動物のときは、「背負う」ではなく「おぶう」と言い、「抱える」ではなく「抱く」と言う。日本語はそもそも、生きていないモノ

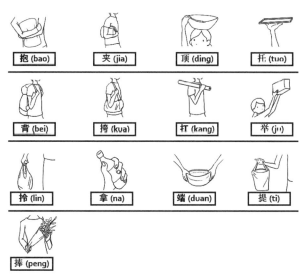

図 1-1　中国語の「持つ」系動詞
出典：今井（2010）『ことばと思考』より転載

が存在するときは「ある」と言うが、人や動物は「いる」と言うので、人、動物と無生物で動詞を区別するのは日本語の特徴と言えるかもしれない。英語をはじめとした多くの言語は、動作主あるいは動作対象が動物か無生物かということで別の動詞を使うということは、あまりしない。

　中国語は、日本語よりもさらに細かく「持つ」動作を動詞で言い分ける（今井・佐治 2010）。中国語は体のどの部分でモノを支えるかだけでなく、モノを持つときの手の形でも動詞を区別する。頭で支えるのは「頂」、肩で支えるのは「扛」、背中で支えるのは「背」、両腕で抱えるのは「抱」である。肩から提げるのは「挎」、片腕とわき腹の間に挟んで持つのは「夹」。手の平を上にして持つ（おぼんを持つような動作）は「托」、両手（ときには片手）で中のものをこぼさないように水平に保ちながる持つ動作は「端」。片手で普通に持つときは「拿」、女性がトートバッグを持つときのように、手にさげて持つときは「提」を用いる。英語で hold という動詞で一まとめにする動作を、中国語は 20 ほどの動詞のカテゴリーに分割するのだ。

　ただ、おもしろいことに、中国語は英語や日本語が区別する大事な特徴——モノを持っているだけか、モノを持ちながら移動しているか（つまり

「持つ」か「運ぶ」か）——は区別せず、モノを動かさず、ただその場で持っているだけでも、持って他所へ移動させる場合も、同じ動詞を使う。つまり、英語と中国語はモノを持つ、持って移動する、という日常生活で無限に存在する動作に対して、まったく違う基準でことばのカテゴリーをつくり、動作を分割しているのである。

4 文法も世界を分類する

　英語では、名詞に可算名詞と不可算名詞があることは読者のみなさんもよく知っていることだろう。可算・不可算文法で、英語は名詞を数えられる（countable）、数えられない（uncountable）という観点から二つの文法カテゴリーに分類しているのだ。人や動物、コップ、本などはみな「数えられるモノ」である。それに対し、水や砂、塩、粉などは「数えられないモノ」で、一見可算・不可算文法による分類は、単純明快のように見える。ただし、分類がまったく明快か、というと必ずしもそうではない。可算・不可算文法は、名詞で表される世界のすべてのモノ・すべての概念について、「数えられるモノ」「数えられないモノ」という二つのカテゴリーのどちらかに分類しなければならない。「愛」や「友情」のような抽象的な概念も例外ではない。抽象的な概念は手にとって数えることができないからすべて「数えられない」グループに入るのか、というとそういうわけでもない。例えば日本語で「考え」と訳される語が英語では複数あるが、idea, concept, view などは可算名詞である。一方、thought は基本的に不可算名詞である。「証拠」は、ひとつひとつの事実を証拠として別に数え、積み重ねていくイメージがあるので、evidence は可算名詞のような気がする。しかし英語では evidence は不可算名詞で、"one evidence, two evidences" と言うことはない。日本語では、証拠は一件、あるいは一点のように数えるので、日本人が英語を書くとき、ほぼ全員が evidence を可算名詞扱いにして、"We have many evidences." と書いてしまうことが多い（今井 2020）。

　日本語は米も豆もどちらも「粒」という助数詞で数える。しかし、英語では「豆」は可算名詞で many beans のように言うが、rice は不可算名詞で、"many rices" とは言えない。furniture は、机や椅子、ベッドなどの集合なので、

可算名詞だと思いがちだが、"I bought one furniture." や "I have many furnitures." とは、言えないのである（Wisniewski, Imai & Casey 1996）。

このへんの感覚は、英語を母語としない私たち日本人にはわかりづらいのだが、英語ネイティヴの人たちにとっては、idea, concept, view, animal, vehicle という可算名詞で表す抽象概念と thought, evidence, furniture のような不可算名詞で表す概念は、非常に違った概念として捉えられている。言い換えれば、英語話者はモノだけでなく、名詞で表すすべての概念について、それが「数えられる個体」なのか「数えられないぼんやりした境界のないもの」なのかを基準に二分していて、それが語の意味の重要な一部になっているのだ。

日本語は、名詞を分類する文法を持っているだろうか？　持っている。英語では「数えられるモノ」は直接複数形にできるが、「数えられないモノ」は直接複数形にできない。数えようと思ったら、"a cup of tea" "a pot of tea" "a glass of water" のように、数える単位を示さなければならない。私たちは日本語でモノを数えるとき、どうするだろうか？　お茶やワインや水、つまり英語でいう「数えられないモノ」を数えるときは、英語と同じように「一杯のワイン（お茶、水）」という。砂糖も砂糖一袋、一匙、などと単位を示した上で数える。日本語が英語と違うのは、動物や機械、コップやペンなど、明らかに「数えられる」モノを含め、すべての対象に「一匹のネコ」「一台の車」「一個のコップ」「一本のペン」と言うように、助数詞を使うという点だ。つまり、日本語ではすべての名詞について、英語の不可算名詞のように、数える単位が必要であるとしている。言語学者の中には、日本語はすべての名詞を不可算名詞として扱うという人たちもいる。その見解には議論が分かれるところだが、いずれにせよ、日本語ではモノや出来事だけではなく、「犯罪」のような抽象的な概念も含め、すべての名詞を数えるときには、動物かそれ以外かで区別したり、モノの形（三次元的な広がりがあるモノ（個）、二次元の方向に広がる、つまり平たいモノ（枚）、一次元の方向に広がる形を持つ、つまり細長いモノ（本））で分類したり、大きさで分類したり（動物なら「頭」と「匹」の区別、非動物の場合には「個」と「粒」）して、数える単位を明示しなければならないのである（今井 2010）。

考えてみると、多くの助数詞において、同じ助数詞が実に雑多な名詞に使

われる。例えば、「本」について考えてみよう。「本」は鉛筆、フォーク、きゅうり、バナナ、野球のバット、針金、電線など、細くて長いものを数えるときに用いられる。つまり、「細くて長いもの」というくくり方で、文房具や野菜、果物、スポーツ用品など、実に多様な種類のモノが「本」カテゴリーに含まれる。さらに「本」は実際には形を持たないものを指す名詞にも使われる。例えば、電話の通話、野球のホームランの数、コンピュータのプログラム、スポーツジムのトレーニングプログラム、柔道の試合や、技の数（技あり一本）などにも実は使われる。私たち日本語話者はこれをそんなに不思議な分類と思わないが、助数詞を持たない言語を話す人たちにとっては、理解しがたい、不思議なものに見えるようだ。

II　言語と認識

1　言語は認識や記憶に影響を与えるか？

では言語は私たちの認識や思考にどのような影響を与えるのだろうか？この問いを考える上で興味深い心理学の実験をいくつか紹介しよう。

図 1-2-a の、二つの丸をつなげただけの絵を見てほしい。私の「認知心理学」という授業を履修している学生たちを二つのグループに分けた。どちらのグループも同じ絵を見たのだが、片方のグループの学生に対しては、この絵に「ダンベル」というラベルがつけられた（Carmichael, Hogan & Walter 1932）。別のグループの学生たちはこの絵を「めがね」というタイトルといっしょに見た。どちらのグループも、しばらく時間を置いた後、さっき見た絵を絵を見ずに思い出して描くように指示された。すると「ダンベル」というタイトルといっしょにこの絵を見た人たちは、図 1-2-b のような絵を描き、「めがね」というタイトルといっしょに見た人たちは、図 1-2-c のような絵を描いた。

つまり、同じ絵を見せられても、その絵に名前がつくと、その名前によって、その記憶が大きく変わってしまうことがわかる。「めがね」というタイトルと共に絵を見た人たちは、実際には描かれていなかっためがねのツルまで、あったと思いこんでしまった。人はカメラとは違う。出来事の記憶はも

図 1-2-a　もとの絵

図 1-2-b　「ダンベル」という
タイトルといっしょにもと
の絵を見た人が描いた絵

図 1-2-c　「メガネ」という
タイトルといっしょにもとの
絵を見た人が描いた絵

出典：今井（2010）
『ことばと思考』より転載

とより、モノや絵などの視覚情報や、におい、手触りなどの感覚情報の経験をそのまま記憶することは困難で、そのままカメラのように正確に記憶することは人間にはできない。すぐにスルリと消えてしまう記憶を繋ぎ止めるのがことばである。絵を見せられて、タイトルを示されると、自分の心に持っているその名前を持つ出来事、モノ、特徴の典型を思い出し、それを記憶する。わざわざ一から絵そのものの詳細を記憶しようとはしない。これは人間の情報の処理のしかたが省エネを目指すからだ。

　ことばは出来事の記憶にも大きく影響する。アメリカの著名な認知心理学者エリザベス・ロフタスは、車が衝突するシーンのビデオを、実験参加者に見せた（ロフタス 1987）。参加者たちに、「車が衝突したときに、車はどのくらいのスピードで走っていましたか？」という質問をした。そのとき、参加者たちを五つのグループに分け、「衝突」にあたることばを、5つの別の動詞を使って言い分けた。5つの動詞とは smashed, collided, bumped, contacted, hit である。smashed は非常に強い衝撃を含意し、そこから徐々に衝撃の強さは弱くなって、contacted は衝突というより単なる接触を意味する。日本語では、これらをそのまま訳すことができる動詞は存在しない。5つのグループの実験参加者は、ビデオを見たときは、まったく同じ条件で、同じビデオを見ていたにもかかわらず、ビデオを見た後にされた質問に使われる動詞によって、参加者の推定するスピードが異なった。"smashed"（激突する）ということば

を使った質問を聞いた人は、実際よりずいぶん速いスピードを推定し、"contact" や "hit" ということばを聞いた人は実際より遅いスピードを推定したのだ。動詞ひとつで出来事の記憶が変わってしまうことをこの実験は示している。

　記憶や認識に影響を与えるのは単語や文とは限らない。文法もまた、さりげなく、しかし強いインパクトを持って出来事の解釈を変化させ、それは必然的にその出来事の記憶にも強い影響を与えることがある。先ほど車の衝突事故で車の速度が動詞によって変化することを示した研究者が、今度はやはり自動車事故の動画を見せ、また、動画についての質問に答えてもらった。質問の中のひとつとして、半分の協力者には "Did you see **the** broken headlight?" と聞き、残りの協力者には "Did you see **a** broken headlight?" と聞いた。これは日本語に訳してしまうと「（事故に巻き込まれた車の）壊れたヘッドライトを見ましたか？」となり、二つの文の違いは気づきにくいのだが、英語で the を使った場合と a を使った場合では、異なる含意が読み取れる。前者はある特定の対象があるときに使う。それに対して、後者は一般的で不特定の何かを指すときに使う。"the broken headlight" と言ったときは、壊れたヘッドライトがあることを含意し、"a broken headlight" と言ったときは、壊れたヘッドライトがあるかどうかについての含意はなく、中立である。実際、見たビデオはまったく同じだったのに、質問で "Did you see the broken headlight?" と聞かれた人は "Did you see a broken headlight?" と聞かれた人よりも「見た」と言う割合が高かった。つまり、同じ事故のシーンを見ても、後から聞かれた質問の中の、冠詞の違いという非常に微妙な違いによって、人の記憶は影響を受けてしまい、記憶が変わってしまうことが頻繁に起こるのである。

2　言語による切り分け方の違いは認識の違いをもたらすのか？

　さきほど、何なのかはっきりしない、曖昧な線画にモノの名前をつけると、線画の記憶が大きくラベルに影響されると述べた。それと似たことは、色の記憶でも起こる。例えば、私たちは、バナナは黄色だと知っている。幼いころからバナナといえば黄色を連想する。人にバナナの絵を描いてもらうと、多くの人は鮮やかな黄色でバナナを塗るが、実は、多くのバナナは明るい黄

色ではなく、それよりもかなり白っぽい黄色なのだ。それにもかかわらず、色表のサンプルを見せ、バナナの色を選んでもらうと、大多数の人は、実際の色よりも明るい、いわゆる典型的な黄色のほうに近い黄色を選ぶ。つまり、私たちは日常的にしょっちゅう見ている実際の色をそのまま覚えているのではなく、「バナナは黄色」というように、バナナに結び付けられた色の名前に影響されて、「バナナの色」を記憶しているのだ。

　モノと結びつけられている色の名前が違うと、同じ色を見ても、その人が話す言語によって、思い出す色が違ってしまうこともある。例えば、信号機の真ん中の色を私たち日本人は「黄色」と言う。ドイツでも「黄色」(gelb)である。しかしオランダではこれを「オレンジ色」(oranje) と呼ぶ。オランダの研究者によって行われた研究では、ドイツ語を母語とするドイツ人、オランダ語を母語とするオランダ人に信号機の絵を見せた (Mitterer, Horschig, Müsseler, & Majid 2009)。真ん中の色は、見るときによって、典型的な黄色から典型的なオレンジの間で、六段階に変えられ、今回実験参加者は、見るたびごとに、その色が何色かを聞かれた。

　すると、オランダ人は、ドイツ人が「黄色」と答えた色に対して、「オレンジ」と答える場合が多かったのだ。しかし、それとまったく同じ色をニンジンとバナナの色として提示した場合は、両言語話者の間で違いはなかった。つまり、ニンジンの色として見れば、ドイツ人とオランダ人は、見せられた色を同じように記憶するのに、信号機の色として見せられたときには、オランダ人は、ドイツ人が（たぶん私たち日本人も）「黄色」と思う色を、「オレンジ色」として「見て」しまい、思い出すときには、実際の色よりもずっとオレンジがかった色を「見た色」として思い出すのだ。

　私たち日本人は、信号機の「すすめ」の色を「青」と呼ぶが、英語をはじめとした多くの言語では、この色を「緑」と呼ぶ。上述の実験の結果によれば、日本語話者と英語話者は、同じ信号機の色を見ても、その認識が違うという結果が得られるはずだ。

3　ここまでのまとめ
　ここまで述べてきたことをまとめてみよう。言語は世界を切り分ける。切

り分けの基準は多様である。名詞はモノのカテゴリーをつくる。動詞は動作や関係性に着目して出来事を分類する。言語による世界の分類はいわゆる「ことば」だけではなく、文法でも分類する。例えば英語の可算・不可算文法は、世界の具体的な対象を数えられる対象（数えるための単位が内在するモノ）と数えられない対象（数える単位を持たないので、外から単位を与えなければならないモノ）に分類する。定冠詞と不定冠詞を用いることにより、英語は、その場、そのときに言及する名詞について、それが限定的に定められるのか、限定するのではなく、一般的な対象について語っているのかという観点からさらに名詞を分類する。それに対して、日本語では、数えられるか数えられないかという基準で分類するのではなく、形、動物性、機能性などの意味のカテゴリーで名詞を分類している。

　このように、言語は単語でも文法でも、世界を切り分けるが、そのしかたは言語によって異なる。言語における分類がその話者の認識に影響を与えることもわかっている。母語における世界の切り分け方が、受け取る情報への注意の向け方、処理のしかたや認識、記憶などに影響を与えることも認知科学の研究でどんどん明らかにされている。

　では、言語の切り分けの違いがもたらす情報処理のしかた、認識、記憶などの認知の違いは外国語の学習にどのような影響を与えるのか？どのような点に注意をすればよいのだろうか？　最後にこの点について考えていこう。

Ⅲ　外国語学習への影響

1　認識のズレと外国語学習

　言語による認識の違い（あるいはズレ、歪み）を理解することは、外国語を学ぶ上でとても大事だ。慶應義塾大学の教授だった故鈴木孝夫氏は、『日本語と外国語』の中で、英語の "orange" という色のことばを日本語の「オレンジ色」と思い込んでいたために起きたちょっとしたトラブルについて述べている（鈴木 1990）。鈴木氏がアメリカでレンタカーを借りたとき、"orange car" が来る、と言われ、ずっと待っていたのにいくら待っても車は来ない。かわりにこちらの様子を伺っている茶色（と鈴木氏には思われた）の車がホ

テルの前に停まっていた。それが、鈴木氏が待っていた車だったのだ。鈴木氏が運転手に「オレンジ色の車」と言われたからオレンジ色の車を探していたのだ」と言ったところ、「これがオレンジ色の車ではないか」と言い返されて、はじめて英語話者の意味する "orange" と私たち日本語話者の意味する「オレンジ色」には認識のズレがあるということに気がついたそうだ。

　鈴木氏のような英語の達人にして、様々な言語を比較分析することを専門とされている人でさえ、一見、母語と外国語の間で対応するように思われることばが存在すると、二つのことばの指す範囲、つまりカテゴリーの境界が同じであるかのように思い込んでしまうことを、このエピソードは如実に示している。先ほど述べたように、私たちの認識は母語のフィルターを通した認識であり、別の言語のフィルターを通した認識は自分の認識とズレているかもしれない、ということを理解することはとても重要なことなのだ。しかし実際には、これはそんなに容易なことではない。私たちの認識は言語と切り離せない関係にあり、母語での世界の切り分け方があまりにも自然に思えるので、その切り分け方が唯一無二の切り分け方ではないことになかなか気がつかないのである。

　実際、言語による世界の切り分け方に気づかず、自分の認識が世界の標準だと思い込むと、外国語のことばの意味を「正しく」理解することがとても難しくなる。（ここで「正しく」というのはその外国語を母語とする人たちが持つことばの意味と同じ意味を持つ、ということ。）

　先ほど話に出た「モノを持つ」に関係した中国語の動詞群を、日本語を母語とする人たちがどのように学習しているか、調べてみた（Saji & Imai 2013）。すると、学習者は日本語が区別する「持つ」に対して「抱く」「背負う」「担ぐ」に対応することばは覚えていたが、日本語ではすべて「持つ」としか言わず、手で持つ持ち方を表す一連の動詞（両手で容器の上から持つ、手を上にして手のひらを支えにして持つ、片手を下にしてモノをぶら下げて持つ、片手を上にして指で持つ）に対応する動詞はほとんど覚えておらず、全部「掌」（na）という比較的意味の広い動詞で代用していた。学習者は母語で区別しない切り分けに対して、それが中国語で重要な区別であるにもかかわらず、その重要性に気づかないため、母語話者がその状況で使うことばに注意を向

けず、一見対応しそうに見えることばを、過剰に使い続けてしまうということが起こるのだ。実際、学習者の動詞の使い分けのレベルは中国人の3歳児と同じくらいであった。しかし、中国人の子どもは、その後、着実に大人の使い分けに近づいて行くのに対し、中国語を外国語として学習する人たちは、学習年数が増えても、中国人の3歳児のレベルに留まり続けていたのである。

　私たちが英語を学ぶときも同じことが言えそうだ。英語では、日本語で「歩く」という動詞でしか表せない人の動きに対して、非常に細かく動詞を使い分ける。実際、walk をさらに歩き方の様子で細分化した動詞は80以上あるようだ。私はこれらの動詞たちを覚えるのに非常に苦労し、いまでも数個の動詞しか思い出すことができない。これは、それぞれの動詞が使われるのを聞く度に、「よちよち歩く」（waddle）、「よろめきながら歩く」（stagger）など、無意識に日本語に直してしまい、日本語に直した時点で、「歩く」としてしか記憶に残らないせいではないかと思う。外国語を学習するとき、外国語での世界の切り分け方は母語の切り分け方と違い、それが認識の違いにつながる、ということを知った上で、認識の違いを理解してギャップを調整することが外国語学習でとても大事なことなのだ（今井 2020）。

2　認識の多様性への気づき

　外国語に習熟することは、認識を変えると言ってよいだろう。母語しか知らないと、母語での世界の切り分け方が、世界中どこでも標準の普遍的なものだと思い込み、他の言語ではまったく別の切り分けをするのだ、ということに気づかずに過ごしてしまう。外国語を勉強し、習熟すると、自分たちが当たり前だと思っていた世界の切り分けが、実は当たり前ではなく、まったく別の分け方もできるのだ、ということがわかってくる。この「気づき」は、それ自体が思考の変容と言ってもよいだろう。

　言いかえれば、外国語を勉強し、習熟することで、その外国語の母語話者と全く同じ「思考」を得るわけではないにしても、母語のフィルターを通してしか見ていなかった世界を別の視点から見ることができるようになるのである。つまり、バイリンガルになることにより得ることができるのは、その

外国語の母語話者と同じ認識そのものを持つことではなく、母語を通した認識だけが唯一の標準の認識ではなく、同じ対象や同じ事象を複数の認識の枠組みから捉える事が可能なことを知ることなのだ。自分の言語・文化、あるいは特定の言語、文化が世界の中心にあるのではなく、様々な言語のフィルターを通した様々な認識の枠組みが存在することを意識すること。それが多言語に習熟することによりもたらされる，もっとも大きな思考の変容なのだと言えるのではないだろうか。

3　外国語を「知っていること」と「使えること」の違い

　読者のみなさんは、外国語を使えるようになりたい、さらに言えば「使いこなせるようになりたい」と思っているのではないだろうか。外国語を学んで外国語の文法のことを知り、たくさんの単語を知れば、外国語を使いこなすことができるのだろうか？　最後にこのことについて考えてみよう。

　私が専門とする認知心理学では、「知っている知識」と「使える知識」を区別する（今井 2016）。皆さんの多くは、外国語、特に英語を何年も勉強されてきたはずだ。英語についてたくさんの知識を持っている。それにもかかわらず、英語を自由に使えないと感じている方は多いのではないか？　そうだとしたら、それは「知っている知識」が「使える知識」になっていないからである。認知心理学では「使える知識」のことを「生きた知識」と呼ぶ。反対に、知っているけれど使えない知識のことを「不活性な知識」、ときには「死んだ知識」と呼ぶ。

　知識が「生きた知識」になっていないとしたら、何が足りないのだろうか？　英語を使うのに絶対に必要な、そして中学でも真っ先に教えられる可算・不可算文法や前置詞を題材に考えてみよう。

　可算・不可算文法の定義は非常にシンプルだ。数えられるものは可算、数えられないものは不可算名詞である。可算名詞でひとつなら名詞の前に"a"、複数なら名詞の語尾に"s"をつける。不可算名詞には何もつけない。そのように教えられ、そのように覚えた人は多いと思う。また、そう説明されれば、中学生でも一瞬のうちに理解したと思ってしまう。しかしそれにもかかわらず、可算・不可算文法を母語に持たない私たち日本語母語話者にとって、こ

の文法を使いこなすのは困難だと思っている人が多いだろう。先ほど、"Did you see the broken headlight?" と "Did you see a broken headlight?" という二つの質問文で、英語母語話者は見た自動車事故の記憶が変わってしまうという実験結果を紹介した。これは、英語母語話者にとっては文中の名詞の前の冠詞を聞くだけで思い浮かべる状況が変化してしまうほど、"the" と "a" の意味が完全に自分の身体の一部になっていることを示しているとも言える（今井 2016）。

　可算・不可算文法も、同じことが言える。この文法は、理屈はシンプルで、物体のように数えられる対象は可算、数えられない対象は不可算、と決まっている。こうした定義はすぐに覚えられ、納得するが、それを意識せずに使いこなすのは日本語を母語とする私たちにはとても困難だ。例えばキャベツやレタスは可算だろうか不可算だろうかと迷ってしまう（日本語の感覚だと当然可算と思うが、実はどちらも不可算名詞）し、"I ate a chicken." のような気持ちの悪い英語を思わず書いたり話したりしてしまう。英語母語話者が "I ate a chicken" と聞くと、鶏を料理せず一羽そのまま食べる光景が目に浮かぶのだそうだ（ピーターセン 1988）。つまり、文法の決まりを知っていても、それを正しく運用できるとは限らない。この問題はもちろん、可算・不可算文法に限るものではなく、ほとんどすべての文法・語法について同じことが言える（今井 2020）。

　前置詞はその典型と言えるだろう。"in" "on" "over" "for" などの前置詞は、英語の学習を始めるとすぐに教わる単語だ。それぞれの前置詞の「意味」の解説をした本もたくさんあり、説明を読むと、イメージとしてはわかる。しかし実際に自分で英語をアウトプットするときに前置詞を使い分け、正確に使うのは英語上級者でも難しい。例えば、"on" と "in" では、典型的には平らな表面に接地していたら "on"、深さのある器や3次元の空間に入っている状態なら "in" と習う。そのほか、特定の日にちのことを言うときは "on Monday" とか "on February 28th" のように "on" を使い、2月に〇〇があると言うようなときは "in February"、と教えられ、覚える。しかし、実際に自分で誰々の書いたあの本の 120 ページにこのことが書かれていた、と書きたいとき、あれ、"in page 120" だろうか、"on page 120" だろうか、とわからなくなってしまう。

実際、私も何十年もほぼ毎日英語で論文を書いているが、前置詞の使い方はまだ迷う。

おわりに

　文法にしろ、単語にしろ、教えられたり辞書を引いたりして、だいたいの理屈を理解しても、それを適切に使う力を別途磨いていかないとアウトプットできるようにはならない。この「使う力」を磨くのが時間もかかり、難しいところだ。前置詞 "on" の意味をいくら上手に解説してもらって、納得しても、実際に的確に、間違いなく使えることにはすぐに結びつかない。「知識がある」ことと「使える」ことは別なのである（今井 2016）。

　外国語を学ぶとき、人は、母語での切り分け方が身体の一部になっているので、それをベースに外国語を学ぼうとする。それは悪いことではない。というより、成人学習者が外国語を学ぶとき、母語をベースにしてしまうのは避けられないことなのだ。そのとき、母語と外国語の世界の切り分け方は違うことのほうが同じよりもずっと多いということを意識しておくことはとても大事だ。外国語で新しい単語を知り、その意味を辞書で引いて覚えたとき、その辞書の定義はその単語の意味のひとつの点でしかない。点だけ知っていても外国語の単語を使えるようにならない。しかし、単語を学ぶときはたいていの場合ある文脈で使われた単語のその文脈での意味しかわからない。単語の意味をほんとうの意味で知り、「生きた知識」にするためには、点としてしか知らない意味を面に拡張していくことが必要になる。

　英語を勉強していて、wear という単語を知るとしよう。そして wear は衣類を「着る」ことだと知ったとしよう。しかし wear を「着る」と覚えてしまうと、ごく自然に日本語の「着る」の範囲が英語の wear の範囲だと推測してしまう（今井 1993）。実際には、wear が使える範囲は日本語の「着る」よりもずっと広く、ズボンにも、靴にも、帽子にも、メガネにも使える。しかし、日本語では、「着る」は衣類を身に着ける動作と身に着けている状態のどちらにも使えるが、英語では、wear は状態にしか使えない（今井 1993）。

　点から面に知識を広げるためにはどうしたらよいのだろうか？　「習うよ

り慣れろ」ということわざがある。それは外国語の学び、習熟していく上では、半分正しくて半分間違っている。「言語を使える」ということはある程度楽に、自然に、つまり考え込まなくてもアウトプットできるようになることが大事だ。野球でバッティングの理屈やコツについて書いてある本を何冊も読んでそれを覚えても、実際に身体を動かして身体がそれを覚えていなければ、ヒットを打つことはできない。英語も同じだ。辞書を丸暗記したり、英語の解説書を何十冊、何百冊も読んで英語についての理屈をいくら覚えても、使う練習をしなければ英語は自然とアウトプットできるようにならない。しかし、日本語と外国語の世界の切り分け方の違いを意識せず、日本語をベースに点を面にしていくと、ネイティヴ話者にははなはだ不自然な、ひょっとすると意味が通じない、そういう文しかアウトプットできなくなる。外国語を学ぶときに、それと対応する母語の単語の範囲が同じかどうかを意識し、「違ってあたりまえ」と思いながら、それぞれの文脈でほんとうにその単語が使えるのかを考え、探求していくことが必要だ。その上で、文をたくさん作る練習をし、自分の作った文が日本語ベースの不自然な文になっていないかを振り返る。つまり「慣れること」と「習うこと」の両方をしていかないといけないのである。

参考文献

今井むつみ（1993）「外国語学習者の語彙学習における問題点——言葉の意味表象の見地から」『教育心理学研究』41、245-253。

今井むつみ（2010）『ことばと思考』岩波新書。

今井むつみ（2016）『学びとは何か』岩波新書。

今井むつみ（2020）『英語独習法』岩波新書。

今井むつみ・佐治伸郎（2010）「外国語学習研究への認知心理学の貢献——語意と語彙の学習の本質をめぐって」市川伸一編『現代の認知心理学 5——発達と教育』北大路書房。

鈴木孝夫（1990）『日本語と外国語』岩波新書。

ピーターセン、マーク（1988）『日本人の英語』岩波新書。

ロフタス、エリザベス（1987）『目撃者の証言』（西本武彦訳）誠心書房。

Carmichael, L, H. P. Hogan & A. A. Walter（1932）"An Experimental Study of the Effect of Language on the Reproduction of Visually Perceived Form," *Journal of Experimental Psychology* 15, 73-86.

Kay, P., B. Berlin, L. Maffi & W. Merrifield（1997）"Color across Languages" in C. L. Hardin & L. Maffi eds., *Color Categories in Thought and Languages*, Cambridge University Press, 21-56.

Mitterer, H., J. M. Horschig, J. Müsseler, & A. Majid（2009）"The Influence of Memory on Perception: It's not What Things Look Like, It's What You Call Them." *Journal of Experimental Psychology: Learning, Memory, and Cognition* 35, 1557–1562.

Saji, N & M. Imai（2013）"Evolution of Verb Meanings in Children and L2 Adult Learners through Reorganization of an Entire Semantic Domain: The Case of Chinese Carry/Hold Verbs," *Scientific Research in Reading, Special Issue: Reading in Chinese* 17, 71–88.

Wisniewski, E., M. Imai & L. Casey（1996）"On the Equivalence of Superoridinate Concepts," *Cognition* 60, 269–298.

第2章 語彙意味論の冒険
fair の文化モデルに向けて

大堀壽夫

はじめに

　言語について考える時、「語」が基本単位の一つとなることは確かである。それは文を構成する基本要素であり、言語を学習する時の単位となっている。本章では、語の意味分析を拡張して社会・文化的な側面を含めた考察を行うための視点を示すことを目的とする。中心となる考え方は、言語使用は状況と結びついており、そうした記憶の累積が社会・文化的なリアリティの一側面を成しているというものである。以下、Ⅰ節では導入として母語話者が語について持つ知識とはどのようなものかを検討する。Ⅱ節では「言語そのもの」から出発して、語を一種の文化指標とする観点を取り入れる。Ⅲ節では一つの具体例として、現代英語における fair という語を中心に実際の言語使用に基づくデータの分析を行うことで、話者集団が共有する信念や価値観を明らかにする可能性を考えたい。それは語という小宇宙を窓口とした、文化の探索行の試みである。

Ⅰ　語に含まれる情報

　私たちが手にする辞書にはどのような情報が記載されているだろうか。単純な例として、red という語を見てみよう。辞書には一般的に次のことが記述されている。まず文字表記と発音［red］があり、品詞「形容詞」「名詞」、および活用形などの文法情報がある。辞書によっては語源情報も含まれる。もちろん、意味についての記述も不可欠である。辞書によって分類の細かさ

や配列順に相違はあるだろうが、red のような色彩語の場合、それが指し示す色の範囲を、典型例と非典型的例によって示すことになるだろう。色彩だけでなく、連想的な意味の記述がある。これとの関連で比喩的な拡張、例えば in the red（赤字）、red army（赤軍）、red hot（激辛）といった意味も含まれる。最近の学習用辞書では各種の意味の相互関係を図式化し、基本義からの拡張の仕方を示すことも見られる。前二者はメトニミー（概念間の近接性による）、三番目は共感覚メタファー（概念間の感覚的な類似性による）に基づく拡張である。

これらに加えて、母語話者は語結合（コロケーション）について暗黙の知識を持っている。辞書には上記の in the red, red army, red hot のような慣用句が記載されるが、それはこれらがまとまったチャンクとして記憶されているからである。だが言語使用者は語の使用履歴を暗黙の知識、すなわち「メンタル・コーパス」として持っているという観点からは（Taylor 2012）、慣用句ではないが高い頻度で現れる語結合もまた、語彙についての情報として認めることができる。それでは、英語において red と高い頻度で結合する名詞は何だろうか。日本語話者に「赤い〜」に続く語を尋ねるとかなりの人が「リンゴ」と答えるのではなかろうか。だが、英語は違う。上位 10 語を調べると、イギリス英語では順に cross, light, wine, hair, army, tape, sea, brick, hot, deer であり（BNC = British National Corpus による）、アメリカ英語では sox, cross, wine, pepper, light, hair, carpet, onion, tape, flag である（COCA = Corpus of Contemporary American English による）。このうち、アメリカ英語における sox は Boston Red Sox という野球チームを指す用例で、これを除くと Red Cross の用例が英米ともに最も多い。一般名詞では light, wine, hair が目につく。この種の情報は量的制約もあって現実の辞書には記載されていないが、「母語話者らしさ」の重要な一面である。

このように見ると、red という一見取るに足らない語についても、少なからぬ情報が含まれることに気づく。しかし「ある語を知っている」ということが共同体の中でそれを適切に使えるということであるとするならば（Fillmore 1982）、語にはさらに多くの情報が含まれることになる。red のように即物的な用法が主である語ではなく、より抽象的な思考を表す語については、

人はどのような場面で、どのような意図を有してその語を口にするのかにも目を向ける必要が出てくる。Ⅲ節で取り上げる fair という語は、そのような観点からの考察が求められる例の一つである。「公平」「公正」といった訳語を与えるだけでは意味の記述とはならない。この場合、語が指し示す社会・文化的な文脈にも目を向ける必要がある。このような観点から語の意味を見ていくことで、共同体の慣習化された思考の一端を明らかにすることができるのではないか。以下の議論の関心は、私たちが手にする辞書に記載されていない社会・文化的な情報をも含んだ「拡大された語彙分析」の一環として、文化のキーワードの分析を行うことである。

Ⅱ　文化のキーワード

　語彙が文化指標であるという考え方の歴史は古い。そのためこの方面の研究には多様なスレッドが存在する。20 世紀の言語学では、早い時期にエドワード・サピアが「語彙はある民族の文化についての非常に精度の高い指標であり、意味の変化、古い語の消失、新しい語の創造や借用は、みな文化自体の歴史の上に成り立っている」と述べている（Sapir 1949: 27）。本章では以下、文化のキーワードを公約数的に（i）社会的な規範や文化的な美意識、あるいは価値観を表す、（ii）その言語で比較的長く使われて定着している（日本語の場合漢語も含む）、（iii）しばしば翻訳に困難がつきまとう、といった特徴を持つ語と定義する。ただし（iii）については、他の言語にストレートに対応する語があるように見えても、実は重要な差異があるといった場合にも注目する。また、具体物を表す語は原則として外す。

　日本文化については、古くは九鬼周造（1930）による「いき」、時代が下って土居健郎（1971）による「甘え」、山本七平（1977）による「空気」、南博（1983）による「間」の研究が、語の意味分析を通じて日本文化の重要な側面を明らかにしようとした試みとして知られる。これらの語はどれも上記（i）－（iii）の特徴を持っている。

　本章の直接的な背景となっているのは、アナ・ヴィエルジュビツカとそのグループによる一連の研究である。言語学においては 20 世紀末から言語を

人間の認知活動すなわち意味を創りだし解釈する営みと不可分のものとして捉えようとする立場が台頭した（Lakoff 1986）。ヴィエルジュビツカは英語、ドイツ語、ポーランド語、ロシア語、および日本語における文化のキーワードを分析している（Wierzbicka 1997）。日本語については「甘え」「遠慮」「和」「恩」「義理」「精神」「思い遣り」が取り上げられている。ヴィエルジュビツカ（2006）は英語の fair, reason, just を分析をしている（fair については次節で取り上げる）。この線上にある最近の論文集としては Levisen & Waters（2017）がある。

　ここで、文化モデルという考え方について述べておく。人間の知識には、（時に程度問題であるとはいえ）専門家によって厳密に定義されるものと、日常生活の中で柔軟に捉えられるものがある。科学的な概念、例えば「オガネソン」（原子番号 118 の元素）は物理学という専門知識においてのみ定義可能である。その反対に、「木漏れ日」の科学的定義は存在せず、日常レベルの概念のみ存在するが、そのリアリティを疑う者はいないだろう。これに対し、「生」や「死」については、医学者や法学者といった専門家集団による概念がある一方で、日常生活を送る者も独自の仕方で理解をしており、後者においても常識レベルでの慣習的概念が存在する。文化モデルという用語で意図するのは、日常的・常識的世界を作り上げるモデルである。こうしたモデルを探るための有力な方法の一つが、人々がそれを表す語を使って何をどのように語るのかを分析することである。文化のキーワードが表す意味は、社会科学の中で専門家によって規定される概念とは異なるかもしれないが、共同体を構成する話し手たちが日常生活の中で思考、判断、そして行動する時の思考の枠を明らかにすることには独自の意義がある。

Ⅲ　Fair の語彙分析

1　英語文化のキーワードとしての fair

　ヴィエルジュビツカは豊富な用例と歴史的考察によって fair の文化的意味を明らかにしている（Wierzbicka 2006）。議論に先立って、前節の基準に照らして fair という語はどのような点で文化のキーワードと言えるのかを見てい

こう。(i) の「社会的な規範や文化的な美意識、あるいは価値観を表す」という点については異論はないだろう。英語文化では fair という概念が尊重されることは一般的に了解されていると思われる。(ii) の「その言語で比較的長く使われて定着している」という点についても、この語がゲルマン系であり、古英語（OE）期から fæger という語形で beautiful や pleasant といった意味を持ち、「金髪・白い肌・晴天」を表すために使われていていたことから確実である。しかし (iii)「しばしば翻訳に困難がつきまとう」については一見すると問題が生じる。fair は日本語では「公平」あるいは「公正」と直訳される。そうだとすると、英語文化においてこの語が重要な意味を持つにしても、それはもともと人間社会に普遍的な価値観であって、真に英語文化に特有のキーワードとは言えないと考えることもできる。

　しかしヴィエルジュビツカによれば、fair とは実は近世以降のアングロ社会に深く根ざした文化のキーワードであるという。彼女が指摘することの一つが、英語と近い関係にあるドイツ語やフランス語には、意外にも fair とストレートに対応する語は存在しないという事実である。母語話者は英語の equal と語源を同じくする egal（フランス語の場合は égal）を使うか、部分的に用法の重なる語、例えばフランス語では juste を使って「翻訳」する。そうでなければ「外来語」として fair を使うことになる。私自身、次のような経験をしたことがある。ドイツを訪問した時、ドイツ語を母語話者とする同僚たちが会話をしている中で「Das ist unfair!」（英語に直訳すれば that is unfair!）と言っているのを耳にした。興味深いことに、この unfair は接頭辞 un- が英語式の［ən］でなくドイツ語式の［un］で発音されたにもかかわらず、fair の部分が英語式の発音であった。つまり一語という狭い範囲の中で音声的なコードスイッチングが起きていたことになる。これは同時に、fair という英語がドイツ語の中で「外来語」として定着していることの証でもある。

　これに対し、fair である（またはそれを良しとする）ことが人間社会にとって普遍的であるとする考えも根強い。スティーヴン・ピンカーは認知科学の啓蒙書の中で（Pinker 2002）「人間の普遍特性のリスト」を示し、その中に fairness（equity), concept of を含めている。このリストは人類学者ドナルド・ブラウンの著作（Brown 1991）を元にまとめたとされるが、fairness を「人間

の普遍特性」として挙げる根拠は本当にあるのだろうか。事実を言えばこれはピンカーの誤解である。参照元であるブラウン自身の著書には fairness についての議論はなく、関連するのは UP（＝universal people）の特性について述べた「UP 社会の成員は経済的に平等ではない。かれらは様々な種類の不平等を認識するが、それを是認するか否定するかは特定不可能である」（Brown 1991, 137）という箇所であると思われる。つまり不平等の存在を認めることが人類に普遍的だと言っているのであり、これを根拠に fairness の概念が普遍特性だと言うのには無理がある。

　ここで注意したいのは次の点である。質的および量的な概念について、異なりを認識することは確かに普遍的である。ブラウンがいう「不平等の存在を認める」とはそういうことである。しかし彼は人々がそれを「肯定的に評価するか否定的に評価するかは決められない」と慎重な言い回しをする。英語の語彙に対応づけて言うならば、equal という語と結びついた概念は人間にとって普遍的だが、fair についてはその評価が文化によって異なる意味づけをされるということになる。本章が提唱する「拡大された語彙分析」とは、英語話者の言語行動を通して fair という語について解像度の高い分析を行い、その特色を明らかにすることである。

2　コーパス分析

　ヴィエルジュビツカによる fair の分析は多くの用例に基づいて解釈学的な方法によって行われ、自然意味メタ言語（Natural Semantic Metalanguage＝NSM）という、少数の概念的な要素の組み合わせによって複雑な概念内容を分析的に表象するアプローチを採用している。本節ではコーパス調査に基づいた分析を行い、fair を取り巻く言語的文脈に注目する。それによってヴィエルジュビツカの知見を検証および発展させることを目指す。I 節で見た通り、母語話者は語結合（コロケーション）について暗黙の知識を持っていると同時に、言語使用と結びついた典型的な状況についての知識すなわちフレーム（frame）的な知識も有している。コーパス内での語の分布を見ることで、そうした知識の詳細を探る試みがこれまでなされてきた（Fillmore 1982; Fillmore and Atkins 1992; Fillmore and Atkins 1994）。

	肯定		否定		（肯定／否定）
	fair	not fair	unfair	否定計	
that is 〜	14	1	10	11	（14／11）
that's 〜	103	87	6	93	（103／93）
this is 〜	6	2	17	19	（6／19）
it is 〜	154	26	51	77	（154／77）
it's 〜	88	148	39	187	（88／187）
合計	365	264	123	387	（365／387）

表 2-1　fair 使用時の肯定と否定の割合

　第一の分析として、fair が肯定・否定それぞれの構文環境で、どれだけの頻度で現れるのかを見る。英語の使用に親しんだ者にとって、fair についてはどのような語結合が記憶されているかを問う時、有力な候補の一つは上記のドイツ語の会話との関連で登場した that is unfair であろう。直観的にも、fair は否定形で使われるケースが多いように思われる。ヴィエルジュビツカもこの点は指摘しているが、自身はコーパスを使った調査は行っていないので、以下に実際の使用を見る。

　調査に使用したコーパスは 1 億語からなるイギリス英語の均衡化コーパス BNC（British National Corpus）である。that is/that's, this is, it is/it's それぞれについて、English-Corpora.org が提供するオンライン検索機能を使って調査した。

　総計すると、否定形の fair は 752 例中の 51.5％ を占める。この中で、that is 〜という構文環境では unfair が多く、that's 〜では not fair が多い。また it is 〜という構文環境では否定形が 33.3％ と少ないが、it's 〜では 68.0％ と偏りがある。こうした確率的な偏りは、話者のメンタル・コーパスの一部になっていると考えられる。これは注目に値する相違である。英語話者が fair という語を使う時には、半数以上のケースでそれが成立していないことを言語化しているのである。この点は後であらためて考察する。

　第二の分析として、fair という語が使われる状況をフレームの観点から見て、状況の参与者（人、物どちらも）とその間の関係やスタンスを描き出す

ことを試みる。そのために、コーパスから抽出した文例について、フレーム
要素およびその関係について意味的な属性を付与した上で、特徴的な結びつ
きや分布を明らかにすることを目指す。この方面の先行研究としては home
を分析した Glynn（2015）、guilt と shame およびポーランド語における対応す
る語を分析した Krawczak（2014, 2015）がある。本章ではこれらの研究が行っ
ている計量的な分析を進めるための基礎作業として、fair に関わる使用状況
の特徴づけを行うための意味的タグを設定しつつ、構文環境についての考察
を試みる。

　基礎データは以下の手順で構文環境をしぼって集めた。セット 1 は、第一
の分析で見た否定・肯定のペアの中から両方の数が比較的近く拮抗している
ということから that's fair と that's not fair/unfair を選んだ。セット 2 は、fair に
よる名詞修飾の環境で、fair との比較のために equal を選び、両者が共に生
起する環境として fair/equal treatment を抽出した。これは特に話し手が状況
について判断を行っている場合に使われるため、判断の仕方を分析するには
適切である。これらはきわめて限定された構文環境であり、将来的にはター
ゲットとする語の用例を全数調査した上で（BNC 中の出現総数は fair が 8857、
equal が 6234）より多様な構文環境を調査すべきであるが、本論文では端的に
特徴が見られると想定されるケースを抽出した。結果、セット 1 は fair の肯
定が 103、fair の否定が 93、セット 2 は fair が 43（肯定 23、unfair 20）、equal
が 96（肯定 88、unequal 8）の文例が得られた。fair の場合に否定が特に多いと
いう事実は、equal との比較でもあらためて確認される。

　文例に対する意味的な属性の付与は、フレーム意味論に基づく語彙資源プ
ロジェクトである FrameNet を出発点とした。そこでは、Fairness_evaluation と
いうフレームが設定されており、次のように定義されている（ウェブ画面上
では核となるフレーム要素は色分けされているが、ここでは枠で囲って示す）：

（1）　In this frame an [Action] is evaluated with respect to how fairly, justly or equita-
bly the [Action] affects the [Affected_party]. An [Actor] may also be identified, who per-
forms the [Action] and may be characterized as fair, unfair, etc. based on how these ac-
tions affect the [Affected_party]. [Grounds] may also be identified.

つまり「行為者」の「行為」が「影響を受ける者」に対してどれほど fairly, justly, or equitably に影響を及ぼしたかを評価するフレームである。図示すれば次のようになる。

(2) ACTOR → ACTION → AFFECTED_PARTY → EVALUA-
TION GROUND

これを基に、文例と照らし合わせつつ属性タグを考えていく。属性は皆［＋／－］どちらかの値を取る。二値に限定したのは、分析が一つ一つの文例を読みながらの解釈作業であることから、判定を容易にするためである。次に各属性を検討していく。ここでは示唆的な例を挙げるにとどめるが、分析のための枠組み設定としては十分であると考える。

　まず、ACTOR すなわち fair かどうかを評価される参与者について見る。セット 1 については状況全体を指す that's 〜で文が始まるため、ACTOR が個人ではないか明示されない場合も見られるが、文脈から特定の個人であることがわかる場合もある。(3) は ACTOR が文脈から明瞭に特定できる文例（すなわち Johnny）、(4) はそうでない文例であり、表計算アプリを使っていてメモリーが一杯になった事態を fair でないと嘆いている。言うまでもなく、アプリの仕様は個人としての ACTOR ではない。

(3) ... Johnny, that's not fair,' she said sharply. You mustn't do that... ［G1S W_fict_ prose］

(4) ... memory full up message at some stage, and you think oh that's not fair, because I haven't made the spreadsheet any bigger. ［HDV S_speech_unscripted］

ACTOR の属性の二通りの値はセット 2 でも見られる。(5) では by によって ACTOR ＝ the police であることが明示されている。(6) は雇用者と労働者の関係について語ったテキストだが、引用部分ではどちらに対する場合であっても unfair であることは許容されないと訴えている。結果、この文例では unfair な態度をとる ACTOR は人間一般であり、属性としては不定である。

(5)　One method of ensuring <u>fair treatment</u> by the police during interviews is to re-cord these. ［EVK W_ac_polit_law_edu］

(6)　But he will not in the end tolerate injustice and <u>unfair treatment</u> on either side. ［CGE W_religion］

これより、〈a. ACTOR は個人か〉を設定する。

　次に、ACTION についてそれが能動的・意図的かを考える。これは ACTOR が個人か否かという属性と関連しうるが、論理的には独立している。セット 1 において ACTOR が個人で能動性を持つ例は（3）、ACTOR が個人でなく能動的でもない例は（4）が該当する。ACTOR が個人でも能動性を持たない例として（7）を挙げる。ここで話し手は、you で指される男性（＝ ACTOR）のふるまいが him で指される別の男性と似ていると感じ、それを口にするのだが、その ACTION は意図したものではないと男性は反論している。これに対し、（8）は ACTOR が個人でないが、ACTION が能動的と解釈できる例である。先行文脈ではサッカーのリーグ戦の試合日程が話題になっていて、3 日で 2 試合するような組み方には反対だと話し手は述べている。そのような日程の組み方は、協会なりファンの世論なりが後押ししているのかもしれないが、文脈からは不特定である。一方、そうした改革の計画は、能動的に行われようとしている。

(7)　...You are like him in that respect!' <u>That's not fair</u>!' he protested.' I'm cautious for a different reason. ［B1X W_fict_prose］

(8)　... playing two games in three days,' he said. '<u>That's not fair</u> on the players and it's not fair on the fans.'

セット 2 は treatment という語との結合を抽出しているため、基本的にはどの文例についても能動性・意図性があると想定される。（6）についても ACTOR は不定だが、雇用者なり労働者なりを「不当に扱う」行為には能動性がともなう。これより、〈b. ACTION は能動的・意図的か〉を設定する。

　個人か否かは ACTOR だけでなく AFFECTED_PARTY にも関わる属性で

ある。ここまで出てきた文例では、(3)–(4)と(7)は特定の個人、(8)はイギリスのプロサッカー選手という特定の集団であり、(5)–(6)は不特定の人々について語る一般論である。総じてセット1のthat's not fairが含まれる文例は影響を受ける側が特定の個人である場合が多い。セット2のtreatmentが含まれる文例は一般論が多いが、AFFECTED_PARTYが特定的である例も少数だが見られる。(9)は人間ではなく機関だが特定個人に等しいと判断する。

(9) They're demanding <u>fair treatment</u> for Prestwick's British Aerospace plant.〔J1M W_news_script〕

これより、〈c. AFFECTED_PARTY は個人か〉を設定する。構文環境によってACTORとAFFECTED_PARTYそれぞれの個性がどう表され、またどのような相関があるのかは将来の分析課題の一つである。

　加えて、ACTORとAFFECTED_PARTYの関係にも注目する。属性タグとしては〈d. ACTOR と AFFECTED_PARTY の間に社会的な利害関係はあるか〉といった関係の有無について設定する。

　これと関わるのがEVALUATIONの性質である。あるACTIONがfairかどうかの判断は、社会的に共有された基準によるのだろうか、それとも当事者がその場で主観的に感じるものだろうか。これまで見てきた例はどちらも見られる。(3)、(5)、(6)、(9)は日常的なモラルまたは社会制度が基準となっている。(8)についてはやや認定が難しいが、プロスポーツ選手がパフォーマンスが発揮できないような日程を組むことは、一般に否定的な評価を受けるであろう。これらに対し、(4)についてはそれとわかる社会通念的な物差しはない。(7)は個人間の問題であり、ある男のふるまいが別の男と似ていることを咎めることを良しとする社会通念は（おそらく）存在しない。これより、〈e. EVALUATION は一般的に承認された基準を持つか〉という属性タグを設定する。

　EVALUATIONとの関連では、もう一つ興味深い事実がある。セット1で肯定となるthat's fairを含む文例は102あるが、そのうち73例において

enough が続き、that's fair enough というコロケーションであった。以下に例を挙げる。

（10）　... so they said they would relieve him of his contract（pause）oh that's fair enough, they're paying you good money and they expect you to work hard.［KCK S_ conv］

（11）　If the little sods want to experiment, that's fair enough; we scatter a widely varied selection of ephemeral matter around the common room.［CAK W_non_ac_ polit_law_edu］

一つ目の文例（10）では ACTOR と AFFECTED_PARTY どちらも特定の人間で（前者は複数だが）、契約を解除するという能動的な ACTION が、労働についての一般的な社会通念をもとに EVALUATION を受けている。これに対し（11）では生徒たち sods が英語の読書をしたいのならば、それは fair enough であり、教師陣 we がちょっとした読み物ならば部屋に置いてあると言う。ここでは生徒が読書をするという ACTION は教師陣に何か目立った影響を及ぼすことはなく、EVALUATION の基準は明確ではない。AFFECTED_PARTY の位置にある参与者のほうが公式には立場が上であり、利害関係も存在しない。

　ここで取り上げたセット 1 のデータは that's に後続するものに限っているが、that's を伴わない fair enough はそれだけで一種の談話標識（discourse marker）としてはたらくことがしばしばあり、異なるフレームでの使用に移行していると見ることもできる。言い換えれば、何らかの共有された基準によって fair を判断するというよりも、事態が当事者の予想の範囲内で了解または許容できる時に fair enough と言うことになる。コロケーションについてさらに見てみると、English-Corpora.org 上の BNC 検索では fair は副詞扱いになっているが、that's ＋副詞＋ enough の結合では全 120 例中 1 位 fair（73 例）が 2 位 quite（14 例）を大きく引き離して 1 位である。対象を広げて副詞＋ enough の結合でも、全 7272 例中 1 位 long（914 例）、2 位 well（549 例）に次いで 3 位 fair（452 例）とやはり上位にある。同じ結合をこのシステム上で形容詞と

されている語について見ると、that's＋形容詞＋enough は全体で 58 例しかなく、1 位が good（21 例）である。形容詞＋enough の結合は全 10134 例中 1 位 good（1075 例）、2 位 strong（545 例）、3 位 big（506 例）、4 位 large（486 例）、5 位 old（416 例）となっている。全体として、English-Corpora.org 上の BNC で enough との共起頻度が高い順に並べると、fair は good, long, well, strong, big, large に続く 7 位ということになる。しかも fair よりも上位にくる語はどれも即物的な性質を表す、極めつきの基本語彙である。

　最後に、fair についての EVALUATION が肯定的な否か、すなわち〈f. EVALUATION は肯定的か〉も属性タグとする。これは第一の分析でも取り上げた通り、否定が構文環境にもよっては約半分のケースで現れることを考えても重要な要因であることによる。

　ここまで設定した属性タグをまとめると、以下のようになる。

（12）a. ACTOR は個人か

　　　b. ACTION は能動的・意図的か

　　　c. AFFECTED_PARTY は個人か

　　　d. ACTOR と AFFECTED_PARTY の間に社会的な利害関係はあるか

　　　e. EVALUATION は一般的に承認された基準を持つか

　　　f. EVALUATION は肯定的か

　第三の分析として、treatment との結合に限ったものではあるが、fair と equal の違いを見る。この二語は一見したところ意味が近いものとして取り上げたが、語が使われる状況を観察すると注意すべき違いがある。equal においては複数の AFFECTED_PARTY（仮に AP1 と AP2 する）が話題にされていて、AP1 と AP2 の二者の扱いが equal であるか否かが語られることがしばしばある。（13）では AP1 が they で指されるイギリスの核融合研究プロジェクトに携わる科学者、AP2 がヨーロッパで同じプロジェクトに携わる科学者で、後者が with によって表されている。（14）では AP1 が男性、AP2 が女性で、両者を比較した上で unequal な扱いがされていると述べている。

（13）　They want the Prime Minister to back their claim for <u>equal treatment</u> with their European colleagues.［K1T W_news_script］

（14）　Similar problems follow from centuries of <u>unequal treatment</u> of men and women.［AS6 W_ac_soc_science］

他方、fair では AFFECTED_PARTY は一者であり，それが言語使用の状況では AFFECTED_PARTY として話題にされていない者と比較される。fair treatment に AP1 と AP2 の二者が並列される文例は肯定・否定ともに見当たらない。例えば（5）は警察の treatment が全ての国民にとって fair であることを述べている。フレームの細部の設定においては、fair と equal では AFFECTED_PARTY に関わるフレーム要素が異なるということになる。

　これと関連して、EVALUATION についても equal は AP1 と AP2 の比較が含まれることが多いため、「一般的に承認された基準を持つか」についても異なりが生じうる。equal の場合には AP1 と AP2 の二者間の比較に基づくため、（13）‒（14）に見られるように equal な状態が成立していること自体が「承認された基準」となっている場合がある。これは fair の用法を equal と比較して考察する時に関わってくる点である。

3　考察

　本章の主目的は基礎データを抽出した上でそれを分析するための枠組みを提示することであるため、以下の考察は準備的なものにとどまるが、ヴィエルジュビツカ（Wierzbicka 2006）による研究からの知見を参照しつつ、二つの点にしぼって論じる。

　一つ目は、否定的な用法についてである。言語化されるのは意識が向けられた情報であると考えれば、英語話者は fair でない状態に特に意識を向けるのだということになる。このことはヴィエルジュビツカも指摘するところである。ヴィエルジュビツカ（Wierzbicka 2006, 150）はこうした状況を NSM を用いて次のように表記する。

（15）　*That's not fair.*

a. I say: people can know that when this person（X）did it（W），

   X did something bad

b. if other people know about it they will say the same

   because they all think about some things in the same way

c. they think like this:

d. "when people want to do some things with some other people

   they know that they can do some kinds of things

e. at the same time they know

   that they can't do some other kinds of things

f. because if they do things like this,

   it will be bad for these other people

g. they know that people can think that no one will do things like this"

h. people can know that when this person（X）did it（W），

   X did something like this

i. because of this, other people can say to X:

   "you can't do things like this"

NSM とは、人間の思考にとって普遍的であると想定される約 200 個の概念的要素の組み合わせによって、複雑な概念を定義しようとするシステムである。(15) の要点を要約すれば、that's not fair は話し手が他者の望ましくない行為についての判断を述べる（a）、共同体のメンバーも同様に判断する（b）、それは一定の社会的規範に基づいている（c）–（e）、規範を破ることは他者の不利益になり、皆がそうならないよう努める（f）–（g）、そのような背景に照らして、話し手の判断は正当である（h）–（i）、ということになる。

　ここから言えるのは、fair とは本質的に社会的な概念であり、その背景にある文化モデルは（15）が記述するように「共同体の価値観および利害の共有」である。それを破った場合には批判の目が向けられる。ここでいう「共同体」はヴィエルジュビツカが言うように、（資本主義下における）近代市民社会であり、「利害の共有」は基本的に契約によって成り立つ。そうした社会における富の配分は equal である必然性はない。能力による差別化が契約

によって認められていれば、equal でない配分こそが fair になる。fair share という句は、そうした価値観を表している。

　しかしすでに見たいくつかの例からもわかる通り、fair の否定的表現では ACTOR と ACTION の個別性や能動性が低い場合、すなわち特定の他者の意図的な行為が EVALUATION の対象となっていない例がしばしば見られる。同時に、そうした例では EVALUATION の基準も社会的に共有された規範ではない。いわばそれは個人的な「満足度」に照らした評価である。これは本来の fair のモデルからは部分的に離れるが、「共同体の価値観および利害の共有」が拡張されて、「共同体の一員である自分が受け取る権利のある利益」が実現されない時に、ある種の苛立ちを含めて that's not fair（およびその類似表現）が発せられることになる。

　二つ目は、equal との比較を通して見た fair の文化モデルである。上でも見た通り、fair は共同体の価値観と利害の共有の上に成り立つが、equal は AFFECTED_PARTY が AP1 と AP2 という二者から成り、その間に equal という関係が成り立つ状況でも使われる。これは fair に比べて客観性の強い評価である。興味深いのは、fair の基準となるのは社会的な約束事であるにもかかわらず、共同体の「内側」にいる者にとってはそれが「自然」な基準であると理解して行動しているという点である。equal の場合、比較対象そのものの性質が評価されるのに対し、fair の場合には何らかの社会的な基準に照らして評価がされる。fair であるというのは客観的な基準によるものでなく、自身が納得できるということである。enough とのコロケーションにおいて fair という語は good と well という最も基本的でカバーする範囲の広い評価語彙と共に、long, strong, big, large という物理的世界を描写する最も基本的な語彙と肩を並べている。すなわち英語話者にとって、ある性質が enough であると話題にすることが 7 番目に多いのが fair である。誇張した物言いが許されるならば、fair は英語話者の文化モデルの中で「自然」の一部となっているとは言えないだろうか。

おわりに

　以上、本論考では「語」という言語構造の基本単位から出発して、辞書的なあるいは「言語そのもの」の意味を越えて、主に fair という語に注目しつつ、それが使われる状況の性質をコーパスから抽出した文例に基づいて文化モデルのプロファイリングを試みた。社会学や政治学といった専門的な学問分野において定義される fair（例えば Rawls 2001）とは別に、日常生活を送る人々にとってのリアリティを言語分析を通じて理解することは独自の意義を持つと考える。今後は、本章で検討した属性タグを文例に付与した上で、計量的な分析を行うことを計画している。こうした研究は既存の言語学の枠内には必ずしも収まらないかもしれないが、文化という沃野への冒険は言語学が持つ多くの可能性の一つであることは確かである。

参考サイト

English-Corpora.org: https://www.english-corpora.org/（最終アクセス：2022 年 9 月 8 日）
FrameNet: https://framenet.icsi.berkeley.edu/fndrupal/（最終アクセス：2022 年 9 月 11 日）

参考文献

九鬼周造（1930）『「いき」の構造』岩波書店。

土居健郎（1971）『「甘え」の構造』弘文堂。

南博編（1983）『間の研究——日本人の美的表現』講談社。

山本七平（1977）『「空気」の研究』文藝春秋。

Brown, Donald（1991）*Human Universals*, New York: McGraw-Hill（＝2002, 鈴木光太郎・中村潔訳『ヒューマン・ユニヴァーサルズ——文化相対主義から普遍性の認識へ』新曜社).

Fillmore, Charles J.（1982）"Frame semantics," Linguistic Society of Korea ed. *Linguistics in the Morning Calm*, Seoul: Hanshin.

Fillmore, Charles J. and B. T. Atkins（1992）"Toward a Frame-based Lexicon: The Semantics of RISK and its Neighbors," Adrienne Lehrer & Eva F. Kittay eds. *Frames, Fields and Contrasts: New Essays in Semantic and Lexical Organization*, Hillsdale, NJ: Lawrence Erlbaum Associates.

Fillmore, Charles J. and B. T. S. Atkins（1994）"Starting Where the Dictionaries Stop: The Challenge of Corpus Lexicography," B. T. S. Atkins and Antonio Zampolli eds. *Computational Approaches to the Lexicon*, Oxford: Oxford University Press.

Glynn, Dylan（2015）"The Conceptual Profile of the Lexeme *Home*: A Multifactorial Diachronic Analysis," Javier E. Díaz-Vera ed. *Metaphor and Metonymy across Time and Cultures: Perspectives on the Socio-*

historical Linguistics of Figurative Language, Berlin: De Gruyter.

Krawczak, Katarina（2014）"Shame, Embarrassment and Guilt: Corpus Evidence for the Cross-Cultural Structure of Social Emotions," *Poznań Studies in Contemporary Linguistics* 50（4）, 441–475.

Krawczak, Katarina（2015）"Negative Self-Evaluative Emotions from a Cross-Cultural Perspective A Case of 'Shame' and 'Guilt' in English and Polish," Krzysztof Kosecki and Janusz Badio eds. *Empirical Methods in Language Studies*, Frankfurt am Main: Peter Lang.

Lakoff, George（1986）*Women, Fire, and Dangerous Things: What Categories Reveal about the Mind*, Chicago: University of Chicago Press（= 1993, 池上嘉彦・河上誓作監訳『認知意味論──言語から見た人間の心』紀伊國屋書店）.

Levisen, Carsten and Sophia Waters eds.（2017）*Cultural Keywords in Discourse*, Amsterdam: John Benjamins.

Pinker, Steven（2002）*The Blank Slate: The Modern Denial of Human Nature*, New York: Penguin Books.（= 2004, 山下篤子訳『人間の本性を考える──心は「空白の石版」か』上・中・下、日本放送出版協会）.

Rawls, John（2001）*Justice as Fairness: A Restatement*, Cambridge, MA: Belkup（= 2004, 田中成明・平井亮輔・亀本洋訳『公正としての正義 再説』岩波書店）.

Sapir, Edward（1949）"Language," David G. Mandelbaum ed. *Selected Writings in Language, Culture, and Personality*, Berkeley: University of California Press.

Taylor, John R.（2012）*The Mental Corpus: How Language is Represented in the Mind*, Oxford: Oxford University Press（= 2017, 西村義樹・平沢慎也・長谷川明香・大堀壽夫編訳『メンタル・コーパス──母語話者の頭の中には何があるのか』くろしお出版）.

Wierzbicka, Anna（1997）*Understanding Cultures through their Keywords: English, Russian, Polish, German, and Japanese*, Oxford: Oxford University Press.（= 2009, 谷口伊兵衛抄訳『キーワードによる異文化理解──英語、ロシア語、ポーランド語、日本語の場合』而立書房）.

Wierzbicka, Anna（2006）*English: Meaning and Culture*, Oxford: Oxford University Press.

（本研究は科学研究費補助金基盤研究（C）2018–2021「フレーム情報タグによる意味マッピング：認知言語学の精緻化に向けて」（代表者 大堀壽夫）課題番号 18K00567 の補助を受けて行われた）

第3章 ことばは現実をどのように「すくいとるか」
体験・共感・言葉の所有

國枝孝弘

はじめに

2022年夏。私たちの世界はさまざまな問題に直面している。コロナ禍は終息からほど遠く、ロシアのウクライナ侵攻は終わりをみせない。技術が進歩し、生活が便利で快適になり、安定した日常を過ごせているようにみえても、世界の災厄は終わることはない。その悲惨さは、ときに私たちの理解を凌駕する。私たちの生死を翻弄する暴力を前にして、私たちは言葉を失う。

それは言葉と表現を生業とする作家も例外ではない。2011年、宮城県石巻市に生まれ育った作家辺見庸は、東日本大震災の津波の映像を前に、「叫びたくても声を発することができ」ず、「言葉でなんとか語ろうとしても、いっかな語りえない」感覚におそわれる。それは、「表現の衝迫と無力感、挫折感がないまぜに」（辺見 2012, 15）になった感覚である。作家は圧倒的な現実を前にして、それを意味づけ、理解するための言葉を見つけられないでいる。

ウクライナに生まれ、アフガン侵攻、チェルノブイリ原発事故などの体験者の聞き書きをし、ノーベル文学賞を受けたスヴェトラーナ・アレクシエーヴィチ（Svetlana Alexievich）も、戦地でヘリコプターに乗り、兵士の遺体をおさめる数百もの亜鉛の棺を目にしたときに、「ああいうたぐいのものを見るとすぐに考えてしまう―文学はある限界に達すると息途絶えてしまう……」と、思わずつぶやく（Alexievich 2016＝2022, 26）。

無惨な現実は作家から創作の力を奪いとる。だがこうした現実に反応して、作品が書かれ続けていることも事実である。アレクシエーヴィチ自身、想像

を絶する事態の深刻さに直面しながら、当事者たちの証言を聞き、それを作品として構成することで作家活動を続けている。日本でも「震災後文学」というジャンルも生まれているように、震災という現実をテーマにして作品を発表している作家たちがいる。辺見自身も、言葉にすることは「作家であるわたしの義務であり、運命である」（辺見 2012, 14）と述べている。

　現実に対する言葉の無力を自覚しながらも言葉にしようとする作家たち。この言葉と現実の距離を考える時、はたして言葉は現実をすくいとれているのだろうか。特に深い喪失の体験をそもそも言葉にすることは可能なのだろうか。それが可能だとして、私たちは本当にその体験を理解できているのだろうか。本論では現実の諸問題へのアプローチのひとつの方法として文学に着目し、言葉と現実の関係を考えていく。中心に論じるのは20世紀後半以降のフランスの思想・文学である。

I　言葉と現実

　「言葉によって作られる文学は何を表現しうるのか」という問いは、はるか古代から議論されてきた。本節ではギリシャ古典哲学までさかのぼり、この問題が提起する論点を明示しておきたい。

1　プラトンの詩人追放論

　プラトンの『国家』に「詩人追放論」という有名な議論がある。詩（ポエーシス）とは、ここでは韻律を用いた言葉による制作を指すが、ジャンルとしては叙事詩、そして悲劇を対象とする。『国家』では、詩作において詩人が行う「真似る」という行為は「決してこれを受け入れない」（プラトン 1979 下, 302）と否定される。「真似る」とは、「ミメーシス」のことであり、「真似、再現、模倣」などの訳語があてられる。ミメーシスは今も重要な芸術概念であり、さまざまな解釈があるが、本項ではプラトンが批判の対象とする「真似」という意味で考えていく。

　プラトンは、詩人の創作を説明するため、寝椅子を例として3つの段階を区別する。1つめは本性（イデア）としての寝椅子である。これは寝椅子の

「真実」であり、神が作ったものとされる。2つめはこの現実世界で大工が作った寝椅子である。大工も「事物の製作者」と言えるのに対して、3つめの段階である画家は、制作されたものを「真似て」描いているだけの存在である。詩人も画家と同じく「真似る者」であり、真実からかけ離れていることになる。結局言葉で作られているものは、「真似ごと」（プラトン 1979下, 323）に過ぎず、詩人にできるのは「偽りをできるだけ真実に似せる」（プラトン 1979上, 170）ことだけである。つまり、詩は真実を語るには不十分であり、現実の真正さに対して、言葉で書かれたものは「偽物」に過ぎない。

　またプラトンは、哲学と詩を対比し、詩を批判する。哲学が知をもとめ、社会をより良く統治するために必要とされるのに対して、詩にはそうした貢献ができないどころか、人々の「感情をたかぶらせ」、「魂の低劣な部分を呼び覚ま」す。そして人々は「喜びを感じ、われを忘れて同情共感」（プラトン 1979下, 331）する。このように心を乱していては、立派に国家の統治はできない以上、より良き国家からは詩人を追放せねばならない。詩には同情・共感という感情をかきたてる危険性があるのだ。

　最後に、第3節で詳しく検討するフランスの現代作家マリー・ダリュセック（Marie Darrieussecq）が指摘している、プラトンの詩人批判に結びつく観点を挙げておく。ダリュセックによれば、プラトンが拒絶すべきとしているのが「一人称でのフィクショナルなモノローグ」（Darrieussecq 2010＝2013, 339）である。叙述には、作者が「自分自身の言葉で」語る叙述と、「自分があたかも誰か別人であるかのようにして」語る叙述があるが、後者のような真似を「達者にできる」者は稀であって、国家の中には受け入れるべきではないと主張する（プラトン 1979上, 200）。ダリュセックはこの叙述の問題を人称の問題と捉え、他者の語りの内容を、自分の所有物であるかのように一人称で語ることをプラトンは批判していると指摘する。言葉と現実の関係をめぐる問題には、言葉と現実それぞれの所有の問題が関連してくる。

　以上、プラトンの詩人批判論から、言葉と現実の関係に加え、詩がもたらす感情の動き、そして語りの内容とそれを表す言葉の所有という論点を提出することができる。

2 アリストテレスの『詩学』

本項ではアリストテレスの芸術論から、上述の3つの論点を考察していく。

まずは言葉と現実の関係である。プラトンとアリストテレスの違いは「模倣」の意味づけにある。プラトンはこれを「真似」と捉えて否定的に論じたが、アリストテレスは、「模倣」にこそ詩の価値があるとする。その主張は『詩学』で展開される。詩とは演劇、特に悲劇のことであり、『詩学』は悲劇の創作技法についての作品である。

アリストテレスは「悲劇とは行為の模倣」[1]であり、「行為の模倣とは、筋（ミュートス）のことである」と定義する。また「ここで私が筋というのは出来事の組みたてのことである」（アリストテレス 1997, 35）と説明している。模倣の対象はイデアではなく、現実でもない。それは行為、すなわち劇中で登場人物たちに起きる出来事の筋立てである。では、どのように出来事を組み立てることによって模倣が成立するのだろうか。それについてアリストテレスは、詩と歴史を対比して次のように言う。

> 詩人の仕事は、すでに起こったことを語ることではなく、起こりうることを、すなわちありそうな仕方で、あるいは必然的な仕方で起こる可能性があることを、語ることである。なぜなら、歴史家と詩人は、韻文で語るかいなかという点に差異があるのではなくて（…）歴史家はすでに起こったことを語り、詩人は起こる可能性のあることを語るという点に差異があるからである。（アリストテレス 1997, 43）

詩は、ある現実に起きた出来事の「写し」ではない。現実ではなく、起こりうる可能性のあることを語る。ただしそれを語るためには、「ありそうで」「必然的」な筋の運びがなければならない。出来事を組み立てるにあたっては、出来事は現実でなくてもよいが、筋は「いかにもその通り」に運ばれなくてはならない。それによって詩は「普遍的なこと」（アリストテレス 1997, 43）を語るのである。青山昌文は、筋の必然性を「性格・才能・行動パターンをもった登場人物」がある「条件」「状況」におかれれば「十中八九」ある行動をすることが納得できることだと説明し、芸術は、それ以外のものを

捨象することで、「日常世界の内奥の本質的な相を浮かび上がらせる」(青山 2016, 69-70) と述べている。

　「本質的な相」とは何だろうか。フランスの哲学者ポール・リクール (Paul Ricœur) は、『時間と物語』で、「筋」と「模倣」の関係を、悲劇に限定せず、物語形式全般に適用を試みている (リクール 1983＝1987, 58)。北村清彦によれば、リクールは「筋」と「模倣」の関係を、物語における「意味」と「指示」へと移行させている (北村 2003, 118)。筋立てのある物語を読むとき、私たちは「意味」を受け取る。だが物語は、私たちに既存の意味だけを伝えているのではない。私たちは受け取った意味のさらに向こうに、物語が新たに指示している物語独自の意味を認めるのである。これが「本質的な相」である。こうして筋によって私たちは意味を受け取り、さらに私たちは作品が創造しうる、作品独自の意味を解釈していく。それは明示的ではないが、模倣はそれを指示している。リクールにとって模倣は「創造的模倣」なのだ。

　アリストテレスにとって芸術作品は、真実や現実を「真似」することに存在意義があるのではなく、模倣によって普遍的なことを語ることに意義がある。ただしそのためには、必然的な筋立てが必要といえる。リクールはそれを物語全般へと展開し、その筋立てによって、私たちに新たな創造的な意味が指示されるとした。この意味で物語とは、現実から独立した独自の世界なのだ。

　次にプラトンが「詩が人々の心を乱す」とした感情について、アリストテレスはどう考えているだろうか。『詩学』には模倣と並んで、もうひとつ有名な概念がある。それは「カタルシス」である。

　　　悲劇とは、(…) あわれみとおそれを通じて、そのような感情のカタルシス (浄化) を達成するものである。(アリストテレス 1997, 34)

この一文について、光文社古典新訳文庫版『詩学』の訳者である三浦洋は、あわれみとおそれは「判断の主体 (自分) と客体 (悲劇の登場人物) がどの程度似た者であるか」という自分と登場人物の距離から生じると指摘している (アリストテレス 2019, 249)。この問題設定を踏まえた上で、本項では、青山

の論を参照する。青山は、カタルシスとは観客が登場人物を前にして「あわれみとおそれを介して」自らの不幸・苦悩を「意識下に追いやっていることの重荷から解放」する際の「感情的浄化である」と述べ、その意味で芸術は「一つの救済になりうる」（青山 2016, 73）と結論づける。

　本論にとって重要なのは、感情をかきたてられることが、自分自身を意識することにつながりうるという点である。感情を根拠とする同情や共感の問題は、自己と他者の距離の問題として捉えることができる。

　最後に語りの内容の所有について検討する。ダリュセックは、『詩学』の「（詩作の）天分に恵まれた者は、柔軟性によって、さまざまな感情に入り込める」（アリストテレス 1997, 66）[2] の一節を取り上げ、苦しみの表現に経験は重要ではなく、作者は「人間らしい苦しみに共通する深層から出発し、いろいろなタイプの人物像（…）を使って物語を生み出すのである」（ダリュセック 2010＝2013, 344）と言う。作品の意義は、苦しみの体験そのもの、すなわち個別性ではなく、人間にとっての苦しみという普遍性を表現することにある。ただし、アリストテレスは上記引用の直前で「実際に苦悩を感じる詩人こそが最も真に迫った形で登場人物を苦悩させ」ることができる、とも述べている。この意味では、実際に体験をした表現者こそが、作品の中で真の苦しみを表現できることになる。少なくとも、語りの内容の所有・非所有は、体験の所有・非所有とも言い換えられることを、ここで確認しておきたい。

II　文学の有用性・文学の無力

　20 世紀に入り、西洋社会は二度の世界大戦を経験した。第二次世界大戦では、ナチス・ドイツの大虐殺が起きた。戦争の暴力が引き起こしたあまりに凄惨な状況に、人間の存在自体が強く問い直された。人間が作り上げてきた文化も同様である。ドイツの哲学者テオドール・アドルノ（Theodor Adorno）の「アウシュヴィッツのあとで、詩を書くことはあまりにも野蛮である」（Adorno 1955＝1996, 36）という有名な言葉がある。この箴言は以後さまざまな解釈、反響を呼んでいくが、少なくとも自らの生きる時代への批判的意識なしに、文学は一字たりとも記せない、そういった時代と文学の関係へ

の厳しい認識だと言える。

　20世紀後半から現代に至るまで、多くの作家が、現実と文学は深く呼応しあっていると考えて創作をしてきた。本節ではそうした作家たちが文学の有用性をどう考えてきたのかを検討する。

1　アンガジュマン（社会参加）の文学

　現実と文学の関係を考える上で、第二次世界大戦後にアドルノと同じく重要な発言をしたのが、フランスの哲学者・作家ジャン＝ポール・サルトル（Jean-Paul Sartre）である。その発言は「アンガジュマン（engagement）」という言葉に集約される。サルトルは1945年第二次世界大戦終戦直後の講演「実存主義はヒューマニズムである」で、個人の行為はその個人で完結するのではなく、人類全体を「巻き込む（アンガージュ）」と述べている。具体的に結婚を例に挙げ、結婚をし、子供をつくることは個人の状況ではあるが、同時に一夫一妻制を選び、一夫多妻制を選んではいない。その意味で、個人的な選択は、社会に、ひいては人類に対する状況選択でもある。つまり状況の中でその都度なされる選択は、自己と社会への責任の現れなのである（Sartre 1946＝1996, 45）。

　そしてサルトルは1948年に『文学とは何か』でアンガジュマン文学を提唱する。まずサルトルは「語ることは行動すること」（Sartre 1948＝1996, 28）と言う。その例として、ある人の行為を名づけると、その行為はその名によって意味づけられたことになる。自分の行為を意味づけられた人は、その意味を意識しないでは次の行為を選べなくなる。「私が語る」とは、私が状況を変えようとすることであり、サルトルはこの行為を状況の「暴露（開示）」と呼ぶ。つまり、「私はひとつの言葉を語る度に状況を自分のものとし、世界に対して私の立場をとる（アンガージュ）」のである。言葉を用いることは、その言葉を選びとって状況を規定すると同時に、選びとることが状況を開示することである以上、世界を新たな次元で提示することになる。それが世界への責任だとみなされるのだ。

　アンガジュマン文学は、文学を「語る行動」と位置づけ、その行動によって新たな状況を開示し、社会を変革へ導こうとする運動である。文学が、現

実を変革する力になると認めるのである。

2 文学の無力

　しかしアンガジュマン文学の宣言から16年後、この宣言とは相矛盾する
ようなサルトルの発言が大きな反響を呼び起こす。1964年フランスの日刊
紙『ル・モンド』に掲載されたインタビューからの「死にゆく一人の子供を
前にして、『嘔吐』は重みをなさない」という一言である。この発言は、サ
ルトルが参加し、同年に行われた討論会「文学は何ができるか」（Sar-
tre 1964）においても討論者の一人が言及をしている。『嘔吐』はサルトルの
最も有名な小説だが、「文学作品は子供が死んでいく現実を前にして何もで
きず、無力である」と文学の可能性を否定し、アンガジュマン文学とは正反
対の立場に立っているかのようである。

　このサルトルの変化を「アンガジュマンという考えに対する、サルトル本
人による批判的な再検討の場」（フォレスト 2016, 210）と捉えたのが、フラン
スの小説家フィリップ・フォレスト（Philippe Forest）である。フォレストは、
文芸誌『新フランス評論』の編集長でもあり、同誌で討論会から50年後の
2014年『文学は（いまなお）何ができるか』という特集を組み、その巻頭言
でこの問題を論じている。またこの巻頭言に基づいた講演を日本で行ってい
る。フォレストのこれらの発言をもとに、サルトルの考え方を辿り、現実に
対する文学の意義を考えたい。

　フォレストによれば、「サルトル本人による批判的な再検討」とは、「芸術
による救済という英雄信仰的な文学観」（フォレスト 2016, 211）を否定するこ
とであった。作家は英雄のように、苦しんでいる人々を救うことができると
いう「素朴な信頼」の否定である。むしろ作家が直面しなくてはならないの
は、一人の子供の死は「正当化できない出来事という姿で現れるスキャンダ
ル（憤りを覚えざるを得ない事態）」であり、この事態を意味づけることがで
きないという「言葉の無力」なのだ。救済という素朴な信頼こそ、現実に対
する目を曇らせてしまう。文学が見るべき現実とは本質的な「無意味」なの
である（フォレスト 2016, 212）。フォレストは、サルトルが言わんとしている
のは、作家がなすべきは、この現実の無意味さを証言することだと指摘して

いるのだ。

　最後にフォレストは、先のインタビューで「抑圧された人々のために自ら筆をとるべきか」と尋ねられたサルトルが、それは「最悪の態度」だと答えているくだりを紹介している（フォレスト 2016, 215）。サルトルは、作家たちが安全な立場から、苦しむ人々の声を代弁しているかような態度を厳しく批判しているのである。フォレストは、先述の特集の巻頭言でさらにこの批判を強める。アンガジュマンの文学を装い、体験していない戦争や、テレビで見ただけの災厄の犠牲者たちの勇気や苦しみを共有できると主張して、彼らを代弁している気になっている姿勢を指弾する（フォレスト 2014, 19）。

　現実と文学の関係をめぐるサルトルの二つの立場の検討は、同情・共感の問題にも関連する。「正当化できないスキャンダル（憤りを覚えざるを得ない事態）」とは、本質的な無意味であり、言葉にならない事態であった。しかし同時に、こうした理不尽な出来事に対して、「意味を欠いたままであるべきものに意味を付与しようとするあらゆる」（フォレスト 2016, 212）語り方が生まれてくることをフォレストは指摘する。一人の子供の死という理不尽な喪失体験は、言葉にできないように見えて、実は、悲しみや同情の決まり文句を引き寄せているのではないか。必要なのはこうした紋切り型の言葉の横溢に対抗し、「問いへの答えが出ることのない仕方で語る」ことである。文学の言葉が生まれるとすれば、それは不条理を解決する言葉ではなく、むしろなぜ答えがないのか、という「なぜ」を無限に問い続ける苦しみの言葉なのではないか。溢れる同情や悲しみの言葉と、無意味さという言葉の無力の間で、どのような言葉を紡ぐことができるのか。文学にはこの問いが突きつけられている。

　もうひとつの論点は、言葉と体験の所有をめぐる問題である。先述の通り、サルトルは、作家が抑圧された人々の代弁者を安易に名乗ることを厳しく批判している。さらにフォレストは、サルトル以上にそうした作家を厳しく批判する。体験もしていない人間が、体験者の苦悩や希望の感情を「共有できる」と思っていることを錯覚として非難するのだ。フォレストは文学ができることは「不可能なものについて証言すること」であり、それが倫理的な立場からの証言であると言う。

3　参加の文学から関係の文学へ

　文学の現実に対する有用性への信頼は、世界の理不尽な出来事に出会った
ときに、その現実を真正面から見据えようとすればするほど、崩れていく。
できることは、言葉の無力さの証言でしかない。だがそれでも私たちは、理
不尽な苦しみに直面する人々をそのままにはしておけない、もしその人々が
かろうじて声を出そうとするならば、そして体験を語りだそうとするならば、
その声を聞き取れる場所に身をおきたい、可能ならばその声をどこかに届け
たいと思うのではないか。

　21 世紀に入り、ノーベル文学賞を受賞したフランスの作家たちの作品の
意義のひとつは、この小さな他者の声を文学作品に拾い上げた点にある。オ
セアニアを舞台として、数々の作品を書いている、2008 年の受賞者 J.-M.
G. ル・クレジオ（Jean-Marie Gustave Le Clézio）は、受賞演説で、文学は西洋文
明が象徴するような「支配階層の贅沢品」ではない、作家は「むしろ言葉か
ら除外されている人々に言葉を運ばなくては」ならない、作家は「世界を変
えよう（…）という思い上がりは持っていない、彼は証人でありたいと願っ
ている」（Le Clézio 2008）と述べる。

　第二次世界大戦を記憶の風景として数多くの小説を書いている、2014 年
の受賞者パトリック・モディアノ（Patrick Modiano）は「忘却の中から、過去
の断片、途絶えてしまった痕跡、過ぎ去っていくほとんどつかみようのない
人間の運命しか取り出せないが、（…）それでも半ば消え去ってしまったい
くつかの言葉を浮かび上がらせる」（Modiano 2014）ことが小説家の使命では
ないかと述べている。

　小さな声の人々の証人となり、過去の消え去った人々の言葉の断片をつな
ぎとめる。こうした姿勢は、ノーベル文学賞受賞作家だけのものではない。
フランスの文学研究者アレクサンドル・ジェフェン（Alexandre Gefen）は、フ
ランスの現代作家 26 人にインタビューをし、作家たちの多くが、文学は政
治的な問題からは独立しているといった立場を取っていないことを明らかに
している。ジェフェンは、「個の時代」となった現代社会において、文学に
要請されているのは「関係」であると言う（Gefen 2022, 262）。それは個人と
個人の関係、個人と社会の関係を見つめ直すことによって、共に生きる可能

性を求めていくということであろう。

　とはいえ文学が直接、社会的実践や解決策の提示をするわけではない。作家たちは「参加する」というよりも、社会の只中に生きて、貧困、フェミニズム、エコロジーといったさまざまな問題に「巻き込まれている」と認識している。その上で作家が行うのは、「メディアのストーリーテリングを疑い、食い違う、異なる声を聞かせる」（Gefen 2022, 24）ことである。すなわち社会にわかりやすい言葉を流通させ、人々を単一の言葉で支配するのではなく、社会の中で置き去りにされている、人々の多様な声を拾い上げることこそ文学にできることなのだ。文学は、現実の問題に対して、関係を生み出し、連帯の可能性をさぐり、当事者の声を文字にとどめようとするのだ。

　ただ、「声を聞き取る」と言ったときこそ、考えなくてはならないのは、やはり言葉の所有、体験の所有の問題である。声は当事者の体験と密接に結びついている。その声が個別固有のものであるならば、サルトルが批判したように、それを代弁する権利が作家にあるのだろうか。それは最悪の場合、言葉の搾取という事態になってしまわないだろうか。体験者の声と作家の声の位相の差はどのように折り合うのだろうか。

Ⅲ　体験を言葉にすること、文学にすること

　苦しみや悲しみの体験の言語化は困難をともなう。それでも体験者はやっとの思いで語ろうとするときがある。だからこそ、たとえ文学が証言という役割を引き受けるとしても、他者自身の体験とそれを表す言葉は安易には切り離しえない。一方で文学は、筋立て＝構成化をはかり、作品というひとつの統一された形にすることで、何らかの普遍性を志向するのだろう。体験は個別性のもとで所有されるものであり、文学は普遍性のもとで、その内容を読者へと解放する。この問題を、他者の言葉を盗用する剽窃という観点から考察する。取り上げるのは2つの剽窃騒動である。

1　カミーユ・ロランスとマリー・ダリュセックの剽窃論争
　最初は、フランスの2人の小説家カミーユ・ロランス（Camille Laurens）と

マリー・ダリュセックの間で起きた剽窃騒動である。ロランスは、1995 年に『フィリップ（*Philippe*）』という作品を発表する。小説の形式を取っているとはいえ、そこに綴られた言葉は、男の赤ちゃんを亡くした自身の喪失体験と強く結びついている。

　一方、ダリュセックは 2007 年に『トムは死んだ（*Tom est mort*）』を発表する。こちらも、男の子を亡くした母親が一人称で体験を語った小説であるが、ダリュセックは実際に子どもを亡くした体験はなく、あくまで「同じテーマ」を扱った、非体験者の作者の創作である。この小説を知ったロランスは「マリー・ダリュセックあるいはカッコウ症候群（Marie Darrieussecq ou le syndrome du coucou）」（Laurens 2007）という文章を発表し、ダリュセックの小説が自分の作品の剽窃であると強く非難する。カッコウは他の鳥の巣に卵を産み、ヒナを育てさせる習性で知られているが、ロランスから見れば、ダリュセックは、自分の巣＝親密な個人の空間に入ってきて、自分の大切な体験を横取りして、それを「テーマ」として小説に書いたことになる。

　ロランス自身も認めるように、確かに『トムは死んだ』には『フィリップ』からそのまま抜き取られた文章はない。だが例えば前者に出てくる「別の子どもを作ったら？」という問いかけへの反応、「私は赤ちゃんが欲しいのではなく、トムが欲しかった」は、後者の「私には他の子はいらない、私は同じ子、彼が欲しいのだ」という一節を直ちに想起させる。こうした例からロランスは、ダリュセックが「自分のアイデンティティ」を奪い、「私の個人的な苦難と、その苦難から生まれた文章」から発想して作品を書いている以上、これは「心理的な剽窃」（Laurens 2007）であると訴えた。

　これに対してダリュセックは、「文学においてそもそも剽窃とは何か」という問いを立て、古今東西の作家たちの言葉を引きながら文学史上の数々の剽窃騒動に言及し、剽窃の文学理論ともいえる作品『警察調書』を発表する。

　ダリュセックは、文学において「人生―苦痛―は、書くことに関するいかなる義務も権利も与えるものではない」（Darrieussecq 2010＝2013, 303）と断言する。すなわち人生上の体験があるから書き始めるわけではないし、体験と書く行為は無関係なのだ。書く対象が実体験かどうかということに倫理性は求められず、むしろ作家がもつべき倫理性は「語り方」（Darrieussecq 2010＝

2013, 303）であるとする。

ダリュセックにとって現実は「つねに主観によって感知される」。他者にはなれない以上、他者を想像するしかなく、想像の働きによって私は「代わりになって語る」。それをダリュセックは「想像的証言」と呼ぶ（Darrieussecq 2010＝2013, 303）。想像は登場人物と私たちをつなぐ「架け橋」でもある（Darrieussecq 2010＝2013, 330）。

剽窃をめぐる二人の作家の論争から、言葉と、現実および現実の体験との関係についての両者の認識の違いが浮かび上がる。ロランスにとって言葉は体験と緊密に結びついており、言葉も体験も他者に譲渡できない個別固有のものであり、他者はそれを受け取ることが求められる。一方ダリュセックにとっては、言葉が体験から生まれる必要はない。体験をしていない出来事に対して、想像が働くための表現を求めることが重要である。優れた作品においては、想像の作用によって、作品の内容と作品を受け取る者との間に実感としての共通性が生まれうるのだ。

ダリュセックの主張の根拠は「同一化と共感の原則によってあらゆる主題に取り組むことができる」（Gefen 2017, 137）というフィクションの機能にある。しかしロランスは、創作が共感をもたらすのは、往々にして「悲壮感漂うフレーズ、胸を刺すようなディテール、必ず入れるべき場面」のためだと、すでに先述の文章で批判をしていた。つまり共感が成り立つとき、そこでは人の固有の体験は捨象され、決まりきった定型表現が支配してしまうということだ。この意味で、共感による理解の成立は、実は現実との対応を欠いた思い込みに過ぎなくなってしまう。

ロランスとダリュセックの論争は、実は剽窃の技法上の問題ではなく、体験と言葉の関係をめぐる問題なのだ。特に作品が共感を呼ぶとき、それは体験から遊離した定型化された言葉の作用に過ぎない可能性がある。文学が共感によって普遍性を標榜するとき、実は私たちは現実への触知を失っている可能性がある。ロランスがこだわるのは、自分のアイデンティティの根幹に関わる、真正な言葉と体験のきわめて親密な結びつきなのだ。

2 北条裕子「美しい顔」における剽窃騒動

　もうひとつの剽窃騒動は、日本で起きた事例である。2018年講談社の文芸誌『群像』6月号に北条裕子の「美しい顔」が掲載された。この小説は東日本大震災の避難所を舞台に、ある女子高生の体験を一人称で語った作品である。芥川賞候補となるなど高い評価を受けていたが、ルポルタージュ作品である石井光太『遺体——震災、津波の果てに』、手記を記録として集めた金菱清編『3・11慟哭の記録——71人が体感した大津波・原発・巨大地震』など複数の作品との類似点があることが指摘された。この出来事が報道、インターネットで取り沙汰され、それを受けて講談社は「参考文献不記載の過失」があったとして、その旨を同誌に掲載することを発表する。『遺体』の版元である新潮社は「単に参考文献として記載して解決する問題ではない」との見解を発表、それに対して講談社は、新潮社の見解は「小説という表現形態そのものを否定するかのよう」と応じた[3]。

　金菱はこの問題について、7月2日に短いコメントを発表したあと、7月5日、7月17日に『3・11慟哭の記録』の版元である新曜社のブログに文章を寄せている。2日のコメントでは、「参考文献の明示」や「表現の類似」は問題の「矮小化」であると述べている。考えるべきは「容易に表現できない極限の震災体験」と、それでも「被災者が考えぬき、逡巡しながら綴った」（金菱 2018a）言葉である。金菱が訴えるのは、言葉にならない体験を抱えて日々生きている人の存在である。この指摘から、表現できない体験と、それでもかろうじて紡ぎだされた言葉、この体験と言葉の本質的な結びつきが浮かびあがってくる。

　金菱は、今回の問題に関わっている作家・出版社・メディアが、人々の言葉にならない体験の苦しみに対して、本当に「言葉を与え」ているのかと批判する。その言葉はどれだけ考え抜かれた言葉なのか、そしてそもそも、それほど簡単に言葉は出てくるものだろうか、と。ここには、言葉にすること、言葉の真正さへの強い問いかけがある。

　では小説とは何か。金菱は7月17日のブログ上で小説家カズオ・イシグロの言葉を引く。小説の価値は「想像したアイデア（…）をいろんな舞台に設定して考えてみる」ことによって、「小説の中は自分たちのことと似てい

る」（金菱 2018b）と思わせることにある。「美しい顔」においても舞台装置として震災が自由に選ばれ、作家はこのモチーフを用いて、自己の内面の理解をはかり、それが「雄弁に語られ」ている。この自由に「文学的価値」があるとしても、こうした震災の使われ方は、「倫理上の繋がり（当事者／非当事者の溝）を縮めるどころか、逆に震災への『倫理的想像力』を大きく蹂躙したのだ」と金菱は批判する。

あらためて文学的価値とは何なのか。木村朗子は震災の当事者性が強く言われることで、多くの作家が震災後文学から遠ざけられたことを指摘し、「美しい顔」が問題視された理由の一端を、作家が被災者ではなかったことが関係していると指摘する。その上で、この小説で扱われている「マスコミ報道へのうさんくささへの視点は、この作品に固有」のものであり、「震災を新たな視点から捉えなおそう」（木村 2021, 159）としていたことを評価している。文学には、出来事に対して新たな見方を提示できる創造性があるのだ。

加島正浩は、被災者ではない者が、被災を書くことの暴力性を認めた上で、それでも小説を書くことの意義があるとすれば、それは忘却に抗するために、想像の可能性を与える契機となることであり、「美しい顔」を詳細に分析することで、本作品には「本物」へと至るための回路となる可能性が、「か細くであるが存在している」と論じる（加島 2021）。

問題の本質は、やはり文章の盗用自体ではなく、体験という現実と言葉の間の無限とも言える距離の存在である。沈黙と苦しみの中からようやく言葉は生まれてくるのであって、簡単に言葉は「与えられる」ものではないという言語化の困難さにある。

一方、小説の意義から考えれば、表現には現実を明るみに出す可能性がある。小説は、現実へと至るための読者の想像に働きかける。やがて読む者と現実の間には「回路」が生まれうる。

だが注意しなくてはならないのは、小説が自らの権利とする自由さで語ることによって、読者に「自分たちと似ている」と思わせる、その小説の仕組みだ。加島も、理解のためには、「自らの経験や自らに近い人の経験を足がかり」にする可能性を挙げているが、小説の言葉とはこの「同一化」のため

の言葉である。だがこの同一化は、普遍性を可能にする条件ではあるものの、個別性の真正さを覆い隠す危険性もはらんでいる。

おわりに

　以上、言葉と現実の関係を、文学作品がもたらす同一化・共感の作用、体験と言葉の所有／非所有という問題を踏まえて、文学の創造、文学の有用性、そして剽窃問題という観点から考えてきた。

　「文学が現実をすくえるか」という問いに対しては、そもそも「いかにすくえないか」という現実の不条理をつきつけられた。ただそれは現実に屈する、あるいは現実から目をそむけるという態度ではない。フォレストは言葉の無力を証言することが、現実を直視する行為であると主張した。また金菱は「震災において本質的に表現できないもの」「沈黙のなかにある表現しえないもの」とは、何かを問わなくてはならないと述べている（金菱 2018a; b）。私たちの現実には言葉ですくいとれないものがあるということ、それを認識した上で、すくいとれない何かを問い続けて語ることで、彼方のその存在を「指示」していく、それが文学の営為なのではないか。

　そう考えれば、現実に対する理解の困難さ、不可能さは他者の感情に対しても同様である。言葉は時に自己と他者の差異を覆い隠し、同一化・共感をもたらす。しかし体験と言葉の切り離し得ない緊密さを自覚するならば、共感の一歩手前に踏みとどまり、自分がいかに他者にとっての他者であるかを自覚すべきなのではないだろうか。

　小説の意義は、言葉を所有から解放し、普遍性を志向することで私たちに新たな世界を見せることにあった。体験に基づく「生の言葉」と「小説の言葉」の根本的な差異は、この「所有・非所有」にある。だからこそ言葉と体験の緊密さに敏感であろうとしたとき、アレクシエーヴィチのような「聞き書き」の文学が選択されるのだろう。そこで聞かれる言葉は、その人の体験に根ざす固有のものである。もし私たちが、それでも共感の地平の可能性をもちうるならば、体験者が自らの体験を他者に贈ってもよい、他者にむかって委ねようと決めた、そのときではないか。私たちはそれまで静かに耳をそ

ばだてていなくてはならない。

1)　松本訳では、「ミメーシス」が「模倣、再現、真似」と訳し分けられているが、本稿
　　では、三浦訳を参考に「模倣」で統一して表記する。
2)　引用の後半は、前後の文脈から、三浦訳を用いた。
3)　この経緯は朝日新聞の記事「参考文献の不記載　議論呼ぶ」（2018 年 7 月 11 日　朝
　　刊）に基づく。

参考文献

青山昌文（2016）『西洋芸術の歴史と理論——芸術の深く豊かな意味と力』放送大学教育
　　振興会。

アリストテレス（1997）『詩学』（松本仁助訳）岩波文庫。

アリストテレス（2019）『詩学』（三浦洋訳）光文社古典新訳文庫。

加島正浩（2021）「「被災地」を前にした小説には何が可能なのか——北条裕子「美しい
　　顔」における問題点と可能性」『人文 × 社会』2021, vol. 1, no. 2, 53–69。

金菱清（2018a）「『美しい顔』（群像 6 月号）についてのコメント」https://shin-yo-sha.coco
　　log-nifty.com/blog/2018/07/post-3546.html（最終アクセス：2022 年 9 月 12 日）

金菱清（2018b）「『美しい顔』によせて——罪深いということについて」https://shin-yo-
　　sha.cocolog-nifty.com/blog/2018/07/post-4c87.html（最終アクセス：2022 年 9 月 12 日）

北村清彦（2003）『藝術解釈学——ポール・リクールの主題による変奏』北海道大学図書刊
　　行会。

木村朗子（2021）「震災後文学論 2021——あたらしい文学へのほうへ」『すばる』2021 年
　　4 月号、153–167.

フォレスト、フィリップ（2016）「文学は（いまなお）何ができるか——サルトルの 50 年
　　後に」（澤田直訳）『すばる』2016 年 1 月号、208–218。

プラトン（1979）『国家』上・下（藤沢令夫訳）岩波文庫。

辺見庸（2012）『瓦礫の中から言葉を——わたしの〈死者〉へ』NHK 出版。

Alexievich, Svetlana（2016），*BOYS IN ZINC*, Moscow, Vremya（＝2022 奈倉有里『亜鉛の少年た
　　ち——アフガン帰還兵の証言［増補版］』岩波書店）.

Adorno, Theodor（1955）*Prismen: Kulturkritik und Gesellschaft*, Berlin, Suhrkamp Verlag（＝ 1996,
　　渡辺祐邦訳『プリズメン』筑摩書房）.

Darrieussecq, Marie（2010）*Rapport de Police*, Paris, P. O. L.（＝ 2013, 高頭麻子訳『警察調書』藤
　　原書店）.

Forest, Philippe（2014）"Que peut（encore）la littérature? Avant-propos", *La Nouvelle Revue Française*
　　N°609, 7–20.

Gefen, Alexandres（2017）*Réparer le monde. La littérature française face au XXIe siècle*, Paris, Éditions
　　Corti.

Gefen, Alexandre（2022）*La littérature est une affaire politique*, Paris, Éditions de l'Observatoire.

Laurens, Camille（2007）"Marie Darrieussecq ou le syndrome du coucou", *La Revue littéraire*, n° 32 https://books.openedition.org/pul/3774（最終アクセス：2022 年 8 月 31 日）

Le Clézio, Jean-Marie Gustave（2008）"Conférence Nobel" https://www.nobelprize.org/prizes/literature/2008/clezio/25795–jean-marie-gustave-le-clezio-conference-nobel/（最終アクセス：2022 年 8 月 12 日）

Modiano, Patrick（2014）"Conférence Nobel" https://www.nobelprize.org/prizes/literature/2014/modiano/25249-conference-nobel/（最終アクセス：2022 年 8 月 12 日）

Ricœur, Paul（1983）*Temps et Récit, tome 1*, Paris, Éditions du Seuil（＝1987, 久米博訳『時間と物語 I』新曜社）.

Sartre, Jean-Paul（1946）*L'Existentialisme est un humanisme*, Paris, Éditions Nagel（＝1996, 伊吹武彦訳『実存主義とは何か（増補新装版）』人文書院）.

Sartre, Jean-Paul（1948）*Qu'est-ce que la littérature ?*, Paris, Éditions Gallimard（＝1998, 加藤周一・白井健三郎・海老坂武訳『文学とは何か（改訂新装版）』人文書院）.

Sartre, Jean-Paul（1964）*Que peut la littérature ?*, Paris, Éditions Gallimard（＝1966, 平井啓之訳『文学は何ができるか』河出書房新社）.

第4章

口承の物語に現れる人間と動物の関係を読み直す

南米アンデス高地のアイマラ語と北東アジアのアイヌ語の物語テクストから

藤田　護

はじめに

　言語を学ぶことは、様々な越境の可能性を我々に与えてくれる。では、大学で教えられる機会の少ない言語を学ぶことで、どのような新たな越境の可能性が開かれるであろうか。

　言語学者の金子亨は、世界の様々な言語を、広域の共通語、国民国家を含めた地域の公用語、そしてローカルな地域社会ごとに大事にされる「エトノスの言語」の三層に分けて考えることを提案している（金子 1999, 14）。大学でよく学ばれているような言語は、この三つのうちの前の二つであることが多いであろうが、それらの言語の「向こう側」には、それぞれの地域社会で大事にされてきた言語の世界が存在している。そのような言語を学ぶにあたっては、前の二つの共通語たる言語を媒介言語として知っていることを要求されることが多い。南米アンデスの高原地帯で話されるアイマラ語は、スペイン語を知らずに学ぶことは難しく、北東アジアの言語であり、日本語の隣人の言葉でもあるアイヌ語は、日本語を知らずに学ぶことは難しい。そのような言語を学ぶことは、短期的な実利の目標からは離れるが、強い言語だけを学んでいただけでは分からない多様な言語の世界へと入っていくことができ（Evans 2022）、そして何よりもその言語を大事にしてきた人々にとても喜ばれる。

　ただし同時に、それはただの純粋な知的好奇心にしたがって学ばれるものとも言えない。21 世紀に入る頃から、それぞれの地域の言語、先住民言語、もしくは少数言語と呼ばれる言語の存在感が増してきている。例えば南米の

ボリビアでは、2009年に公布された新憲法により、スペイン語以外の36の先住民言語が公用語として認められ、また、2012年に施行された法令により、公務員はスペイン語に加えてその地域の先住民言語を身につけていることが義務とされるようになった（法令第269号）。研究の場においても、アンデス地域で先住民が関わるテーマの研究に取り組む場合に、先住民言語を学ばずにスペイン語や英語だけで済ませることは，次第に難しくなっている。アンデス文化人類学が先住民言語に十分に取り組んでこなかったとするセザル・イティエル（César Itier）による批判や（Itier 2007）、研究者によるアンデス先住民言語の調査が、スペイン語も解する二言語話者に集中し、先住民言語の単言語話者の言語慣行が十分に明らかにされてこなかったとするブルース・マンハイム（Bruce Mannheim）らの批判を念頭に置くことも重要であろう（Mannheim y Huayhua 2016）。日本においても、アイヌ語を日常生活に回復しようとする取り組みが進み、アイヌ語の公用語化やアイヌ語での初等・中等教育の実現が目標とされる中で、アイヌ語という言語の重要性が若い世代を中心にあらためて認識され始めていると言ってよい。先住民の社会的・政治的存在感がグローバルに増大し（Clifford 2013）、国際連合の行事として、2019年に「先住民言語の国際年」が、そして2022年から2032年にかけて「先住民言語の国際の十年」が実施されるなかで、これらの言語の社会的地位も以前と同じままではない。

　本章では、日本語の隣人であり現在では北海道を中心に話されるアイヌ語と、南アメリカのアンデス山脈南部の高原地帯を中心として、ボリビアとペルーとチリで約200万人によって話されるアイマラ語の、口頭で伝承されてきた物語に着目する。これは口頭伝承と呼ばれたり、口承文芸と呼ばれたり、口承文学と呼ばれたりしている。そして、これらの物語をどのように読み解くことができるのかを、特に物語における人間と動物の関係から考察する。これは近年、人類学を中心に進められている、文化と自然の関係を問いなおそうとする動きの一環として位置づけられる。それぞれの物語の比較検討を通じて、「先住民言語」と位置づけられるアイヌ語とアイマラ語で語られる物語が、異なる人間―動物関係の論理をもつことを明らかにし、それがどのような要因にもとづくのかについて一つの仮説を提示することを試みる。

以下、Iにおいて、本章の土台をなす理論枠組を概観する。そこでは、北東アジアでもアンデス高地でもない、南アメリカのアマゾニア低地に立脚した人類学の研究を参照する。その上で、IIにおいてアイマラ語の口承文学を、IIIにおいてアイヌ語の口承文学を検討し、そこから得られる知見を最後にまとめる。なお、この主題を議論するにあたっては、数多くの物語テクストを横断的に検討することは紙幅がこれを許さない。したがって、それぞれの物語テクストから一篇を選んで丁寧に検討しつつ、他の物語群との連関にも適宜言及することにしたい。これらのアイマラ語やアイヌ語の語りを研究するにあたっては、まずはフィールドワークと録音と聞き起こしや、かつての録音・文字資料の回復を通じて、テクストを構築する作業に取り組む必要があり、そのうえでその分析を行うことになる。本章でも、筆者がこれまでに公刊してきたテクストを元にしつつ、それ以外の既刊テクストにも随時言及しながら議論を進めることにする[1]。

I　エドゥアルド・ヴィヴェイロス・デ・カストロの理論

　本章においては、ブラジルの人類学者エドゥアルド・ヴィヴェイロス・デ・カストロ（Eduardo Viveiros de Castro）によるパースペクティビズム（perspectivism）と多自然主義（multinaturalism）の議論を援用して考える。この枠組みは、南アメリカのアマゾニア低地の「神話」研究に題材を得たものである。本人の1998年の講義録においては、この考え方が、どのような民族誌から着想を得ているのかの一端が明らかにされており、これを概観するところから始めよう（Viveiros de Castro 2015, 199–203、他に Viveiros de Castro 2010 の第2章と第3章も参照）。

　（1）仏領ギアナのワヤピ先住民——地下世界に落ちた人間は、そこの住「人」である巨大なナマケモノたちにキンカジュー（アライグマ科の小動物）として見られる。人間にとって動物は動物で、動物にとっては人間が動物で、太陽と月にとっては人間と動物が動物である。
　（2）スリナムのアクリオー先住民——ハゲタカは地表へと釣りに行く。腐

った肉にわくウジが、ハゲタカにとっての魚である。川底に住む精霊たち
にとって、魚は森林に住む動物であり、地表の動物は鳥だと見られる。バ
クにとって、人間のバナナは森林の食用にならない果実であり、森林の床
がハンモックであり、バクの村は人間の村とまったく同様で、バクが食べ
る植物の葉がキャッサバ（他地域でマニオクやユカと呼ばれる芋の一種）で
ある。

（3）ペルーのカンパ先住民——人間にとっての固い地面は、地底に住む存
在にとっては空であり、人間にとっての空は、その上に住む者たちにとっ
ては固い地面である。人間にとって善き精霊は閃光や鳥の形でしか見えな
いが、彼らは自分自身を人間だと見ている。ジャガーの目には、人間は狩
るべきペッカリー（野生の豚）に見える。

（4）北アメリカ北西海岸部のツィムシャム先住民——鮭やカタツムリや山
羊に変えられた人間がいて、鮭やカタツムリや山羊と同じように人間的な
生活を送っているが、彼らにとっての人間は人間にとっての超越的な存在
（ナクスノクと呼ばれる）として見られている。

（5）マレーシアのチェウォング先住民——人間が動物の外套を身にまとっ
た物語があれば、動物が人間の外套を身にまとった物語もある。人間では
ない者たちも、自分たちの土地・家にいる場合は人間の身体をもって現れ
る。

アマゾニアから北アメリカ、そしてアジア大陸へと広がる以上のような民
族誌的特徴を、ヴィヴェイロス・デ・カストロは次のように定式化している
（Viveiros de Castro 2015, 197-8）。

（1）動物たちや精霊たちは、自分たちの家や村にいるときは、自らのこと
を人間だと思っている。

（2）動物たちや精霊たちは、自らの習慣や特徴を「文化」として経験する。
例えば、ジャガーは血のことをビール（マニオカ・ビール）だと見ている。

（3）動物や精霊たちは、自らの毛、毛皮、くちばし、爪など体の特徴を、
身体装飾や文化的な装備だと考えている。身にまとう服装が異なるだけで

あって、その内側に隠されているのは共通の人間としての形態である。

（4）動物や精霊たちは、それぞれの社会システムが人間と同様に組織されていると考えている（首長、シャーマン、儀礼の存在など）。

（5）これらの、それぞれに異なるパースペクティブ同士を、人間の中ではシャーマンだけがつなぐことができる。

これは頭の中で形成される概念（conception）としてそう捉えている——すなわち、その根っこには人間も動物も見ている一つの共通の事物がある——のではなく、世界そのものがそう成り立っていると、それぞれの存在が主に視覚を通じて受け止めているのである。そのように自身を、そして他者をどのように「見ているか」（＝視点と何を見るかの組み合わせ）を重視する立場を、ヴィヴェイロス・デ・カストロはパースペクティブ主義（perspectivism）と名づける。そこから、自然が同一で文化が複数ある「多文化主義」ではなく、むしろ人間や文化・社会が共通なのであって、自然の各存在ごとにパースペクティブが異なるという意味で、アマゾニア先住民世界からは「多自然主義」が提唱されることになる。

ヴィヴェイロス・デ・カストロは、ここでのパースペクティブ主義の根幹に捕食—被捕食の関係があるとの見解を示しているが、この点については文化と地域による違いが大きいかもしれない。むしろ興味深いのは、十分な資料がない中でも、地理的に南アメリカだけでなく、北アメリカとアジアの北部まで共有される特徴であるとし、そこにニューギニアの南部高地のカルリ（Kaluli）の人々を加え、逆にそれ以外の地域では存在しないということを強調している点である（Viveiros de Castro 2015, 196-197）。本章の問題関心からして興味深いのは、南アメリカではアマゾニアに隣接するアンデス高地がすっぽり抜け落ちていることで、逆に北東アジアではアイヌの文化がアマゾニアと共有する特徴を多く有しているように見えることだ。

なぜこのような違いが、アマゾニアに非常に近いアンデス高地と、アマゾニアから遥か遠い北東アジアとのあいだに生まれることになるのだろうか。

II　北東アジアのアイヌ語の口承文学から

　アイヌ語の物語については、筆者が翻刻と日本語への原文対訳の取り組み
を進めている、「金成マツノート」に記録された散文説話と呼ばれるジャン
ルの物語に着目する。金成マツは、有名な『アイヌ神謡集』を書いた知里幸
恵の伯母にあたり、知里幸恵が19歳で早逝した後に、金田一京助や知里幸
恵の弟の知里真志保に対して、そして一部は久保寺逸彦に対して、膨大な量
のアイヌ語の記録を書き残した。ここではその中の「六人の山子（iwan ya-
manko）」という物語に着目する（藤田 2018）。

　主人公は石狩川河口の若い村長であり、結婚しているが子どもがいない。
ある日、川上の狩り小屋に行きたくなって、食糧の用意などをして出かけ、
いつも休憩している場所に着くと、遠くに痩せて乳をだらりと下げたキツネ
（チロンヌプ）が見える。アイヌ（人間）を取りまく動物や木や植物や道具な
どはカムイと呼ばれ、キツネはカムイである。ここで主人公はこの飢えたキ
ツネに同情し、以下のような言葉で感情を表現している。

> nep ne yakka ramat kor po kor urespa kusu tapne sattek pakno an ruwe a=nukar ciki
> sonno nep ka aynu a=tuyaskarap a=erampoken humi neno sonno a=kewtum kasi
> nupe kus kane yaynu=an.
>
> 何ものであっても、魂を持ち、子どもを持ち、育てるのだから、これほ
> どまでに痩せ細っていることを見ると、本当になにか人間を同情し憐れ
> むのと同じように、本当に私の心を涙が伝うように思う。

これは、人間と動物（というよりもカムイ）のあいだの境界を無効にするか
のような興味深い表現なのだが、ここにはまだ注意と保留が必要であろう。
金成マツは、宣教師ジョン・バチェラーによって洗礼を受け、キリスト教の
伝道にも力を尽くしている。キリスト教の「憐憫」の情が何か表現に影響を
しているかもしれない。

　主人公は、キツネに数日分の食べ物を残して、狩小屋に向かい、到着し、
掃除をしていると、騒々しく恐ろしい和人（アイヌにとってのアイヌではない

日本人のこと）の木こり（山子）と思われる者たちが6人（イワン・ヤマンコ）現れ、食事をさせるよう依頼する。そうすると、なんと主人公の妻が、いないはずの子どもを背負ってやって来て、煮炊きをして料理を食べさせ、これを食べた6人の木こりたちは苦しんで死んでしまう。

　このように不思議なことがあると、カムイは夢を通じて人間に真相を話してくれる。以下のような定型句がその導入のサインとなる。

　　　nani sonno pirka mokor torse mokor i＝annoyekar.
　　　すぐに本当によい眠り、いびきをかく眠りが私を絡めとる。

夢の中では、キツネのカムイは人間の姿をして現れ、これがカムイのくに（カムイ　モシリ）におけるカムイの本来の姿であると考えられる。

　　　i＝erupsike ta sine upen pon menoko easka sarampe koraci heri at amip mi easka ene
　　　wa poka a＝reka h_i ka isam.
　　　私の枕上に一人の若い娘が、たいそう絹のようにつやのある着物を着て、本当にそのようにしか褒めようがない（ほど美しい）。

そのようにして、主人公の枕上に座った娘（キツネのカムイ）は、子どもを産んで体力が落ちて飢えてしまったこと、主人公が自分に食べ物を残してくれた振る舞いの良さと人間としての度量に感銘を受けたこと、六人の和人の木こりは実は化け熊で主人公を襲おうとしていたこと、自分がトリカブトの毒でこの化け熊たちを殺したこと、いつまでも主人公の背後を守るつもりで、主人公は今後子どもにも恵まれるであろうことを次々に述べる。つまり、何か事件が起こった後で、カムイは自らのパースペクティブを夢を通じて人間に全て開示し、説明してくれるのだ。六人の木こりの姿で現れた化け熊たちも、その後すぐに主人公の別の夢の中に出てきて、主人公に詫びつつ、自分たちが改心したと述べる。悪いカムイ（魔物）も、自らのパースペクティブを人間に開示し、説明してくれるのだ（この点については大谷 2014 も参照）。

　これはヴィヴェイロス・デ・カストロのパースペクティビズムとかなり似

ているが、カムイのパースペクティブを知ることができるのはシャーマンに限定されておらず、カムイとかかわりのあるアイヌ（人間）には、少なくとも物語の上では、カムイの物の見方がすべて明らかにされる。またそれは、この物語でのような人間的度量のある資質の高い人間に限られているわけでもない。「鹿を妻にもった貧しい男（yuk mat ne kor wen aynu）」という物語では、主人公である貧しい男の妻になりに来た女の正体が鹿（ユク）であることをこの貧しい男が見抜き、二人の間にできた子ともどもこれを殺して食べてしまう。怒った鹿のカムイによって主人公の男は事の真相を村人たちの前で朗々と演唱させられ、村人たちから袋叩きになり、ひどい姿になって死んでしまうという展開になるが、ここでも鹿のカムイは貧しい男に、夢の中で事の真相を丁寧に述べて、かつ説教をしている（萱野 1977, 25-33）[2]。

　また、先の「六人の山子」の物語におけるキツネのカムイによる説明の中には、以下のような興味深い箇所がある。

　　nep ka tonoho okay pe ne kusu kanto or_ ta cironnup tonoho umurek okay wa ne iy-
　　otta pon matnepo a=ne ruwe ne. a=useutari okkay hene menoko utar hene aynu mo-
　　sir epittano koirawkituypa siri a=eykoytuypa kusu a=utari a=eutanne wa aynu kotan
　　a=orap.

　　何にでもその大将（tono）がいるもので、天にキツネの大将の夫婦がおり、その末娘が私なのです。普通の同胞（のキツネ）たちは、男であれ女であれ、人間の国の方々へ皆が仕事をしに行く様子が、私はうらやましかったので、同胞たちと一緒に人間の村に私は下りました。

カムイのくに（カムイ モシリ）では、このキツネのカムイが人間と同じような同族社会を営んでおり、人間の場合と同様の単語を用いて仲間のキツネたちが指し示されている。かつ人間の世界（アイヌ モシリ）に「仕事」をしに行っているということは、カムイは人間と同じような社会と文化をもっているという点で、これまた上述の多自然主義と符合する面が大きい。カムイたちは人間の前に出るときは、動物の毛皮や肉をまとい、木や植物や道具の姿となって現れるが、特に人間とカムイの結婚が関係するときは、人間の姿で

人間の前に出てくることも多い。「カワウソが私に化ける（esaman i＝sinere）」では、許嫁に会いに行こうとする主人公に対抗しようとしたカワウソ（エサマン）が、主人公に化けて主人公を出し抜こうとするが、失敗に終わる（藤田 2022）[3]。

　カムイのパースペクティブが人間に開示されるのは、上に見たような夢を通じたコミュニケーションが主体となる。しかし、同じ金成マツノートの「金の煙草入れ（konkani tampakop）」という物語においては、これらとは異なるコミュニケーションの形態も見られる（藤田 2020）。主人公は若い村長で人望もあるが、ある時から日が暮れると村中の犬がうるさく吠え立て、恐ろしく思った村人たちがどんどん無気力になっていってしまう。そこで、主人公はこのように考える。

　　〈hemanta ene seta emik hawe an h_i ta an. aynu a＝ne wa paye＝an yakka somo nep a＝nukar. tanpe kusu seenne seta a＝sinere wa oman＝an ko somo un nep ka a＝nukar ya un〉ari yaynu＝an wa kusu annoski pakita hapunno hopuni＝an.
　　〈なぜそのように犬が吠えるのであろうか。人間として私が行ったとしても、何も見ることはできないだろう。なので、ひょっとして犬のふりをして行けば、もしや何か見えるのではないか〉と私は考えて、ちょうど真夜中になってそっと私は起き上がる。［〈および〉の使用は、心内語の始まりと終わりを示す。］

こうして主人公は犬の中に混じり、四つん這いになって、犬と同じように見ることで、銀と金で作られている大きな煙草入れが、金のキセルがそこに付いて木の梢に引っかかっていることに気づくのである。主人公は、夢の中で、家を守るカムイ（チセコロカムイ）から、この煙草入れは村造りのカムイ（コタンカラカムイ）という大変位の高いカムイが、村を造った後にうっかり忘れて行ってしまったものだということを聞かされる。レーン・ウィラースレフ（Rane Willerslev）はシベリアのユカギールの狩猟において、実際に狩人が狩猟対象のエルク（鹿）にほとんどなりきりながら狩猟を行うことを重視しているが、同様の模倣（ミメーシス）による相手のパースペクティブの獲

得がここでは行われていることになる（ウィラースレフ 2018）[4]。

　ここまで、アイヌの口承文学における、ヴィヴェイロス・デ・カストロが提示したパースペクティビズムと多自然主義に親和的な特徴を挙げてきたが、符合しない面も存在する。ヴィヴェイロス・デ・カストロは、パースペクティビズムの根幹に捕食関係があるとしているが、アイヌ語の物語においてはどうもそうではないようである。人間と動物のあいだの捕食関係はあるのだが、それも含めてカムイが人間の世界を好み、人間の役に立とうとし、また人間もカムイを大事にするという協調の関係が、ここには存在する。また、人間やそれぞれのカムイのあいだでパースペクティブの相対性は存在せず、人間にとっての食べ物はキツネにとっても同じ食べ物であり、人間にとってのトリカブトはキツネにとってのトリカブトである。

Ⅲ　南米アンデスのアイマラ語の口承文学から

　アイマラ語の口承の物語においては、筆者がボリビアのラ・パス県リオ・アバホ（Río Abajo）地方ユーパンパ（Yupampa）村のアスンタ・タピア・デ・アルバレス（Asunta Tapia de Álvarez）から聞かせてもらってきた物語をとりあげる。おそらくアイマラ語圏で最もよく知られている物語の一つに「チョケル・カミル・ウィルニータ（Chuqil Qamir Wirnita）」という蛇と結ばれ、蛇の力を得るようになった娘ウィルニータの物語がある（タピア・サラビア・タピア・藤田 2015）[5]。筆者はアスンタから 2009 年 10 月 11 日にこの物語の聞き取りをしている。

　裕福な家庭の一人娘ウィルニータ（スペイン語の名前「ベルナ（Berna）」に縮小辞 -ita がつき、アイマラ語化したもの）は、いくつもの錠前で鍵をかけられた部屋で大切に育てられていたが、ある時から蛇がその扉の小さな穴を抜けて忍び込み、中で人間に姿を変え、ウィルニータと語らうようになった。その際に、蛇はこのように娘ウィルニータに自身の正体の見抜き方を教えた。

"Ä janiw nay uñt'kitasmat. Ä mä jach'a ilu alasim, ukat uka ilumpiw sakujat chhithsutät, sakujat chhithsutät, ukat jichha(x) uka ilu chinkatität ukat jichhax ilu saran, ukat ukat uñt'xität" satänapï, chikarux.

「ああ、あなたが私が誰かを知ることはできないよ。［だから］えっと、大きな糸玉を買いなさい、そしてその糸でもって私の上着に縫い付けるのだ、私の上着に縫い付けるのだ、そしてさて、その糸を私に縫い付けるのだ、そしてさてその糸が続いていって、それでもうあなたは私が誰か分かるよ」と言ったのだとさ、娘に。

ここでは人間の側からは動物の正体が分からないという断絶が強調されている。この点は、デニーズ・アーノルド（Denise Arnold）とフアン・デ・ディオス・ヤピータ（Juan de Dios Yapita）がオルーロ県のカカチャカ（Qaqachaca）で記録した蛇の物語においても同じように強調されており（Arnold, Jiménez y Yapita 2014, 232–234）、この人間と動物の断絶が重視されていることが見てとれる。人間は、相手の正体が動物であることに気づいておらず、相手から明かされて初めて気づくことになる。これは、チョケル・カミル・ウィルニータとは別にリオ・アバホ地域で語られている蛇娘の伝承についても同様で、夫が留守にしているあいだに夫によく似た蛇男と関係をもった妻は、本当の夫が帰って来て、それが自分ではないと指摘されるまで気づかなかった（タピア・藤田 2020）。

　後からその家の使用人たちが、その糸が続いている先を追っていくと、別の村を過ぎ、石が沢山積み重なっている土地で、蛇がとぐろを巻いて寝ていて、そのしっぽに糸が縫いつけてあるのを見つけた。見つけた者たちは両親にそれを告げ、驚いた両親はその蛇を殺そうとして銃をもって行くと、もうその場所に蛇はいなかった。やがて娘は3人の子を産むが、そのすべてが蛇で、娘は自らの鼻血をたらして素焼きの鍋の中で蛇を育てていた。気づいて怒った両親は、その蛇の子らを焼き殺してしまった。すると、蛇が男に姿を変えて再び現れ、子どもを返せと言い、最終期限を告げた。村では教会でミサを開催しようとするが、その前に村は蛇の力によって呪いにかけられてしまった。今でも、教会の鐘を鳴らせば呪いがとけるが、鐘の中に蛇が巻きついていて鳴らせないようにしているという。

　ここで、織物と関連する糸や素焼きの鍋などはアンデスにおける文明の象

徴であり（Arnold y López 2004）、銃や教会やミサは西洋近代キリスト教文明の象徴である。すなわち、ここでは人間は自身が「文明」の側に属すると考えていることになり、それに対して動物は「野蛮」の側に位置づけられている。これとは別の、若い娘がコンドルに誘拐されて、（当時は巨大だった）ハチドリに救出される物語では、誘拐された娘が、コンドルが差し出そうとする火を通していない肉を拒否するくだりがある。生肉は「野蛮」な食物である。また、家畜のリャマを連れて旅する人間が悪魔（ディアブロ）たちにリャマを盗まれ、レケレケ鳥が姿を変えた男にそのことを教えてもらう物語でも、泥棒たちに火を通した食べ物をわけてもらっていると思っていたら、後からそれが土の塊や乾燥させたミミズだったことに気づくというくだりがあり、これも「文明」と「野蛮」の対立軸に位置づけることができるだろう（Carvajal Cavajal 1980, 1–8 および 71–75）。

　チョケル・カミル・ウィルニータの物語に戻ると、焼き殺された蛇の子どもたちを引き渡せと言いに来た蛇の男（父親）は以下のように言う。

> Nayax uka wawx apasiskiriskät, nayax apxasiskiriskät. Jumarux pagawayiriskamänt qullqi, ast urumpis qullqimpis ukham paguiriskasamän. Akham wal qamiriw juma tukxasamän, ukham paguiristämän nayax.
>
> 私はその子どもたちを連れていくつもりだったのだ、もう連れていくつもりだったのだ。お前にも金を払っていたはずだった、金と銀でもってお前に支払っていたはずだった。とても豊かにお前はなっていたはずだった、そのように私はお前に支払うはずだった。

アイマラ語圏において、地表近くにいる蛇やカエルといった動物は、地中の世界（manqhapacha）に属する存在で、金や銀などの鉱物資源、地殻変動や火を司る力をもつ。ここの蛇の言葉からは、そのことは分かるが、しかし蛇のパースペクティブが人間に十分に開示され、語られているとは言い難い。他の物語も含め、パースペクティブは常に人間の側にあり、動物は計り知れない他者として現れる。

　ただし同時に、人間は動物と結ばれることで、その動物の力を手に入れる

ことができるようになる。ウィルニータは今でも辺りをウロウロして、出会った人に金や銀を与えてくれると言われており、またラパスの街に到達すると天変地異を起こすと言われている（タピア・サラビア・タピア・藤田 2015）。このチョケル・カミル・ウィルニータの物語と並んで広い範囲で知られている「熊のフアン（Juan oso）」の物語は、熊と結ばれた娘から生まれた、熊の怪力をもった男の子の冒険譚となっている（Arnold y López 2004; Carvajal Carvajal 1980）。ここでは、起源において人間と動物は本来もっと近い関係にあり、動物の力が人間と共有されていたという記憶が示されているかのようだ。

おわりに

　ここまでをまとめると、興味深いことにアマゾニアから遠く離れたアイヌの口承文学が、ヴィヴェイロス・デ・カストロが指摘するパースペクティビズムと多自然主義の特徴を様々な側面で併せもち、逆にアマゾニアに隣接するアンデス高地アイマラ語の口承文学が、その特徴をもたないことが明らかになった[6]。なお、それぞれの口承文学でも、地域や語り手によって物語の展開に異なる特徴が出てくるため、本来はより詳しくかつ細やかな検討が必要であり、これは次なる研究課題となるであろう。

　このような研究は、物語の「型」を構造分析するだけでなく、そこでの登場人物や動物の間のコミュニケーションや、それぞれの存在による物の見方や考え方（パースペクティブ）を扱う。それはすなわち、語りをその言語自体で聞けて、読めなければ、このような検討はできないことになる。

　日本語の口承の物語においても、アイマラ語の口承文学と同様に、人間と動物の間にある種の断絶が存在することが指摘されている（原田 2021; 中村 2010）[7]。今のところ筆者は、日本と同様にアイマラの人々も古代よりティワナクとインカという国家を経験し、これらの国家を通じて文明意識をもったことが、両者の口承文学における人間と動物の断絶や動物の他者化を生んだのではないかと考えているが、この仮説もまた時間をかけた丁寧な検討が必要になっていくだろう。

　いずれにしても、このような考察は、現代世界において「先住民」として

一括りにされがちな世界の様々な人々のあいだでも、その物語を通じて表現される思想と知には細やかな違いと手触りがあることを、我々にあらためて認識させてくれる。口承の物語はそのような知の体系とその展開を示しているのであり（Mannheim 2015; モーリス＝鈴木 2000）、物語の考察は未だ汲み尽くされていない様々な可能性を秘めているのだ。

1）　このように人類学の観点から、また現代の社会課題の観点からアイヌ語の口承文学を読むことは、SFC での学部研究会「SFC kotan――アイヌ語とアイヌ語口承文学を学ぶ」で着任以来取り組んできた課題の一つであり、これまでに山田（2019）、本田（2019）、石井（2021）などの学生たちからの研究成果も生まれている。
2）　これも金成マツの金田一京助宛筆録ノートに記録されている物語であり、原文対訳は 2023 年度の刊行を予定している。
3）　物語の前半が既刊であり、後半は『ユーラシア言語文化論集』誌において 2023 年の刊行を予定している。
4）　なお、そもそもアイヌ語の口承文学を語ること自体が、複数の段階の模倣（ミメーシス）によるカムイのパースペクティブの獲得であるとも考えられる。この点については石井（2022）を参照。
5）　これまでに公刊されたチョケル・カミル・ウィルニータにテクストとしては、他に Spedding（2011）および Nina Huarcacho, Rivera Cusicanqui, Linares y Fujita（2012）を参照。また藤田（2014）では、この物語に別の観点からの読みを試みている
6）　これまでもシベリアがパースペクティビズムの特徴をもっていることは指摘されてきているが（ウィラースレフ前掲書、Brightman, Grotti, and Ulturgasheva 2012）、そこに連なるアイヌにそのような特徴があるかどうかは検討されてこなかった。
7）　原田（2021）は SFC の政策・メディア研究科の博士課程のエステル・ラストさんから文献の存在を教えてもらった。特記して感謝する。

参考文献

石井正樹（2022）「アイヌ口頭伝承の語りとミメーシス――神謡と散文説話にみる悪神と和人のふるまい」『Keio SFC Journal』21（2）、168-191。
ウィラースレフ、レーン（2018）『ソウル・ハンターズ――シベリア・ユカギールのアニミズムの人類学』（奥野克巳・近藤祉秋・古川不可知訳）亜紀書房。
大谷洋一（2014）「カムイからの意思伝達のあり方――北海道アイヌの散文説話を中心に」『口承文芸研究』37、114-126。
萱野茂（1977）『炎の馬――アイヌ民話集』すずさわ書店。
金子亨（1999）『先住民族言語のために』草風館。
タピア・デ・アルバレス、アスンタ、藤田護（2020）「南米ボリビアのラパス県渓谷部の

アイマラ語口承テクストとその考察――近隣の村に実在した蛇娘の伝承」『京都外国語大学ラテンアメリカ研究所紀要』20、215-242。

タピア・デ・アルバレス、アスンタ、ペドロ・サラビア・パロミーノ、フリアン・タピア、藤田護（2015）「南米ボリビアのラパス県渓谷部のアイマラ語口承テクストとその考察（1）――蛇の力を得た娘の伝承」『京都ラテンアメリカ研究所紀要』15、115-152。

中村とも子（2010）「日本の異類婚姻譚における人と動物のあいだの距離――「変身」の視点から」『口承文芸研究』33、77-90。

原田龍平（2021）「シャーマン＝狩人としての動物――世間話における妖狐譚を構造分析する」『日本研究』63、85-111。

藤田護（2022）「金成マツ筆録ノートのアイヌ語口承文学テクストの原文対訳及び解釈――金田一京助宛ノート散文説話「カワウソが私に化けるウエペケレ（esaman i = sinere uepeker）」（前半）」『ユーラシア言語文化論集』23、143-181。

藤田護（2021）「金成マツ筆録ノートのアイヌ語口承文学テクストの原文対訳及び解釈――金田一京助宛ノート散文説話『金の煙草入れ konkani tampakop』」中川裕編『アイヌ語・アイヌ文化研究の課題』千葉大学大学院人文公共学府研究プロジェクト報告書、第358号、15-42。

藤田護（2018）「金成マツ筆録ノートの口承文学テクストの原文対訳及び解釈――散文説話『六人の山子（iwan yamanko）』」中川裕編『アイヌ語の文献学的研究（3）』千葉大学大学院人文公共学府研究プロジェクト報告書、第325号、25-65。

藤田護（2014）「ボリビア・アンデスにおけるアイマラ語口承文学の躍動――ラパス市周辺の渓谷部における語りから」『イベロアメリカ研究』36（1），27-51。

本田義矢（2019）「アイヌの散文説話（ウウェペケレ）における異類婚姻譚の再考証」『Keio SFC Journal』19（2）、294-328。

モーリス＝鈴木、テッサ（2000）『辺境から眺める――アイヌが経験する近代』みすず書房。

山田慎太郎（2019）「アイヌ散文説話におけるトパットゥミをめぐる分析――アイヌ（人間）の安全保障の考察に向けて」『Keio SFC Journal』19（1）、128-160。

Arnold, Denise Y., Domingo Jiménez A., y Juan de Dios Yapita（2014）*Hacia un orden andino de las cosas. Tres pistas de los meridionales（tercera edición）*, La Paz: Instituto de Lengua y Cultura Aymara（ILCA）.

Arnold, Denise Y., y Ricardo Lopéz（2004）"Jukumarinti Sawurinti. El oso-guerrero y la tejedora. Un repertorio literario de lo masculino y lo femenino en los Andes," *Ciencia y Cultura* 9, 13-43.

Brightman, Marc, Vanessa Elisa Grotti, and Olga Ulturgasheva eds.（2012）*Animism in Rainforest and Tundra: Personhood, Animals, Plants and Things in Contemporary Amzonia and Siberia*, New York and Oxford: Berghan.

Carvajal Carvajal, Juan compil.（1980）*Wiñay arunaka. Cuentos andinos*, La Paz: Instituto Boliviano de Cultura（IBC）y Instituto Nacional de Estudios Lingüísticos（INEL）.

Clifford, James（2013）*Returns: Becoming Indigenous in the Twenty-First Century*, Cambridge, MA and

London: Harvard University Press.

Evans, Nicholas（2022）*Words of Wonder: Endangered Languages and What They Tell Us*（*second edition*）, Wiley-Blackwell.

Itier, César（2007）*El hijo del oso. La literatura oral quechua de la región del Cuzco*, Lima: IFEA, IEP, Fondo Editorial PUCP, y Fondo Editorial UNMSM.

Mannheim, Bruce（2015）"The Social Imaginary, Unspoken in Verbal Art,"In Nancy Bonvillain ed. *The Routledge Handbook of Linguistic Anthropology*, NewYork and London: Routledge, 44–61.

Mannheim, Bruce y Margarita Huayhua（2016）"Quechua es un idioma multiregistral," Centro de Estudios Regionales Andinos Bartolomé de las Casas（CBC）*Foro Dilemas de la Gobernabilidad en el Sur Andino al 2021*, Cusco: CBC.

Nina Huarcacho, Filomena, Silvia Rivera Cusicanqui, Álvaro Linares Salinas y Mamoru Fujita compil.（2012）*Boletín de historia oral no. 2*, La Paz: Aruwiyiri.

Spedding, Alison（2011）*Sueños, kharisiris y curanderos. Dinámicas sociales de las creencias en los Andes contemporáneos*（*segunda edición ampliada*）, La Paz: Mama Huaco.

Viveiros de Castro, Eduardo（2015）*The Relative Native: Essays on Indigenous Conceptual Worlds*, Chicago: HAU Books.

Viveiros de Castro, Eduardo（2010）*Metafísicas caníbales. Líneas de antropología postestructural*, Buenos Aires: Katz.

朝鮮民族と言語、そして政策

髙木丈也

はじめに

　筆者は、世界に散在する朝鮮民族の研究をしている。実は朝鮮民族は思った以上に色々なところに居住していて、韓国・北朝鮮のみならず、アメリカ合衆国、中国、旧ソ連地域（ロシア・中央アジア）、そして日本など世界各地でコミュニティを形成している。もちろん朝鮮半島以外における居住者（在外朝鮮民族）は、ある時期に様々な理由により、半島から移住をして現地に定着した人々、あるいはその子孫達である。筆者はマクロな意味での朝鮮民族に興味を持っており、この 10 年ほど各地で調査を続けているのだが、ここで一つの疑問が生じる。彼らを「朝鮮民族」たらしめる要素とは、一体何なのだろうか。服装？ 飲食？ 住居？ 伝統行事？…どれも間違ってはいないだろうが、筆者はとりわけ大きな要素として言語に注目したい。このコラムでは、朝鮮民族と言語にまつわる事情をほんの少しだけ紹介するとともに、彼らの民族性と言語政策がいかなる関係にあるかについても考えてみたい。なお、言語政策（language policy）に関する定義・分類には様々なものが存在し、研究者によって一様ではないが、本コラムでは一般的な分類である本体計画（corpus planning）、地位計画（status planning）による二分法を用いることにする。

I　本体計画

　本体計画とは、ある言語の実体を定めるための計画で、表記法や語彙、文法の制定などをさす。朝鮮語における本体計画といえば、南北における言語差をまず思い浮かべる。朝鮮半島では 1948 年に韓国、北朝鮮の政府がそれ

ぞれ樹立され、以降、独自の言語政策を展開していく。特徴的な事例として、韓国ではハングル専用化や国語醇化とよばれる運動が展開され、漢字表記や日本語からの借用語を排除するとともに、それらをハングル表記、固有語に言い換える政策がとられた。一方、北朝鮮では1960年代以降、主体思想とよばれる唯一思想体系が台頭し、外国語由来の不要な言葉を改める政策が展開する。その結果、アイスクリーム⇒氷菓子、キャラメル⇒油飴、コーナーキック⇒隅蹴り、のような翻訳・造語調の言い換えが多く行われることになった。

　このような政策を受けて、分断から70年以上の時が経った今、南北の言語は一部、質的に異なるものとなりつつある。しかし、ここでは南北いずれの事例においても言語政策が、国民国家の形成や国家が標榜するある種の主義主張のために展開されたという点に注目しておきたい。南北分断から国家建設の過程で国語が（その良し悪しはともかく）、狭義のナショナリズムの拠り所として一定の役割を果たしたことは想像に難くない。また、北朝鮮の言語政策はかなり強硬なものであり、韓国のそれに比べ、高い実効性を伴うものであったという点も指摘しておきたい。それは、北朝鮮では共産主義の理想社会建設という名目のもと、政府・党の主導により強力に言語政策が推進されたことと関係が深い。翻って、韓国では「行き過ぎた醇化は非現実的」との反対意見が出て、政策の実行に長い時間を要している。そもそも「出口」（漢字語）を「出ていくところ」（固有語）と言い換えたところで、多くの人にとっては「出口」の方が言い慣れているのである。北朝鮮のような例は世界的に見るとむしろ特殊で、言語の存在様式を人為的に改変するということは余程の力が働かなければ、できないことである。

　ところで、在外朝鮮民族の主要居住地域のうち、アメリカや旧ソ連地域、日本では民族の言語（韓国語・朝鮮語）に独自の正書法、あるいは規範的な文法体系を持たない。つまり、本国のそれに緩やかに依存しているのであるが、アメリカの在米コリアンは韓国式の言語を、旧ソ連地域の高麗人や日本の在日コリアンの一部は北朝鮮式の言語を志向する。このように志向される言語は、居住国の外交・少数民族政策はもちろん、民族集団の思想・信条、教育環境、一世の出身地などによっても左右される。

　一方、在外朝鮮民族の居住国の中で、民族の言語に正書法を持つのは中国

である。南北の言語政策に過度に依存しない態度からは、居住国の最大言語である漢語とも共生しつつ、非公用語圏として実情に合った言語を志向しようとする柔軟な考えが垣間見える。ところで、中国朝鮮語では 2016 年に正書法が改訂されたが、これが一部、韓国のそれにかなり接近しており驚いた。それもそのはずである。中国朝鮮語の主たる担い手である朝鮮族は、2019 年時点で総人口の三分の一が出稼ぎなどの理由で韓国に滞在しているのだ。このように社会・経済関係の実情が言語規範に反映されることもある。

II　地位計画

　地位計画とは、ある国や地域における言語の社会的地位を定めるための計画で、具体的には国語や公用語の制定などをさす。本コラムでは習得計画（acquisition planning）、つまりある国や地域において特定の言語を普及させるための計画もここに含めることにする。朝鮮語の地位計画について考える際には、在外朝鮮民族の事例を考えると興味深い。ある地域に居住する朝鮮民族の言語に一定の地位を与えるとは、いかなる営為なのだろうか。網羅的に述べることは難しいが、いくつか事例を示したい。

事例 I：行政区域の設立

　少数民族に政治的自治を認めることは、当該民族の言語文化の継承・発展に資する。中国では 1952 年に延辺朝鮮族自治区（のちに自治州に改編）が設立されたが、ここでは教育、科学、文化、衛生、政治などを自主的に管理し、民族の言語である朝鮮語を用いて文化を発展させることが保証された。実際に延辺に行ってみると、街中の看板やアナウンスが漢語と朝鮮語の二重言語になっているほか（図 I・2 参照）、日常生活でも朝鮮語が多く使用されており、多方面における民族文化の高度な継承が実感できる。また、政治的な効力は劣るが、米ロサンゼルスのコリアタウンは 1981 年に市議会の正式な承認を受けており、同国最大の集住地域として活況を見せている。

事例 2：民族学校の設置

　民族学校の存在は、読み書きを含めた体系的な言語教育に資するところが大きい。中国では大学入試を朝鮮語で受験した場合、少数民族加点が得られ

소년궁　서쪽　귀부인모피광장에서　알려드립니다.　다음역은 우대무휼병원
역입니다.　…우대무휼병원역에 도착했습니다.

少年宫西侧贵夫人皮草广场提醒你。下一站是优抚医院。…优抚医院到了。

(日本語訳) 少年宮の西側、貴婦人毛皮広場からご案内いたします。次は
優撫病院です。…優撫病院に到着いたしました。

図1　中国吉林省 延吉市内のバスの案内放送。朝鮮語に続いて中国語のアナウンスが入る。

図2　延吉市内の商店の看板。
（2018年筆者撮影）

るなどの優遇措置も見られる。ただし、集住地区でない場合、ひとたび学校
が廃校になると、漢族学校に通うことを余儀なくされ、モノリンガル化が進
む事例も見られる。日本においては朝鮮学校や韓国学校が、アメリカにおい
ては放課後学校などが存在するが、正規学校でない場合が多く、その選択に
は一定の障壁が存在する。

事例3：民族団体の組織

　在外朝鮮民族の内発的な民族組織として青年／女性／老人協会（中国）、
高麗人協会（カザフスタン）、民団、朝鮮総連（日本）などがある。居住国
内におけるこれらへの政策的な支援体系は必ずしも十分なものではないが、

図3　高麗人団体による秋夕の祭典。「우리는 하나다」（私たちは1つだ）というスローガンも見える。（2019年筆者撮影）

言語文化を含む民族性の継承に一定の貢献をしている。筆者は、2019年にカザフスタンのアルマトイで高麗人団体による秋夕（中秋節）の祭典を見学したが、朝鮮語による公演やスポーツ競技中継が行われ、真に民族色溢れる空間を創出していた（図3参照）。また、この他にもアメリカやロシアでは教会を拠点として人々が集まり、言語文化の維持・継承が行われている。

　ここでは在外朝鮮民族の居住国内における言語政策を見たが、この他に韓国政府による各国・地域への多様な支援が行われている。韓国では2005年に国語基本法が制定されて以来、対外的な言語文化普及政策に力を入れており、教育部、外交部、文化体育観光部など複数省庁の管轄のもと、国外における教育支援を積極的に進めている。こうした政策は市場開拓や企業進出への地盤構築、韓流というソフトパワー戦略、在外同胞の包摂など、総合的な国家位相の向上を狙ったものである。

おわりに

　以上、朝鮮民族と言語政策について述べた。国際人権規約第27条では、自己の言語を使用する権利を否定されないという言語権（language rights）を保証している。この概念のもとでは、民族、思想信条、規模、場面を問わず、個人の意思による言語の選択が保証されなければならないだろう。言語政策はこうした理念を実現するために用いられなければならない。

第II部
場を創り、ことばを教える

第5章 グローバル社会を生き抜くために
第二言語運用能力の習得を目指して

中浜優子

はじめに

　第二言語（L2）を習得するということは何を意味するのか。まず、ここで言うところの「第二言語習得（Second Language Acquisition（SLA））」は、「外国語学習」と厳密には異なり、前者が日常的にその言語が使われている環境下で目標言語を学ぶことを意味するのに対し、後者はその目標言語が日常的に話されていない環境下で学ぶことである。例えば、アメリカに住み日常的に接しながら学ぶ英語は「L2 としての英語 English as a Second Language（ESL）」であるのに対し、日本において教科として教室内で学ぶ英語は「外国語としての英語 English as a Foreign Language（EFL）」である。しかし、学習環境が習得に及ぼす影響を検証する研究以外では、L2 と外国語は一般的に区別せずまとめて L2 と言及される場合が多い。本章でも、外国語環境と L2 環境の違いを論じる必要性がある場合以外は、総じて SLA と言及する。

　さて、文頭で SLA とは何かと問いかけたが、文法・語彙・発音などをまず誰もが思い付くであろう。確かに、目標言語についてのこれらの知識がないと、自分の言いたいことを伝えるのは極めて困難になるので、学習の必要性が高いということは言うまでもない。しかし、その知識のみで、何の問題もなく円滑なコミュニケーションが図れるかと言うと、そういうわけではない。では、コミュニケーションのためには、更にどのような能力が必要になるのであろうか。

　ことばは大きく分けると、音、構造（形式）、意味の三つの要素から成る。ごく簡単に説明すると、「音」は特定の言語における音の構造や組み合わせ

を探求する「音韻論」、言語に関係なく実際のサウンドについて研究する「音声学」として研究される。「構造」は、語の成り立ちを研究する「形態論」と、文や句の成り立ちを研究する「統語論」に分けられる。最後の「意味」には「意味論」と「語用論」という学問の領域があり、双方とも意味について探求するということには変わりないが、前者が言語内の意味に関わるもので，後者は言語外の意味について研究する分野である。語用論は産出された文内や発話内の意味だけでなく、それと発話者、その産出された際の文脈との関係性について調べる学問である。そして、その文脈を考慮するのには、社会文化的な要因も考えないといけない（Kasper 1997）ことから、学習者にとって語用論的能力の習得は、学ぼうとしている言語だけではなく、それに付随する文化面も習得しないといけないということになり、至難の業と言えるのだ。

　私はアメリカの大学でL2日本語や日本社会、L2英語、言語学入門等を教えてきたが、熟達度レベルがかなり高い学習者の発話でも、なぜか意味がスムーズに伝わってこないことを何度か経験した。文法も正しければ発音も分かりやすいのにどうしてなのか。そこで、この「分かりづらさ」は何に起因しているのかを分析したところ、意味と形式が上手く結びついていないということが分かった。また、日本語学習者の上級話者が、敬語も使い大変丁寧に話してくれているはずなのに、なぜか失礼だと感じてしまったこともあり、それは専門的に言うと、語用言語学的誤りや社会語用論的誤りによるものだったのだと、後に気づくことになる。

　本章では、談話の文脈内での意味と形式のマッピングの重要性を説く機能主義的な枠組み（具体的には、指示表現研究や言語行為[1)]研究）において、学習者の言語運用能力習得についてのプロセスを紐解いていく。最後に、グローバル社会を生き抜くために必要なスキルとも言える、コミュニケーション能力上達のための、文脈の中での言語使用を重視した指導法及び外国語教材開発について提言する。

I　コミュニケーションのための言語使用

1　機能主義的アプローチ

　SLA 理論の中に、文脈を重視し、談話における「意味と形式との関連性を解明する」ことを主軸としている機能主義的アプローチ（Functional Approach 以下 FA）がある。Tomlin（1990）は、FA は言語運用に着目したもので、言語原理の解明ではなく、談話内における話者の産出したデータを記述することで、言語のしくみが解明できると論じている。Bardovi-Harlig（2020）も、FA の考え方では、言語は主にコミュニケーションのために使われており、言語使用者があって初めて存在しうると述べている。つまり、学習者の L2 知識のみに注目するのではなく、言語運用を重視しているアプローチであると言えるのだ。

　Bischoff and Jany（2013）によると、FA と一括りにしても、体系機能言語学（Halliday 1985 等）や、競合モデル（Bates and MacWhinney 1989）、会話分析（Schegloff 2007）等、分析の切り口は多岐にわたる。例えば競合モデルでは、言語習得は形式と機能の関係を習得していく（機能と形式をマッピングする）ことであるとし、それはキューに主導されて行われる。具体例を挙げて説明すると、日本語の場合、キューとなるのは「が」や「を」などの格助詞、英語では語順であり（Bates and MacWhinney 1989）、英語母語話者が L2 日本語を習得する際、キューとなるものが二言語で異なることで習得が困難になるとしている（佐々木 2003 等）。このように実際に行う分析の切り口は異なるものの、学習者による言語使用を描写し、談話内における形式と機能のマッピングを重視するのが FA の共通項である。その特色を更に広義に捉えると、FA のスタンスは、語用論の考えとも近似している。実際、迫田（2020）は機能主義の考え方では、「言語形式」は意味とのマッピングはもとより、語用論的機能に動機づけられるものであるとしており、この二つの理論は相和するものであると言える。この語用論研究を FA の延長線上として捉える見解は、Ryan and Crosthwaite（2020）が、今後指示表現の習得を研究するにあたり、語用論的考察を推奨していることにも相通じるところがある。学習者にとって習得が困難とされている語用論に関しては、後ほど言語行為論、

L2 発話行為研究を紹介しながら解説する。まず、FA のアプローチを採る研究の中でも数多くの SLA 研究者が参考にしてきた Givón（1979）の「統語化のプロセス」、Givón（1983）の「トピックの連続性」を紹介し、L2 におけるストーリーテリングの様々な研究をまとめる。

2　Givón（1979）の統語化のプロセス

Givón（1979）は、文法習得を語用論的言語運用から統語的言語運用に発達していくプロセスであるとしており、トピック—コメント構造、等位構造などが前者で、主語—述語構造、従属構造が後者である。等位構造とは、簡単に言うと、形態上同等の事項をつなげる構造だ。次の文を見てみよう。He caught a cold and went to see a doctor.（彼は風邪を引き、医者に診てもらいに行った。）この文は caught と went の 2 つの動詞が and によって等位的（対等）につなげられている等位構造を持つ。このように等位で接続される文では、and、but などの等位接続詞が使われる。これに対し、従属構造とは従属する節が since、while などの従属接続詞によって主節とつなげられる。上記の文を従属構造にしてみると、Since he caught a cold, he went to see a doctor.「彼は風邪を引いたので、医者に診てもらいに行った」になり、原因（風邪を引いた）と結果（医者に診てもらいに行った）の関係性がより明らかになる。従属構造の文では、名前が示唆するように、メインになるのは主節部で、それをサポートするのが従属部だ。学習者は習得の早い段階では、項目を対等に並べて説明するが、熟達度が上がるにつれ、文脈内での適切な形式と意味のマッピング（ここでは since を従属節に使用し、主節で主体が行ったメインの行動（医者に行った）理由を意味づけること）ができるようになるとの解釈である。

　統語化プロセスのもう一例を動詞の活用で説明する。学習者は初期段階では、過去の事を言いたいが動詞をまだ活用できず、過去を表す語彙（例えば「昨日」）を使うことで現在形を使いながらも過去の出来事を話しているという文脈を聞き手に察してもらい、理解を促す。しかし習得が進むと、統語化のプロセスを経て（すなわち動詞の過去時制を用い）過去の出来事について話すという「意味と形式のマッピング」ができるようになるのである。I watch TV yesterday. と言っていたのが、I watched TV yesterday. と言えるようになり、

過去（意味）と動詞の過去を表す形態素 -ed（形式）が上手くマッピングできるようになった、と捉えられるのである。ここで注目すべきは、FA の見解では、例えば 'I goed to school yesterday' という発話自体は非文ではあるものの、学習者は過去を表す形態素を採用し過去時制を表そうと試みていると解釈する点だ。そのためこの発話を「誤用」として切り捨てず、過去形の習得へのプロセスの一環として最終段階にまで到達しつつある、と捉えるべきなのである（Bardovi-Harlig 2020）。

3　トピックの連続性

Givón（1983）は、多命題で構成される談話は、それぞれ独立した文の羅列ではなく、一つのテーマ段落として捉えるべきであるとして、一貫した談話になるための極めて重要な要因としてトピックの連続性を挙げている。Givón（1983）のトピック連続性を大まかに分けると、談話内で焦点となり最も連続性の高いトピックはゼロ照応[2]で表され、次に代名詞が使われ、最も連続性の低いトピックは完全名詞句で表されるとしている。この指標を基に、Chaudron and Parker（1990）は、英語では、新しい情報を導入する文脈では、不定冠詞＋名詞（a boy 等）、そして一度導入されたものについての言及には、定冠詞＋名詞（the boy 等）、トピックを連続的に言及する場合は、代名詞（he 等）を使用するのがプロトタイプだとしている。日本語では、主語の位置で登場人物に始めて言及する場合、名詞＋助詞「が」を用い、既に導入済みのトピックには名詞＋助詞「は」を、トピックの連続性が最も高いものには、ゼロ照応が用いられる（Hinds 1983）。名詞句の適切な形式での導入・維持は、ストーリーの一貫性に大きな影響を及ぼすと言われている（Chaudron and Parker 1990; Tomlin 1990）。

4　ストーリーテリング
──指示対象言及に見られるトピック管理能力の習得

Tomlin（1990）は SLA における FA についての論考の中で、その中心的な調査対象項目として指示表現を挙げている。様々な言語の L2 指示対象習得研究をまとめた Ryan and Crosthwaite（2020）は、指示表現の調査において用

いられるデータ抽出法の大半がストーリーテリングであるとしている。前項のトピックの連続性のところで、英語と日本語の指示対象が文脈によってどのように表示されるのかは述べたが、これまでの L2 英語／日本語研究では、連続性の高い指示対象に用いられる英語の the や日本語の「は」は、連続性の低い指示対象に使われる a、an、「が」よりも学習のより早い段階で使われるのが分かっている（Chaudron and Parker 1990; Nakahama 2009; Ryan 2015 等）。しかし、出現が早いと言っても初級段階では、a、an や「が」や代名詞、ゼロ照応を使用しないといけない文脈でも the や「は」が過剰に使われ、適切な使用法は熟達度とともに増す（Huebner 1983; Jarvis 2002; 遠山 2005; 中浜 2004; Nakahama 2009 等）。

　ここで、the の使用について、筆者が遭遇した事例を紹介する。日本語を母語とする英語上級話者、筆者、アメリカ人の三人で会話をしていた時、その英語上級話者が the Dean と言及したことがあった。私と英語話者は、dean の前に定冠詞の 'the' が発話されたため、その英語上級話者が学部長（英語では dean）について話しているのだとばかり思っていた。しばらくして話がかみ合わないので我々が聞き返して始めて、Dean は人の名前で、the が固有名詞の前に間違えて使われていたことが判明した。これ以外にも、筆者は、日本人英語学習者が固有名詞の前に定冠詞の the を付けているのに何度か遭遇したことがある。付けるべきではない固有名詞（人名）の前に定冠詞を付けると、聞き手は単なる間違いだろうと解釈し、通常コミュニケーション障害は起こらないはずである。しかしたまたま今回のように、その語彙が普通名詞でもある場合、意味の不理解が起こってしまうのである。考えてみると、これ以外にも、Jim/gym、Oscar/Oscar（アカデミー賞）、Olive/olive など、探せばいくつか混同してしまう例も考えられる。人名の前に冠詞はつけないというルールは頭では分かっていても、発話する際にこのように定冠詞を過剰般化してしまうのは、やはり母語に冠詞のシステムがないというのも大きいのではないだろうか。

　L2 学習者にとって英語の冠詞の習得が難しいのは様々な研究で報告されており（Butler 2002; Jarvis 2002; Liu and Gleason 2002; Nakahama and Okabe 2021）、その原因の一つとして言語転移[3]（ここでは負の転移）が考えられる。母語

に同じ冠詞のシステムがない学習者は、同等のシステムがある言語を母語に持つ学習者に比べ、習得に困難をきたすとの報告がある（Master 1997 等）。Jarvis（2002）は英語のように前置詞を持つスウェーデン語を母語とする若年層の学習者と、後置詞を使うフィンランド語を母語とする青年前期の学習者による L2 英語の指示表現習得を調査した。その結果、スウェーデン語話者が初期段階から L2 英語の冠詞の適切な使用ができていたのに対し、フィンランド語話者の場合は冠詞の脱落が多く見られ、Jarvis はその事象を前者は母語からの正の転移、後者は負の転移と考察している。Li and Yang（2015）の研究では、学習者の母語の中国語からの転移が L2 英語の冠詞の脱落＋名詞ではなく、ゼロ照応として現れたとの報告がある。Nakahama（2020）は、日本語を母語とする成人英語学習者を対象者に、Jarvis（2002）の追試を行ったが、英語の初中級話者で冠詞の脱落が若干見られたものの、適切な使用が多かった。Nakahama and Okabe（2021）では日本語を母語とする成人学習者と青年前期学習者（初級学習者と日英二言語話者）を対象に、再度 Jarvis（2002）の追試を行ったところ、日英二言語話者は成人学習者よりも母語話者レベルの冠詞の適切な使用ができていたのに対し、青年前期学習者では Jarvis（2002）同様、冠詞の脱落が散見された。このことから、前置と後置という名詞のコード化のコンセプトがかけ離れている場合、指導・習得がまだ定着していない若年層グループ初級学習者にとって、機能と形式のマッピングは困難であると思われる。正の転移と負の転移は、Nakahama（2009）の L2 日本語習得研究でも、それぞれ韓国語、英語から起こることが報告されている。

　SLA において、定性・不定性マーカー（英語では the・a、an、日本語では「は」・「が」）よりも更に習得が難しいとされているのが、代名詞やゼロ照応である。L2 日本語、L2 中国語習得研究では、トピック性の高い文脈の中での言及にも、ゼロ照応の代わりに完全名詞句が用いられると報告されている（Nakahama 2009; Nakahama 2011; Yanagimachi 2000; Jin 1994; Polio 1995 等）。L2 英語習得研究でも、最もトピック性の高い指示対象に言及する場合、学習者は代名詞を使わず、完全名詞句を過剰に使用する傾向があり（Ryan 2015 等）、代名詞やゼロ照応の適切な使用は L2 熟達度が上がっても困難である（Muñoz

1995; Ryan 2015; Tomlin 1990 等)。しかし、反対に冠詞が使用されるべき文脈で代名詞の使用という形でも現れる（Chaudron and Parker 1990; Nakahama 2020）という報告もあり、ストーリーテリングにおける指示表現の習得は一筋縄ではいかないことが分かる。簡潔な表現や省略すべきところを連続的に表現したり、新しい登場人物をいきなり代名詞で導入したりすると、聞き手の不理解につながる可能性が高くなるため、円滑なコミュニケーションをとるためには、文脈にあった適切な言語形式を用いる必要性があると言える。

5　ストーリーテリング——母語にある概念の L2 への転移

　ストーリーを語る際の、トピックの選定の仕方やその管理方法は、話者が話を組み立てる際の視点と関連性が高いとされている（メイナード 2004; Yanagimachi 2000）。何に視点を置いて物語を繰り広げていくかも言語間で様々な違いがあり、その違いが、どのような言語形式を使用するかに影響を及ぼす原因の一つであると考えられる（中浜 2009; 矢吹ソウ 2017; Nakahama and Kurihara 2007; Yanagimachi 2000）。水谷（1985）は、日本語話者は、物語の主人公に視点を置きその人物の立場からストーリーを展開していくのに対し、英語話者は局面ごとに起こった事象に焦点を置いて客観的にストーリーを組み立てる傾向があるとし、日本語は立場志向で英語は事実志向の言語であると述べている。

　Yanagimachi（2000）や中浜（2009）では、日本語話者は主人公を中心にストーリー展開をするため、主語の位置に主人公がトピックとして現れ続け、そのため、ゼロ照応や授受表現や受身形が多用されるのに対し、英語話者は話のトピックを場面ごとに起きた出来事の主体に置く傾向がある。そのため、新しい場面ごとに完全名詞句が使われ、受身形などの頻度も下がることが分かった。そしてその母語での傾向は L2 日本語に転移するケースが多く見られた。

　これらの結果から、母語が事実志向を採る学習者が、立場志向の日本語を習得する際には、視点の置き方という概念的要素が言語形式の選択に影響を及ぼし、L2 ストーリーを構築する際、意味が伝わりにくくなる可能性が考えられる。また、その反対の方向性（立場志向の母語→事実志向の L2 の習得）

も同じことが起こることが予測されるが、Nakahama（2023）では、日本語を母語とする学習者が L2 英語でストーリーを展開する際、特に L2 熟達度が低い学習者に母語からの概念的転移が生じる傾向が確認された。

II 語用論

1 言語行為（発話行為）論

ここまでは機能主義的アプローチでよく調査されているトピック管理の一環として指示表現の習得研究を概観し、学習者が巧みに意味と形式をマッピングすることの困難さについて、母語からの転移を主に取り上げ紹介してきた。迫田（2020）は、語用論の研究も言語形式と機能の関係に着目する機能主義的アプローチを採用した言語研究だと捉えている。Mitchell, Myles and Marsden（2019）も、SLA の理論的枠組みを紹介する際に本稿の第 I 節でまとめた機能主義的アプローチと語用論研究を、共に意味に着目したアプローチ、と一括りにしてまとめていることからも基盤となるものは同じだと考えられる。

語用論の中でも、SLA の分野で最も研究されてきているのは言語行為（発話行為）研究である（Felix-Brasdefer 2021）。人は発話する時、何らかの行為を遂行している、と捉えた Austin（1962）は、その「言語行為」は発語行為、発語内行為、発語媒介行為から成っているとしている。発語行為はことばを口に出して言う行為、発語内行為は、その発話に伴う意図もしくは効力を伝達する行為、そして最後の発語媒介行為は、その発話を通して、聞き手に影響を及ぼす効果であるとした。例えば、部屋が暗いので、教員が電気のスイッチの横に座っている受講生に「電気をつけてください」と言い、その学生が電気をつけた場合の言語行為は以下の 3 つの行為に分類される。

発語行為：「デンキヲツケテクダサイ」ということばを発する行為
発語内行為：学生に電気をつけるよう依頼する行為
発語媒介行為：学生が電気をつけるという効果

上記の例が直接的な言語行為であるのに対し、Searle（1975）は間接発話行為に着目した。上記の例では、教員は学生に電気をつけるように直接的に依頼をするが、それをあえて間接的に「この部屋、暗くないですか」と言ったとする。ここでの発語行為は、「コノヘヤクラクナイデスカ」ということばを発する行為であるが、その発語内行為は、字義通りの、この部屋は暗くないかという質問ではなく、電源スイッチの横にいる学生に電気をつけるように依頼する行為であると解釈するのが通常であろう。そして、それを察した学生の発語媒介行為は上記と同じで、電気をつける効果として現れるだろう。このように会話の含意により遂行される間接的な言語行為を間接発話行為と言う。母語話者であれば、大抵の場合、発話者の含意をくみ取ることが予測されるが、これがL2学習者、特に熟達度が低い学習者の場合、「はい、暗いです」というように答えるケースもあるだろう。このように文法的には正しい返答ではあるものの、文脈内での話者の意図に応える結果へとつながらない場合、コミュニケーションが成功したとは言えないのである。

2　L2語用論——L2発話行為研究からの考察

　1970年代後半から多くのL2研究者によって、依頼行為、謝罪行為、不満表明行為等の様々なL2発話行為研究が遂行されている（Felix-Brasdefer 2021）。例えば依頼行為の研究では、L2英語学習者は、英語母語話者に比べ、依頼をする際によりシンプルな形式を使う傾向があるのが分かった（Fukushima 1990; House and Kasper 1987; Nakano, Miyasaka and Yamazaki 2000; Trosborg, 1995 等）。House and Kasper の研究では、依頼行為をする際には、学習者は母語話者と比較すると統語レベルで調整して丁寧さを表すことが少なく、そのため直接的な依頼になると報告している。Fukushima（1990）や Nakano et al.（2000）では、日本語を母語とする英語学習者が依頼行為をする際には、please を使用するものの、それに動詞の命令形が後続することが報告されており、母語としての日本語「〜てください」が転移したと考察した。その、英語母語話者にとっては失礼とも解釈されかねない依頼行為は、Nakahama（2019b）でも見られた。Nakahama では、英語母語話者はモダリティ表現や動詞の過去形など、統語的に工夫しながら丁寧な依頼表現をするのに対し（I was just won-

dering if you <u>could</u> please write me a reference letter 等）、日本人英語学習者は、やはり
please＋動詞の命令形を使用する傾向があるとしている。大学教員に急ぎで
推薦書を書いてもらう際に、学習者による依頼行為では、'Please write a letter
as soon as possible.' などが見られた。一方、母語話者は、理由を述べ、過去形、
モダリティ表現を使用していた。L2 英語学習者は、依頼が締め切りの寸前
になった理由はあまり述べず、謝罪を多用することにより自らの非を認めた
うえで依頼行為を遂行した。これは、理由を述べること自体をおこがましい
と感じる、日本社会で自動的に順守されている「わきまえ」の概念（Hill et
al. 1986）が、L2 英語に転移したのではないかと考える。

　謝罪の L2 発話行為研究の草分け的存在である Olshtain and Cohen（1983）
は、謝罪のストラテジー（謝罪の表明、理由・状況の説明、責任の承認、補償
の申し出、自制の約束）を紹介しており、その意味公式を参考に多くの L2 謝
罪行為が研究されてきた。Narita and Young（1994）は、英語母語話者が謝罪
の発話行為を遂行する際、感謝の表現を表す傾向がある一方、日本人による
母語と L2 英語では謝罪のみが頻出することが報告されており、これを母語
転移として考察した。また、Nakai and Watanabe（2000）は、日本人英語学習
者が謝意表明の発話行為で謝罪をする傾向があり、これも日本語からの影響
だとしている。しかし学習者による発話は、熟達度が低い対象者の場合、学
習者の母語からの影響だけでなく、言語的規制が働いた結果の可能性もある。
例えば、Cohen and Olshtain（1993）は、謝罪の際に、学習者が理由や状況の
説明が上手くできなかったため、あえて自身の責任として受け入れたとの報
告もあり、L2 言語運用には、学習者の母語と熟達度が複雑に絡み合ってい
るのが分かる。

　これまで学習者の母語が L2 発話行為に及ぼす影響を中心に紹介してきた
が、母語における言語形式のパターンや母文化での社会的規範が L2 で遂行
する発話行為に影響することを、それぞれ語用言語学的転移、社会語用論的
転移と呼ぶ。Thomas（1983）によると、語用言語学的知識とは、発話行為を
効果的に遂行する際に必要とする言語的資源を指し、社会語用論的知識とは、
語用論上の文化的・社会的側面においての知識で、目標言語の言語文化では
何が適切であるのかに関するものである。ある言語行為において、母語と

L2 の社会的規範が異なる場合、その違いが社会語用論的転移として言語行動に現れるが、先ほどの、教員に推薦書を依頼した際に理由を述べず謝罪し続けた Nakahama（2019b）の例を挙げると、日本人英語学習者は、言い訳をすることが自らの立場をわきまえていないという日本での社会語用論的知識を、そのまま L2 英語依頼行為に援用したと考えらえる。

　社会語用論的転移は、日本特有の先輩—後輩の関係性という社会的規範がどのように L2 不満表明に反映されるのかも調査した Nakahama（2019b）の不満表明行為に見られた。先輩—後輩間と同輩同士で、同じ内容の失礼な行為についての不満表明の表し方を比較した結果、英語母語話者は相手が先輩でも同輩でもその不満表明行為に大差はなかった。それに対し、日本人英語学習者は同輩には激しく不満表明をする一方、先輩には残念な気持ちを表明しつつ、先輩のために役立ちたい意向を示し、同じ大学生同士でも先輩—後輩の上下関係を意識した、日本特有の規範を L2 英語にも援用していた。Nakahama（2022）では、日本文化に精通した日本在住の英語母語話者及び英語超級レベル話者も対象に加え比較した結果、日本に住む英語母語・超級レベル話者は、上述の日本人の L2 英語学習者と同じような先輩—後輩の社会語用論的規範を英語でも表す傾向があるのが分かった。

　また、謝罪の発話行為研究で、Cohen, Olshtain and Rosenstein（1986）は、歳末の買い物で混み合っている場所で、人にぶつかり、相手に痛い思いをさせてしまった際に、"I'm really sorry." と言うべきところを、"I'm very sorry." というように sorry を修飾する強度の不適切な副詞を使用したことで相手を更に不愉快にさせたケースを、語用言語学的知識の不十分さによるものだとして紹介している。そして、very を用いるというのが母語で認められている形だとしたら、語用言語学的転移の可能性も示唆されるのである。

III　言語運用能力習得研究と実践のこれから

1　文脈内での適切な言語使用——今後の研究の方向性

　本章を通し、L2 知識の習得にとどまらず、文脈にあった適切な L2 運用能力の習得の重要性を説いてきたが、言語運用能力の習得研究分野で、今後ど

のような研究が必要とされていくのだろうか。言語行為の習得研究の方向性について Félix-Brasdefer（2021）は、L2 会話研究を推奨している。これは、Félix-Brasdefer（2019）が Kasper（2006）の言説的視座のコンセプトや、Clark（1996）の対話を協同作業として分析するアプローチを基盤に、話者が互いに協同的に対話を構築するプロセスを探求すべきであると提言しているところに通ずるものである。母語での会話分析（Sacks, Schegloff, and Jefferson 1974; Schegloff 2007 参照）は、会話のシークエンス、話者交代、会話の割り込みなど様々な切り口から研究されてきており、母語話者による会話の手続きについては明らかになってきている。それに対し、学習者にとって非常に困難である L2 会話のプロセスは、まだあまり研究がなされておらず、更なる開拓が期待される領域であると言える。

2　コミュニケーション能力上達に向けての教育的提言

　L2 語用論の指導の効果を測る研究はこれまで数多く遂行されており（Kasper and Rose 1999; Taguchi 2015 等）、明示的指導が暗示的指導より効果があるというのが概ね共通の見解である（Taguchi 2015）。また、L2 環境下の学習者の方が外国語環境の学習者よりも語用論の能力やアウェアネスが高いという報告もある（Nakahama 2018; Röver 2012; Schauer 2006 等）。このことから、語用論的内容を含んだ指導は、教室外では L2 に触れる機会が少ない EFL 環境で特に必要不可欠だと思われる。Nakahama（2018）は、ESL と EFL の中上級学習者の母語話者との会話を比較した。その結果、会話の中でのストーリー構築が EFL 学習者の場合、終始母語話者からのインタビューに答えるという形式であったのに対し、ESL 学習者は母語話者と協同的にストーリーを構築していくのが分かった。具体的には、ESL 学習者は、母語話者同様、会話の中で y'know, I mean などの談話標識を使用することで、話者交代やトピックの移行がスムーズに進み、ストーリーテリングが独話ではなく、対話と化した。EFL 学習者も oh などの談話標識を使ってはいたものの、その機能が文脈に関係なく固定するため、母語話者が困惑する場面も見受けられた。同じ熟達度であるのにも拘わらず ESL 学習者の方が EFL 学習者に比べ、よりスムーズに会話に参与できた理由として考えられるのは（両グループとも談

話に関する指導を受けていなかったことを鑑みると）、ESL 学習者は目標言語圏に住むことで、日頃から文脈内での言語使用を体験できたからであろう。

Félix-Brasdefer（2021）は今後の研究対象としては L2 会話分析を推奨し、L2 会話分析の重要性については Wong and Waring（2020）も実践的な観点から論じており、対話者が複数人いる際の話題変更、話者交代やシークエンス、会話分析全般についての様々な有用な指導方法の提言がされている。Wong and Waring（2020）を受け、Ryan and Forrest（2021）は、母語話者を含む複数人との会話の際の、L2 学習者の話者交代の難しさ、グループ討論での発話の少なさを受け、18 か月に及ぶアクションリサーチを行い、教師及び L2 学習者の話者交代に関する内省を踏まえ、教授内容に反映させた。Ryan and Forrest は、学習者が指導前は話者交代のシステムについての認識がなかったこと、指導の結果、今後会話に積極的に参加する意向を見せていることからも、話者交代を含む会話構造の指導及びその教材開発の重要性を論じている。

L2 語用論の指導の効果が多くの研究によって示されているにも拘らず、実際の教材開発にまでは中々至らないのが現状である（Tatsuki 2019）。Tatsuki は、例外の一つとして、会話や発話行為など語用論的側面を取り入れた、外国語教育プロジェクト Chasing Time English（CTE）を挙げている。CTE は、L2 英語教育用に制作された映画とその教材をプロデュースしており、教師と学習者用に分けられた教材には、文法はもとより発話行為、ストーリーテリング、会話の様々な機能など、語用論的要素も多く含まれており、これまでにはなかったタイプの教材だ。

本章の筆者も CTE の教材作成に関わっており、Ryan, Nakahama, Tarau and Rabbidge（2019）と McLarty, Nakahama, Ryan, Rabbidge, Tarau and Kemsley（2022）で、それぞれ *Skippers Pass* と *Skippers Pass: Homecoming* の映画用の教材で、ストーリーテリング、会話のシークエンス、意味交渉、発話行為、電話での会話、雑談、ジェスチャーなどの語用論的内容を提供している。McLarty et al.（2022）で、本章の筆者は、非言語コミュニケーションの指導として、L2 文化について紹介するのはもとより、学習者の母文化でのジェスチャーを紹介するセクションを設け、学習者が L2 文化だけでなく互いの母文化も認識し、学習者間での異文化間コミュニケーションの活性化を図るデザインにし

た。そうすることで本当の意味でのグローバル社会に対応する能力を養ってもらえると考える。現在は初級英語学習者用の教材 *Sam* で、難しいとされている初級レベルの語用論教材を作成中で、学習の基礎段階で必要な語用論的要素を紹介している。では、このような教材を使って言語運用能力が上がるのかどうかが気になるところであるが、Nakahama（2019a）では、中上級英語学習者に CTE のシリーズの *Fortune* の発話行為の部分を中心に使用し、明示的指導＋ロールプレイエクササイズを 1 学期間指導し、事前・事後タスクを比較した。その結果、発話の長さ、モダリティ使用、談話標識使用、語彙の多様性などにおいて上達が見られた。アンケート調査では、これまでは語用論的な内容の指導を受けたことがなかったこと、今後はこの知識を生かし、積極的にコミュニケーションをとりたいと思うようになったという意見がほぼ全員に見られたのは、このような教材の必要性を物語っていると言えるだろう。

おわりに

これまで、L2 ストーリーテリングと L2 発話行為研究を通して、学習者にとって文脈の中で意味と形式のマッピングを適切に行うことの意義及びその難しさを見てきた。そして、学習者が L2 でことばを紡いでいく際、文法的には正しくても母語話者はなぜ学習者言語を分かりづらく感じるのかを、視点の置き方の違いなどからも考察した。また、L2 で様々な言語行為を遂行する際に、母語からの影響がどのようにでるのかを、語用言語学的転移、社会語用論的転移という観点から考察した。

これらの知見を生かし、コミュニケーションとは何かを理論的、実践的に今一度考えていただければと思う。グローバル化がますます進む社会を上手く生き抜いていくためには何が必要なのか。それは、言語運用能力、すなわち相手の意図するところが分かり、自分の言いたいことを相手にうまく伝えることができる力ではないだろうか。対話者とどのようにしたらより円滑にコミュニケーションをとることができるのか、どのようにしたら L2 で効果的に意見を発信できるのかというのを、本章の内容を思い出し、自ら楽しみ

ながら探って行っていただければ幸いである。

1）　Speech Act Theory の日本語訳は、研究者によって異なり、言語行為論と発話行為論と
　　訳される場合がある。理論としては言語行為論と呼ばれている場合が多いが、L2 研究
　　や indirect speech acts の解説の時は「発話行為」と言及されている。この二種類の日本語
　　訳は基本的に互換性があると考えるが、本章では、第二言語での Speech Act については、
　　L2 発話行為と呼ぶこととする。
2）　「私は昨日図書館に行った。そこで、（∅）本を 10 冊も借りた。」のように、既出の名
　　詞（この場合「私」）を照応する際、照応詞（私は）を使わずに言及することをゼロ照
　　応（ここでは分かりやすくするため∅を記載）と言う。
3）　Odlin（1989）によると、言語転移とは、目標言語とそれ以前に習得された他の言語
　　との間の類似点、相違点から生じる影響であり、類似点から生じる転移を正の転移、相
　　違点によるものを負の転移と呼ぶ。前者は習得を容易にし、後者は困難にする傾向があ
　　るとされている。

参考文献

迫田久美子（2020）『改訂版　日本語教育に生かす　第二言語習得研究』アルク。

佐々木嘉則（2003）「競合モデルに基づく第二言語習得研究の論点――日本語習得の視点
　　から」『第二言語習得研究への招待』くろしお出版。

堀山千佳（2005）「助詞「は」に関する第二言語習得研究の流れと展望――探索的研究と
　　演繹的研究の枠組みから」日本言語文化学研究会『言語文化と日本語教育　増刊特集号
　　第二言語習得・教育の研究最前線 2005』、102-121。

中浜優子（2004）「第二言語としての日本語の物語発話における指示対象のトピック管理
　　の発達パターン」南雅彦・浅野真紀子共編『言語学と日本語教育 III』くろしお出版。

中浜優子（2009）「タスクの複雑性、母語、日本語能力が談話構成に及ぼす影響：指示表
　　現・受身表現の使用について」*JALT Journal* 31（1）、101-120。

水谷信子（1985）『日英比較　話しことばの文法』くろしお出版。

メイナード・泉子（2004）『談話言語学――日本語のディスコースを創造する構成・レト
　　リック・ストラテジーの研究』くろしお出版。

矢吹ソウ典子（2017）「日本語学習者の談話における視点表現――日本語母語話者との比
　　較から」*Journal CAJLE* 18、90-112。

Austin, John Langshaw（1962）*How to Do Things with Words: The William James Lectures delivered at
　　Harvard University in 1955*, Cambridge, MA: Harvard University Press.

Bardovi-Harlig, Kathleen（2020）"One Functional Approach to L2 Acquisition: The Concept-Oriented
　　Approach," B. VanPatten, G. Keating, and S. Wulff eds. *Theories in Second Language Acquisition*（3rd
　　ed.）, Routledge.

Bates, Elizabeth, and Brian MacWhinney, B.（1989）"Functionalism and the Competition Model," *The*

Crosslinguistic study of Sentence Processing 3, 73–112.

Bischoff, Shannon, and Carmen Jany, C eds.（2013）*Functional Approaches to Language, Trends in Linguistics. Studies and Monographrs* Vol. 248, Berlin: De Gruyter Mouton.

Butler, Goto Yuko（2002）"Second Language Learners' Theories on the Use of English Articles: An Analysis of the Metalinguistic Knowledge Used by Japanese Students in Acquiring the English Article System," *Studies in Second Language Acquisition* 24（3）, 451–480.

Chaudron, Craig, and Kate Parker（1990）"Discourse Markedness and Structural Markedness: The Acquisition of English Noun Phrases," *Studies in Second Language Acquisition* 12（1）, 43–64.

Clark, Herbert H.（1996）*Using Language*, Cambridge: Cambridge University Press.

Cohen, Andrew D., and Elite Olshtain（1993）"The Production of Speech Acts by EFL Learners," *TESOL Quarterly* 27（1）, 33–56.

Cohen, Andrew D., Elite Olshtain, and David S. Rosenstein（1986）"Advanced EFL apologies: What Remains to be Learned?" *International Journal of the Sociology of Language* 62（6）, 51–74.

Félix-Brasdefer, J. César（2021）"Pragmatic Competence and Speech-Act Research in L2 Pragmatics," J. C. Félix-Brasdefer and R. L. Shively eds. *New Directions in Second Language Pragmatics*, Berlin: De Gruyter Mouton.

Fukushima, Saeko（1990）"Offers and Requests: Performance by Japanese Learners of English," *World Englishes* 9（3）, 317–325.

Givón, Talmy（1979）"From Discourse to Syntax: Grammar as a Processing Strategy," T. Givón ed. *Syntax and Semantics, 12: Discourse and Syntax*, UK: Academic Press, Inc.

Givón, Talmy（1983）"Topic Continuity in Discourse: An Introduction," T. Givón ed. *Topic Continuity in Discourse: A Quantitative Cross-Language Study*, Amsterdam: John Benjamins Publishing Company.

Halliday, Michael A. K.（1985）*An introduction to Functional Grammar*, London: Edward Arnold.

Hill, Beverly, Sachiko Ide, Shoko Ikuta, Akiko Kawasaki, and Tsunao Ogino（1986）"Universals of Linguistic Politeness: Quantitative Evidence from Japanese and American English," *Journal of Pragmatics* 10（3）, 347–371.

Hinds, John（1983）"Topic Continuity in Japanese," Givón ed. *A Topic Continuity in Discourse: Quantitative Cross-Language Study*, Amsterdam: John Benjamins.

House, Juliane, and Gabriel Kasper（1987）"Interlanguage Pragmatics: Requesting in a Foreign Language," W. Lörscher and R. Schulze eds. *Perspectives on Language in Performance: Studies in Linguistics, Literary Criticism and Language Teaching and Learning*, Tübingen, Germany: Gunther Narr Verlag.

Huebner, Thomas（1983）*A Longitudinal Analysis of the Acquisition of English*, Ann Arbor, MI: Karoma.

Kasper, Gabriel（2006）"Speech Acts in Interaction: Towards Discursive Pragmatic," K. Bardovi-Harlig, J. C. Félix-Brasdefer, and A. Omar eds. *Pragmatics and Language Learning* vol. 11, Manoa, HI: Second Language Teaching and Curriculum Center University of Hawaii.

Jarvis, Scott（2002）"Topic Continuity in L2 English Article Use," *Studies in Second Language Acquisition* 24（3）, 387–418.

Jin, Hong Gang（1994）"Topic-Prominence and Subject-Prominence in L2 Acquisition: Evidence of English-to- Chinese Typological Transfer," *Language Learning* 44 （1）, 1, 101–122.

Kasper, Gabriel （1997） "Can Pragmatic Competence be Taught?," （NetWork #6）［HTML document］, Honolulu: University of Hawai'i, Second Language Teaching & Curriculum Center. Retrieved on September 1, 2022 from the World Wide Web: http://www.nflrc.hawaii.edu/NetWorks/NW06/

Kasper, Gabriel （2006） "Speech Acts in Interaction: Towards Discursive Pragmatics," Kathleen Bardovi-Harlig, J. César Félix-Brasdefer, and Alwiya Omar （eds.）, *Pragmatics and Language Learning* vol. 11, Manoa, HI: Second Language Teaching and Curriculum Center University of Hawaii.

Kasper, Gabriel, and Kenneth R. Rose （1999） "Pragmatics and SLA," *Annual Review of Applied Linguistics* 19, 81–104.

Li, Shaopeng, and Lianrui Yang （2015） "An Investigation of Topic-Prominence in Interlanguage of Chinese EFL Learners: A Discourse Perspective," L. Yu and T. Odlin eds. *New Perspectives on Transfer in Second Language Learning*, Bristol: Multilingual Matters.

Liu, Dilin, and Johanna Gleason （2002） "Acquisition of the Article *the* by Nonnative Speakers of English: An Analysis of Four nongeneric Uses," *Studies in Second Language Acquisition* 24 （1）, 1–26.

Master, Peter （1997） "The English Article System. Acquisition, Function, and Pedagogy," *System* 25 （2）, 215–232.

McLarty, Penny, Yuko Nakahama, Jonathon Ryan, Michael Rabbidge, Maria Tarau, and Karen Kemsley （2022） *Skippers Pass: Homecoming*, Chasing Time English,

Mitchell, Rosamond, Florence Myles, and Emma Marsden （2019） *Second Language Learning Theories. 4th Edition*, New York: Routledge.

Muñoz, Carmen （1995） "Markedness and the Acquisition of Referential Forms: The Case of Zero Anaphora," *Studies in Second Language Acquisition* 17 （4）, 517–527.

Nakahama, Yuko （2009） "Cross-Linguistic Influence on Reference Introduction and Tracking in L2 Japanese," *Modern Language Journal* 93 （2）, 241–260.

Nakahama, Yuko （2011） *Referent Markings in L2 Narratives: Effects of Task Complexity, Learners' L1 and Proficiency Level*, Hituzi Syobo Publishing.

Nakahama, Yuko （2018） "Effects of L2 Exposure on the Use of Discourse Devices in L2 Storytelling," L. Pickering and V. Evans eds. *Language Learning, Discourse and Cognition. Studies in the Tradition of Andrea Tyler*, Amsterdam: John Benjamins Publishing Company.

Nakahama, Yuko （2019a, February 8–9） Development of Pragmatic Ability through Watching and Making of Movies ［Paper presentation］, Paris-Nanterre Conference- Task-Based Teaching and the Place of Grammar in Secondary-School Foreign-Language Classes: Finding a Common Ground. Nanterre University, France.

Nakahama, Yuko （2019b, June 9–14） Cross-Linguistic Influence in L2 English Speech Acts: Manifestation of Japanese Discernment toward Seniors ［Paper presentation］, 16th International Pragmatics Conference. Hong Kong.

Nakahama, Yuko （2020） "Do Referential Marking Styles Transfer to L2 Storytelling?" J. Ryan and P. Crosthwaite eds. *Referring in a Second Language: Studies on Reference to Person in a Multilingual World*,

New York: Routledge.

Nakahama, Yuko（2022）Sociopragmatic Transfer from L2 Japanese to L1 English. Unpublished manuscript.

Nakahama, Yuko（2023, January 3–6）Perspective Setting in L2 English Storytelling［Paper presentation］, Hawai'i International Conference on Education.

Nakahama, Yuko, and Yuka Kurihara（2007）"Viewpoint Setting in L1 and L2 Japanese Narratives," H. Sirai, S. Arita, M. Hirakawa, S. Inagaki, M, Minami, Y. Oshima-Takane, Y. Shirai and Y, Terao eds. *Studies in Language Sciences* 6, 179–194, Tokyo: Kurosio Publisher.

Nakahama, Yuko, and Junko Okabe（2021, March 16–18）Crosslinguistic Influence in L2 English Referent Markings by Adult and Adolescent Japanese Learners［Paper presentation］, 55th RELC International Conference, Singapore（online）.

Nakai, Motohiro, and Yoshiko Watanabe（2002）"Too Many 'Thank You Very Much': A Study on the Interlanguage Expressions of Gratitude by Japanese Speakers of Enlgsih," *Gogaku Kyoiku Kenkyu Ronsou*（『語学教育研究論叢』大東文化大学語学教育研究所）21, 167–184.

Nakano, Michiko, Noki Miyasaka, and Tae Yamazaki（2000）"A Study of EFL Discourse Using Corpora: An Analysis of Discourse Completion Tasks," *Pan-Pacific Association of Applied Linguistics* 4（2）, 273–297.

Narita, Sachiko, and Richard, Young（1994）"Apologies in English by Japanese Learners", *JALT Journal*, 16（1）75–81.

Odlin, Terence（1989）*Language Transfer*, Cambridge: Cambridge University Press.

Olshtain, Elite, and Andrew D. Cohen（1983）"Apology: A Speech Act Set," N. Wolfson and E. Judd eds. *Sociolinguistics and Language Acquisition*, 303–325, Rowley, MA: Newbury House.

Polio, Charlene（1995）"Acquiring Nothing? The Use of Zero Pronouns by Nonnative Speakers of Chinese and the Implications for the Acquisition of Nominal Reference," *Studies in Second Language Acquisition* 17（3）, 353–377.

Röver, Carsten（2012）"What Learners Get for Free: Learning of Routine Formulae in ESL and EFL Environments," *ELT Journal* 66, 10–21.

Ryan, Jonathon（2015）"Overexplicit Referent Tracking in L2 English: Strategy, Avoidance, or Myth?" *Language Learning* 65（4）, 824–859.

Ryan, Jonathon, and Peter Crosthwaite（2020）"Afterward: New Directions in L2 Reference Research," J. Ryan and P. Crosthwaite eds. *Referring in a Second Language: Studies on Reference to Person in a Multilingual World*, New York: Routledge.

Ryan, Jonathon, and Leslie Forrest（2021）"'No Chance to Speak': Developing a Pedagogical Response to Turn-Taking Problems", *Innovation in Language Learning and Teaching* 15（2）, 103–116.

Ryan, Jonathon, Yuko Nakahama, Maria Tarau, and Michael Rabbidge（2019）*Skippers Pass*, Branford: Alphabet Publishing

Sacks, Harvey, Emanuel A. Schegloff, and Gail Jefferson（1974）"A Simplest Systematics for the Organization of Turn-Taking in Conversation," *Language* 50, 696–735.

Schauer, Gila A. （2006） "Pragmatic Awareness in ESL and EFL Contexts: Contrast and Development," *Language Learning* 56 （2）, 269–318.

Schegloff, Emanuel A. （2007） *Sequence Organization in Interaction: A Primer in Conversation Analysis, Volume 1*, Cambridge: Cambridge University Press.

Searle, John R. （1975） "Indirect Speech Acts," P. Cole and J. Morgan eds. *Syntax and Semantics 3: Speech acts*, New York: Academic Press.

Taguchi, Naoko （2015） "Instructed Pragmatics at a Glance: where Instructional Studies Were, Are, and Should Be Going," *Language Teaching* 48 （1）, 1–50.

Tatsuki, Donna （2019） "Instructional Materials Development in L2 pragmatics," N. Taguchi ed. *The Routledge Handbook of Second Language Acquisition and Pragmatics*, New York: Routledge.

Thomas, Jenny （1983） "Cross-Cultural Pragmatic Failure," *Applied Linguistics* 4 （2）, 91–112.

Tomlin, Russell S. （1990） "Functionalism in Second Language Acquisition," *Studies in Second Language Acquisition* 12 （2）, 155–177.

Trosborg, Anna （1995） *Interlanguage Pragmatics: Requests, Complaints and Apologies*, Berlin: Mouton de Gruyter.

Wong, Jean, and Hansun Zhang Waring （2020） *Conversation Analysis and Second Language Pedagogy: A Guide for ESL/EFL Teachers, 2nd edition*, New York: Routledge.

Yanagimachi, Tomoharu （2000） "JFL Learners' Referential-Form Choice in First-through Third-Person Narratives," *Japanese Language Education around the Globe* 10, 109–128.

杉原由美

第6章 日本語コミュニティの再想像
多言語多文化共生に向けて

はじめに

　総合政策学とは、政策を考える学問だ。政策を考えて社会を動かすためには、政策を支える理念について検討する必要がある。本章では、言語政策・日本語教育政策・多文化共生政策・移民政策などの政策を支える理念について、検討する。そして、多様な日本語話者を含んだ「日本語コミュニティ」を想像し、積極的に創造していくことを提案する。そのために、SFC での授業実践とそのエピソードを取り上げて論じる。

　まず、以下の二つの観点について具体的に想像してみてほしい。

1) 日本社会の内外には様々な言語文化背景を持った多様な日本語話者が存在する。
2) 多様な日本語話者を含んだ日本語のコミュニティが存在する。

みなさんはどのようなことを考えただろうか。1) については、おそらく容易に想像できる人が多いだろう。日本社会の中で日本語を使用して生活している者としては、「日本人」が圧倒的多数としてイメージされると同時に、海外にルーツを持つ日本語使用者も身近な場やメディアで目にすることがあるだろう。海外に目を転じると、日本語を小中学校・高校・大学などの教育機関や日系人コミュニティの教室、あるいはインターネット上で学習したり、仕事上や家族と会話する時に日本語を使用したりする人々がいる。これも想像に難くないだろう。では、どのような人々がどのように日本語を使用して

いるのか、以下で具体的に考えていく。

I　多様な日本語使用者を含んだ日本語のコミュニティ

1　多様な言語文化背景を持つ日本語使用者

　まず、日本社会の中に注目してみる。日本語を第一言語とする人々が大多数を占める「日本人」の言語使用を考えてみると、いわゆる共通語／標準語が普及している一方で、多様な方言使用や新しいことばの創造（例えば若者ことば）が見られる。そして、手話を使う聾者がいる。歴史的観点から見ると、近代の内国植民地化の対象となったアイヌ語や琉球諸語などの使用に連なる人々がいる。また、先の大戦後に長く帰国できなかった中国帰国者・サハリン帰国者等には、日本語が第二言語である人々も少なくない。

　人口に注目すると、2022 年 3 月に日本国籍者は約 1 億 2292 万 8 千人いるそうだ（総務省統計局 2022）。毎年おおよそ 1 万人前後が帰化して日本国籍を取得していること（法務省 2021）や、毎年約 2 万件の国際結婚がある（内閣府男女共同参画局 2021）ことを鑑みると、日本国籍者の言語使用に多様性が増していることが想像される。公立小・中・高等学校等における日本語指導が必要な児童生徒数は近年増加し続けており、2021 年に 5 万 8,353 人（日本国籍の子どもは 1 万 726 人、外国籍の子どもは 4 万 7,627 人）である（文部科学省 2022）。また、日本国内の外国人学校は約 200 校があり（志水ほか 2014）、詳しい統計は存在しないが相当数の子どもたちが民族学校（アメリカンスクールや朝鮮学校、ブラジル人学校等）やインターナショナルスクールで学びながら、地域社会で日本語を使用している。

　日本在留外国人数は 2021 年末に約 276 万人である（出入国在留管理庁 2022a）。この中には、旧植民地出身者に連なる在日韓国・朝鮮人や台湾人等と呼ばれる特別永住者、10 年以上日本に在留する永住者、日系人等の定住者、外国人労働者と呼ばれる人々（技能実習生や特定技能などを含む）、日本人の配偶者、留学生、難民、そして 2022 年 8 月にはウクライナ避難民約1800 人（出入国在留管理庁 2022b）がいる。

　海外に目を転じると、旧植民地であった台湾や朝鮮半島などで初等教育に

おいて日本語を学ばざるを得なかった高齢者の方々がいる。そして「海外日系人」（日本から海外に本拠地を移し永住の目的を持って生活している日本人並びにその子孫の二世、三世、四世等で国籍は問わない）は、2022 年の推計で約400 万人とされ（公益財団法人海外日系人協会 2022）、家庭や日系コミュニティの教室で日本語が継承語とし受け継がれている地域もあるという[1]。海外在留日本人数は 2021 年に約 134 万人であり（外務省 2022）、そのうち日本人学校（95 校）に通う子どもたちは約 1 万 7 千人、現地校に通いながら週末の補習授業校（229 校）に通う子どもは約 2 万 2 千人いる（文部科学省 2020）。海外の教育機関（小中学校・高校・大学・日本語学校など）で日本語を外国語として学ぶ人は、2018 年に約 380 万人だという（国際交流基金 2020）。また、インターネット上で日本語を学習したり使用したりしている人々は相当数いるが、実態や人数を把握する方法は現時点では見あたらない。

　ここまで大雑把に列挙してきたが、想像していたよりも多様な日本語使用者が、日本にも世界にも多くいることに驚いた人も多いのではないだろうか。では、上記にあげた多様な日本語使用者を含んだ「日本語コミュニティ」なるものは想像できるだろうか。

2　植民地主義的でない日本語コミュニティ

　ベネディクト・アンダーソン（Benedict Anderson）は『想像の共同体──ナショナリズムの起源と流行』（1991＝2007）の中で、「国民（ネーション）」が想像の産物であることを論じた。曰く、国民はイメージとして心に描かれた想像の政治共同体（イマジンド・ポリティカル・コミュニティ）だという。国民を構成する人々は、その大多数の同胞を知ることも、会うことも、あるいは彼らについて聞くこともなく、それでいてなお、一人ひとりの心の中に共通する特定のイメージが生きている。そして、国民を「想像」することは、国民という共同体を創り出す「創造」につながっている。

　以下では、共同体をコミュニティと表記し、「日本語コミュニティ」の創造につながる「想像」について論じていく。その際、日本の植民地主義の下で日本語使用地域の拡大をはかった時代を批判的に省みることが重要となる。植民地主義においては、自らを進んだとみなす人たちが、遅れたとみなす

人々や地域を支配して搾取しつつ文明化を図る。「植民地主義的でない」日本語コミュニティを想像するために、日本語を第二言語として学習する人々を対象とする日本語教育に関する議論を参照したい。なお、本章で「第二言語」とは「第一言語以外の言語」を指し、第三・第四言語などや外国語も含める。

　フランス研究者であると同時にフランスやカナダで日本語教育に携わった西川長夫は、西川（2002）の章「多言語・多文化主義の現在――植民地主義的でない日本語教育は可能か？」において、日本語教育と植民地主義のかかわりを鋭く指摘している。西川は、1900年あたりから1945年にかけて大日本帝国が軍事的に植民地支配を拡げていった時代を「第一の日本語教育ブーム」、1980年代から2000年代にグローバリゼーションという経済的文化的な支配と結びついた時代を「第二の日本語教育ブーム」と呼ぶ。そして、言語教育が国家間の力関係、支配と被支配の関係を教室に持ち込んでしまう点に警鐘を鳴らしている。このような言語教育の問題は日本語のみの問題ではなく、英語や仏語などを含む外国語教育も同様の問題を抱えているとしながらも、日本語が戦後「一言語－一民族－一国家という国民国家のフィクション」をよみがえらせた点などを鑑み、日本語教育が真摯に向き合うべき問題だという（西川 2002, 247）。フィクションとは、想像によって架空の事柄をつくることである。日本語教育の現場では、学生たちの要望――役に立ちそうなことを学びたいという実利的な要望の一方で、国民国家のフィクションに沿って「正しい日本語」とか「日本文化の真髄」とかを学びたがるような――の圧力を受けて、教員が日本人の代表としてお手本や典型を示したいという誘惑にかられる問題もあるという。このような植民地主義的な流れに押し流されないよう、日本語教育の現場は、一方で教員は日本人論・日本文化論の誘惑に抗うと共に学生たちが持ち込む国民国家・国民文化の先入観に対抗し、他方で学生たちは自己と他者の言語的文化的偏見に対して格闘するシビアな場だというのである。

　では、植民地主義的でない日本語教育はどのようにして可能になるのだろうか。西川（2002）は、一つの言語と一つの文化に統合しようと働く国民国家のフィクションに対抗し、そもそも私たちの社会が多言語多文化共存状況

にあることを認めて肯定的に志向することに、植民地主義的でない日本語教育の可能性を見出している。より具体的には、日本語を教え学ぶ場が、言語文化的交流（ここでの「交流」とは、仲良くするというきれいごとではなく、相手を深く理解して自分も相手も変わることを指している）の場であり、日本語の変容を見とどける言語的に開かれた場であることを願っていると言う。言い換えると、日本語が変わることを前提とし、日本語を第一言語として使用する者・日本語を第二言語として使用する者が理解し合い、双方が変わっていくような場である。「植民地主義的ではない」日本語コミュニティとはこのような場として想像できよう。

　筆者自身の希望を語れば、日本社会内外の多様な言語文化背景を持つ日本語使用者を含めて想像することによって、「日本語コミュニティ」は一つの言語と一つの文化に収斂する閉じたイメージではなく、多言語多文化共生に開かれたイメージになる。そのような包摂的で開かれた「日本語コミュニティ」では、最近日本語を学び始めた日本語初級話者もその一員である。日本語は今までも変わってきたし、これからも変わっていく。その変化のプロセスには、日本語を第一言語として使用する者も、第二言語として使用しながら日本社会で生きる者も海外で学習する者も、加わることができる。そして、コミュニティのメンバーも、その関わり合いの中で互いに変わっていく。このように多様な日本語使用者を前提とした「日本語コミュニティ」は、過去の植民地主義下のものとは異なるという意図で、「再」想像と表したい。では、この「日本語コミュニティ」再想像にあたっての課題はなんだろうか。以下では、筆者がSFCで開講している「第二言語としての日本語教育」「多文化コミュニケーション」という学部講義科目をⅡ節で概観し、Ⅲ節で二つの講義にまつわるエピソードを参照しながら「日本語コミュニティ」再想像の課題について論じたい。

Ⅱ　講義科目「第二言語としての日本語教育」「多文化コミュニケーション」

　「第二言語としての日本語教育」という講義科目では、日本語教育にかか

わる事象を題材に、日本語と日本社会のあり方について検討していく。シラバスの講義概要には次のように記載している。「日本社会で日本語学習を必要とする人々が置かれている状況理解に重点を置きながら、日本語教育の現状と過去を学び、未来への展望を考えます。また、日本語を母語とする者が、多様な日本語話者（日本語非母語話者を含めた様々な日本語使用者）との間でより良いコミュニケーションを展開する力を養うことをめざします。そのために、日本語の特徴を学んだり、多様な日本語話者への配慮について検討します」。

　各回の授業内容は、まず、現在の日本社会で日本語学習を必要とする人々への理解を深め（2019年の日本語教育推進法公布やコロナ禍の影響）、近代に戻って国民国家成立と日本語の創造、戦前の植民地政策下での個人の言語をめぐる経験に注目し、戦後の日本語教育動向を概観して、地域日本語教育とSFC日本語教育という具体的な教育場面を体験的に学ぶ。その後、日本語の特徴と多様性、やさしい日本語と言語的共生ムーブメント、多様な日本語話者について検討し、国内の子どもたちの日本語学習を体験的に学んで、海外の日本語教育を概観する。当該講義を受講する学生が（留学生と帰国生が主対象の）日本語クラスに参加する機会も複数設けている。その際に、日本語初級・中級を学習している学生とお互いにとって快適なコミュニケーションをとるための心構えと、自分の日本語をコントロールするコツも講義の中で取り上げている。やや乱暴にまとめると、この講義は「日本社会内外の多様な言語文化背景を持つ日本語使用者を積極的に含む形での日本語コミュニティの再想像」を目指しているといえる。

　一方、「多文化コミュニケーション」という講義科目では「文化」に焦点化する。「文化」とは実体のない漠然としたもので、ある集団のメンバーたちが形成したり共有したりする価値・態度・行動などの意味の体系（システム）と捉えられる。その意味の体系をめぐって、人々は交渉や抵抗など様々な関わり合いを展開する。例えば2013年のオリンピック招致で「おもてなし」ということばが使われてから、このことばは以前よりも強く日本的な象徴としての意味を帯びて使用されるようになった。こうした文化にかかわる事象は、様々な主体（行政機関や民間企業、グループや個人）が、利用したり

競合したり包摂したり排除したりしながら動的で可変的に存在する。当該講義では、この文化をめぐって生じる不均衡な力関係を理解することを重要視する。

シラバスの講義概要には次のように記載している。「この講義は、日本社会が『言語的文化的な多様性を受け入れる』方向にすすむためのコミュニケーションの課題とその解決策の模索を行います。そのために、文化的差異にかかわって生み出される不均衡な力関係に注目します。マクロな文脈（歴史的経緯や政治的経済的状況など）を視野に入れ、ミクロの文脈で作用している複雑な力関係が、なぜ・どのように生じているのか検討します。前半は、日本社会に生きる履修者が自分事として考えられるような話題／事例を取り上げ、文化の違いがどのように立ち現れ、固定化し強化され、微細な権力作用が立ち現れるのか分析します。後半は、グループワークを行います。自分たちの経験から問題提起＆オルタナティブ（代替）なコミュニケーションの可能性を探る制作物をつくり、発表して意見交換します」。2021年度の授業では、東京オリンピック2020の事例を中心に、「文化の違い」の再生産、「日本人」概念の検討、「マイクロ・アグレッション」や「マジョリティとマイノリティ」が日本社会においてどのように立ち現れるかなどを学生と共に考えた。

以下では、これらの二つの講義にまつわるエピソードを参照しながら、「日本語コミュニティ」再想像の課題について考えていく。

Ⅲ　「日本語コミュニティ」再想像の課題

1　日本語コミュニティをLGBTQ＋コミュニティから類推する

「第二言語としての日本語教育」の最終盤で、「日本社会内外の多様な言語文化背景を持つ日本語使用者を積極的に含む形での日本語コミュニティの再想像」というトピックを示し、具体的に想像可能か、想像可能であればどのようなイメージか、4人グループで話してもらった。学生たちが難題に戸惑いつつこれまでの授業内容を踏まえて話し合った後、一つのグループが「LGBTQ＋のコミュニティのように、多様性を前提としたアイデンティティ

を持つ人々が、世界中に広がってゆるやかな仲間意識を持つ、そんな集まりを日本語コミュニティとしてイメージした」と、全体に共有してくれた。教員である筆者も他のグループの学生たちも、この発想にとても驚いて想像力を刺激された。その日の授業のコメント課題にも期末のふりかえり課題にも、LGBTQ＋コミュニティのありようをヒントにして、日本語コミュニティを具体的に想像する記述が多く見られた。

　日本語コミュニティを「LGBTQ＋コミュニティのようなイメージ」と発想した学生によると、LGBTQ＋コミュニティの主な特徴は以下の3点だと言う。1）多様性：LGBTQ＋（レズビアン・ゲイ・バイセクシャル・トランスジェンダー・クエスチョニングもしくはクイア・プラスその他の性のあり方）という表現は、多様な性自認を持つ人々が含まれていることを表明している。加えて、世界各地でのゲイプライドイベントなどに参加してLGBTQ＋の人々の様々な権利取得に賛同するアライ（味方）も、このコミュニティに含まれるといえる。2）空間的な限定がない：世界各地にいて国籍は問われず、インターネット上での活動も活発である。3）所属の自由：コミュニティの一員であるかどうかを決めるのは本人の自由で、心の持ち方次第でコミュニティに所属することができる。

　日本語コミュニティの「多様性」については、本章Ⅰ節1項で示したように日本社会内外に多様な日本語使用者がおり、「空間的な限定」がなくインターネット上での活動が盛んである点も、確かにLGBTQ＋コミュニティに類似しているように思われる。一方、「所属の自由」について、日本語コミュニティが所属に条件づけをしない寛容なコミュニティであるかどうかには疑問を感じる。例えば、当該講義の学生の一人（親が国際結婚で日本育ち）は授業のコメントに「日本人のように見えないからと言って英語で話しかけられることの、居心地の悪さ」として「私も外国人のような見た目から英語で話しかけられる時がある。（略）相手が英語で話しかけてきて自分が『日本語話せます』と言ったり、平然と日本語で返答すると逆に相手に失礼なのではないかと思ってしまう時さえある」と書いている。つまり、日本語コミュニティの一員であることが、本人の自由で決められているとは言い難い場面が時に生じる訳である。

近年、世界でも日本社会でも、LGBTQ＋の人々のジェンダーの多様さが注目されるにつれ、異性愛者かつ生まれ持った性別と性自認が一致している人を含めて、一人ひとりのジェンダーのあり様や意識が多様であることに関心が払われるようになってきている。LGBTQ＋の人々への理解は一足飛びには進まず一進一退の面もあるが、世界が徐々にジェンダーの多様性に向き合ってきていることは確かである。同様に、言語使用やことばのあり方に向き合って多様性を認める方向に動いていくことが、日本語コミュニティにも可能なのではないだろうか。以下では、日本語使用者が日本語コミュニティへの所属の自由を制限されている事態を取り上げ、多様性を認める方向に進むための課題を検討する。

2　「日本語でいいです、そんなに馬鹿にしなくても大丈夫です」

　本節では、「第二言語としての日本語教育」で扱った、2020年8月の外務省定例会見を取り上げる。このやりとりには、日本語非母語話者が、日本語母語話者と同じような日本語を使用しない限り、十全な日本語使用者として認められない状況が現れている。この会見での茂木敏充外務大臣（当時）とジャパンタイムズの大住マグダレナ記者とのやりとりは、「（日本語非母語話者に対して）差別的だ」として、ニュースやSNSなどで社会的関心を集め、言語教育や日本語教育領域では研究対象として注目された[2]。大住マグダレナ記者へのインタビュー記事（ハナジョブ 2015）によると、彼女は子どものころから日本に親近感を持ちポーランドの大学で日本語学を専攻して、日本の大学への交換留学を経て日本で就職したと言う。2015年の時点で在日10年だそうなので、2020年にはおそらく在日15年程度と考えられる。

　この会見の背景には、新型コロナウイルス感染拡大の中で、2020年4月から日本が日本国籍を持たない者に対して（たとえ永住者の在留資格があっても）入国させないという規制を行ったことがある。会見記録は外務省（2020）の録画版と文字資料で確認できる。ここでは問題になったやりとりの部分のみ取り上げる。

　まず、大住記者（以下「記者」と記す）が「2点お伺いします」と質問をはじめ、1点目は（日本）在留外国人に対する入国規制の緩和について、2点

目は在留外国人に対する入国規制の背景になった科学的根拠を具体的に教えてください、と質問した。茂木外相（以下「外相」と記す）は、（日本）在留資格を持って海外に出た人の再入国を認める方向であり、他国と同様に日本は感染症対策と主権にかかわる問題に適切な措置をとっていると答えた。問題は、記者が「すみません、科学的な根拠について」と再び発話しはじめたところに、外相が「What do you mean by scientific?」と発話を重ねたことに端を発する。記者は「ん？」と反応し、外相が再度「What do you mean by scientific?」と繰り返した[3]。それに対して、記者は「あの日本語でいいです、あのーそんなに馬鹿にしなくても大丈夫です」「日本語で話しているなら、日本語でお答えください」と発話し、それらの発話に外相は「馬鹿にしてないです、いや馬鹿にしていないです、全く馬鹿にしていない」と重ねた。

　この問題の一連の会話について、会話分析の成員カテゴリー化装置の概念（Sacks 1972；杉原 2010）を援用すると、外相の「What do you mean by scientific?」という発話は記者を「日本語が不十分な者」とカテゴリー化し、記者の「あの日本語でいいです（略）日本語でお答えください」という発話は、抵抗して自己を「日本語話者」とカテゴリー化している。つまり、カテゴリー化において両者のせめぎあいが起こっていると捉えられる。

　次いで、記者は、日本国籍の人と外国籍の人が海外の同一地域から一緒に日本に戻った際に、外国籍の人だけ入国が認められないケースについて「背景になる科学的な根拠をお聞きしています」と再度発話した。外相は「あのー出入国管理の問題ですから出入国管理庁におたずねください」と答え、司会の「次の質問どうぞ」という発話をはさんで、外相はなお「お分かりいただけましたか、日本語分かっていただけました？」と続けた。つまり、再び記者を「日本語が不十分な者」とするカテゴリー化を強調し前景化させた。

　講義においてこのやりとりを提示した際、学生の反応はおおよそ 3 パターンに分かれる。1）外相が唐突に英語を用いたことが失礼で問題の元凶だ、2）記者の日本語は流暢さに欠けて聞き取りにくい上に物言いが挑発的で問題だ、3）双方にそれぞれ問題がある。どの反応も一理あるだろう。その上で、筆者が注目したいのは、図 6-1 に示したミクロなやりとりの背景にあるマクロな社会的文脈だ。このやりとりの背後には、日本社会において言語を

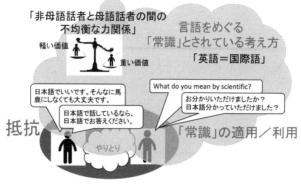

図6-1　やりとりのミクロな文脈・マクロな社会的文脈

出典：筆者作成。

めぐる「常識」とされている考え方がある。

　会見でそれまで日本語でやりとりが行われていてお互いに理解可能になっているにもかかわらず、外相が英語で発話したのは、「英語＝国際語」という「常識」を適用したものと考えられよう。同時に「ある言語の母語話者は非母語話者よりも当該言語使用に優れ、母語話者は非母語話者の当該言語をジャッジすることができる」という不均衡な力関係も「常識」として当然視されていると言えよう。この文脈で、日本語母語話者として力（権力）を持っている外相が日本語から英語使用に変えた場合、「記者の日本語が不十分だ」というメッセージを暗に発する。

　記者は日本語で発話を続け、上記の「常識」を背景とした不均衡な力の行使に抵抗したと考えられる。日本語非母語話者が、日本語母語話者と同じような日本語を使用しない限り、十全な日本語使用者として認められないのか。いや、日本語母語話者と同じ評価軸（例えば発音や語彙選択など）を用いて、日本語非母語話者の伝える能力が測られる必要はない。こうした抵抗にとても勇気がいることは、言語にまつわる経験として多くの人が了解するところではないだろうか。確かに記者の抵抗は「スマート」ではなかったかもしれないが、「常識」に一石を投じた抵抗は意義あるものと考える。

　このやりとりでは、記者は日本語コミュニティへの所属の自由が制限されていると捉えられる。多様な言語文化背景を持つ日本語使用者の一人である

大住マグダレナ記者は、ポーランドの大学で日本語学を専攻し、日本で長年働いてきた。このような日本語使用者の存在に関心を持ち、積極的に日本語コミュニティの一員として想像することは、ひいては日本語母語話者の日本語も多様で一人ひとり個性があることを再認識する機会になるのではないだろうか。更に、その一人ひとりの日本語母語話者の言語生活をよく見てみると、実は多様な言語に触れる多言語多文化状況にあることにも気づかせてくれる契機になるのではないだろうか。

　日本語コミュニティへの所属がより自由なものになるためには、図 6-1 に示した言語をめぐる「常識」自体が変わる必要がある。つまり、日本語使用者のマジョリティである日本語母語話者が抱きがちな「英語＝国際語」「母語話者＞非母語話者」といった常識が変わっていく必要があることを強調したい。

3　日本語コミュニティの文化をめぐる包摂と排除

　次に、文化をめぐって、日本語使用者が日本語コミュニティへの所属の自由を制限された場面を取り上げる。まず、卒業生 X から聞いたエピソードを紹介したい。X さんは「多文化コミュニケーション」を過去に履修して大きく影響を受けたと言い、卒業後も折に触れて連絡をくれる。

　X さんが友人 Y と一緒に、観光地の店舗に数日限定のコーナーを出店した友人 Z を訪ねたところ、偶然テレビ局の撮影クルーが来たそうだ。そのテレビ番組の出演者は、X さんと Y さんに「どこの国の人なの？」と尋ね、同時に撮影がはじめられ、二人は「日本人です」と答えたそうだ。X さんは日本人ムスリムの両親を持ちスカーフをかぶっており、Y さんはハーフ／ダブルと認識される外見であるため、このような類の質問にはよく遭遇するという。二人が「日本人」と明言しているにもかかわらず、「×× 人か？」等々と続く出演者の発言に、X さんと Y さんは大変不快な思いをした。そして、やっとテレビ局一行が去った後、店舗オーナーから「二人がいてくれたから異文化交流感がでてよかった」と言われ、その一言に二人は大きく傷ついたという。「日本人」だと言っても受け入れられない排除感と、「異文化」として店を飾る物のように扱われる搾取感。

類型	1	2	3	4	5	6	7	8
「血統」	+	+	+	−	+	−	−	−
「文化」	+	+	−	+	−	+	−	−
国籍	+	−	+	+	−	−	+	−

表6-1 「日本人」から「外国人（非日本人）」までの類型枠組
出典：福岡（1993）を基に、久保田（2015）と有田ほか（2018）を参照して筆者が作成。

　Xさんと Y さんは暗に「日本人」という枠から排除された訳である。では、この「日本人」とは一体どんな人を指しているのだろうか。「多文化コミュニケーション」の「『日本人』って誰？どんな人？」の回では、近年のメディアで見られた「日本人」にまつわる発言や話題になった人々を取り上げた。東京オリンピック 2020 の、開会式の大坂なおみ氏、札幌でのセレモニーでのアイヌ舞踊、バスケットボールの馬瓜エブリン氏。そして、2021 年ノーベル物理学賞を受けた米国籍の真鍋淑郎氏。また、2015 年ミス・ユニバース日本代表の宮本エリアナ氏が、一部からの「日本人らしくない」という批判に対し、「日本で生まれ育った私が日本人でないのであれば、いったい何人なのでしょうか」と問うたこと。更に、2020 年の麻生太郎副総理（当時）の「日本は二千年にわたって一つの民族」という問題発言、2019 年の台風後に駅で電車を待つ長蛇の列について芸能人キャスターが「日本人ってすごい」と表した発言等も取り上げた。これらの話題の人や発言が指している人々は、表6-1 のどの類型にあたるだろうか。

　表6-1 は、いわゆる典型的な「日本人」を類型 1（「血統」「文化」国籍すべてプラス）、いわゆる典型的な「外国人」である非日本人を類型 8（「血統」「文化」国籍すべてマイナス）として、その間がスペクトル的連続体をなしていることを単純化した表だ。なお、「血統」「文化」は実体がないため「」が付いており、「文化」には言語が含まれる。

　講義で学生たちは、上述したメディアで話題になった人々について、類型の番号のどれに当たるかを考えた。例えば大坂なおみ氏の場合は、「血統」をプラスと見るのかマイナスと見るのか。言語を含む「文化」という欄は何

をどの程度身につけていればプラスになるのか。授業後のふりかえり課題に「なんとも言えないもやもや感と矛盾感が私の中に残りました」と記す学生がいたように、学生たちは自分が大坂氏のアイデンティティを勝手に判断することへの違和感や、どの類型と判断するのかという戸惑いを経験した。その後 4 人のグループで考えたこと感じたことを共有する際には、自分自身の過去の経験を結びつけながら、文化にかかわる事象は、様々な意図や利害、排除と包摂がかかわる営為であり、固定的に把握できるような事象ではないことを実感した様子も見られた。

　日本語コミュニティは、この類型化を排除のために使うのか、それとも包摂のために使うのか。例えば類型 6（「血統」と国籍がマイナス、「文化」がプラス）の人も日本語コミュニティの一員として包摂的に想像されることを、筆者は期待している。類型 6 には、親が海外から来日して子どもは日本語を第一言語として日本の教育を受けて育つケースもあてはまる。類型 6 の子どもが、日本社会で文化的な観点から排除的な扱いを受ける事例を本章最後の事例として、以下で取り上げる。

4　多様性を前提とした「日本語コミュニティ」の想像へ

　「多文化コミュニケーション」では、外国籍であるために賃貸住宅を借りることが難しいという話題を扱った。その中で、2020 年度の当該講義にいた 4 年生の一人（4 歳から日本育ち）が、就職で渋谷勤務になるため世田谷区に引っ越そうと賃貸物件を探したが、外国籍を理由に 5 か月間断られ続け、結局神奈川県内に留まったという事例を提示した。この住居問題は留学生の多くも経験するため、学生たちはグループディスカッションで偶然一緒になった留学生の体験談を聞いて文化的排除が身近に存在していることを実感する話題でもある。この類の入居拒否は、家主の「外国人はちょっと不安」というような根拠の乏しい感覚から生じているケースが多々あり、まさに文化的な排除といえよう。

　この賃貸拒否問題に関心を持ったある学生は、学期終盤にこれまでの全授業回をふりかえる中で「答えのない問いについて話すことの意義」を深く探っている。この学生は、大家が拒否をする理由を一通りあげてみて、外国人

側に非があり、リスク管理として家主が入居を拒否する合理性を一旦認めた上で次のように続けた。「しかし、本当にそうなのか。もしかしたら、不当な差別で住居を確保することができないから、安定した仕事を得ることができないのではないか？　日本での疎外感を感じて（略）生活の基盤である住居も確保できない社会でマナーを守る必要もないし、ましてや社会の一員であると感じることは非常に難しい」のではないか、と一歩一歩自分なりの議論を進めた。そして、このように少しずつでも議論を進めていくことによって自分たちマジョリティ側の意識が変わったり、制度を変えたりするような発想が出てくることに意義があると記した。更に、この賃貸拒否問題については、筆者の学部研究会のグループプロジェクトの一つとして、学生たちが日本社会の人々・企業・行政を動かそうと知恵を絞って活動している。彼らが日本社会をより包摂的な方向に動かそうと奮闘していることは、日本語コミュニティがより多様性を前提とした想像に変わっていく可能性を示しているのではないか。

おわりに

　本章では、植民地主義的で国民国家的な一つの言語と一つの文化として想像された「日本語コミュニティ」を解きほぐし、多言語多文化共生を志向して一人ひとりが持つ多様性に力点を置く「日本語コミュニティ」を再想像する議論を行ってきた。もし本章を読んだみなさんが「日本社会内外の多様な言語文化背景を持つ日本語使用者を積極的に含む形での日本語コミュニティ」を想像することができたなら、日本語コミュニティの再創造はまた少し進む。そうした先に、次の議論のステージ——日本語コミュニティがこれからも大事にし続けたい価値観とは一体なんなのか、多様な言語文化背景を持つ日本語使用者が共に議論すること——へと進む、そんな未来を筆者は期待している。

付記
本章執筆にあたり伴野崇生氏から貴重なコメントをいただいた。記して感謝申し上げます。

本章は JSPS 科研費基盤研究（C）（課題番号 19K00716）の成果の一部である。

1) 公益財団法人海外日系人協会継承日本語教育センター概要
   https://jadesas.or.jp/jp/jigyou5/（最終アクセス：2022 年 9 月 10 日）.
2) ニュースの例には望月優大「「日本語分かっていただけましたか」茂木外務大臣の振
   る舞いをどう見るか」（https://news.yahoo.co.jp/byline/mochizukihiroki/20200901-00196152）、
   研究の例には Jae DiBello Takeuchi「バカにしなくても大丈夫です：Linguistic microaggres
   sions and L2-Japanese speaker legitimacy」（https://www.aatj.org/conferences-spring）、加藤林太郎
   他「外務大臣定例記者会見における質問場面の会話分析──記者の非母語話者性を巡る
   一連の相互行為」（http://alce.jp/annual/2021/proc.pdf）がある（すべて最終アクセス：
   2022 年 9 月 10 日）。なお、「第二言語としての日本語教育」講義の学生が調べたところ
   では、SNS 上では茂木外相を擁護したり賛同したりする投稿のほうが多かったそうだ。
3) 外務省（2020）動画版参照。

参考文献

有田佳代子・志賀玲子・渋谷実希編著（2018）『多文化社会で多様性を考えるワークブック』研究社。

ハナジョブ（2015）「異国の地、日本ではたらく。（ジャパンタイムズ）」https://hanajob.jp/workstyle095/（最終アクセス：2022 年 11 月 23 日）。

外務省（2020）「記者会見　茂木外務大臣会見記録（令和 2 年 8 月 28 日）」https://www.mofa.go.jp/mofaj/press/kaiken/kaiken4_000997.html（最終アクセス：2022 年 9 月 1 日）。

外務省（2022）「海外在留邦人数調査統計」https://www.mofa.go.jp/mofaj/toko/tokei/hojin/index.html（最終アクセス：2022 年 9 月 1 日）。

久保田竜子著・奥田朋世監訳（2015）『グローバル化社会と言語教育──クリティカルな視点から』くろしお出版。

公益財団法人海外日系人協会（2022）「海外日系人とは…」「海外日系人数」https://jadesas.or.jp/jp/about/about04/（最終アクセス：2022 年 9 月 1 日）。

国際交流基金（2020）「海外の日本語教育の現状──2018 年度 日本語教育機関調査より」https://www.jpf.go.jp/j/project/japanese/survey/result/dl/survey2018/all.pdf（最終アクセス：2022 年 9 月 1 日）。

志水宏吉・中島智子・鍛治致編著（2014）『日本の外国人学校──トランスナショナリティをめぐる教育政策の課題』明石書店。

出入国在留管理庁（2022a）「令和 3 年末現在における在留外国人数について」https://www.moj.go.jp/isa/publications/press/13_00001.html（最終アクセス：2022 年 9 月 1 日）。

出入国在留管理庁（2022b）「ウクライナ避難民に関する情報」https://www.moj.go.jp/isa/publications/materials/01_00234.html（最終アクセス：2022 年 9 月 1 日）。

杉原由美（2010）『日本語学習のエスノメソドロジー──言語的共生化の過程分析』勁草書房。

総務省統計局（2022）「人口推計（令和 4 年（2022 年）3 月確定値）」https://www.stat.go.

jp/data/jinsui/new.html（最終アクセス：2022 年 9 月 10 日）。

内閣府男女共同参画局（2021）「結婚と家族をめぐる基礎データ」https://www.gender.go.jp/
kaigi/kento/Marriage-Family/5th/pdf/1.pdf（最終アクセス：2022 年 9 月 1 日）。

西川長夫（2002）『戦争の世紀を越えて——グローバル化時代の国家・歴史・民族』平凡
社。

福岡安則（1993）『在日韓国・朝鮮人——若い世代のアイデンティティ』中公新書。

法務省（2022）「帰化許可申請者数、帰化許可者数及び帰化不許可者数の推移」https://
www.moj.go.jp/MINJI/toukei_t_minj03.html（最終アクセス：2022 年 9 月 1 日）。

文部科学省（2020）「在外教育施設の概要」https://www.mext.go.jp/a_menu/shotou/clarinet/
002/002.htm（最終アクセス：2022 年 9 月 1 日）。

文部科学省（2022）「日本語指導が必要な児童生徒の受入状況等に関する調査（令和 3 年
度）」の結果（速報）について」https://www.mext.go.jp/b_menu/houdou/31/09/1421569_
00003.htm（最終アクセス：2022 年 9 月 1 日）。

Anderson, Benedict（1991）*Imagined Communities: Reflections on the Origin and Spread of Nationalism*,
London and New York: Verso, Revised Edition（＝2007, 白石隆・白石さや訳『定本 想像の共
同体——ナショナリズムの起源と流行』書籍工房早山）.

Sacks, Harvey（1972）"An initial investigation of the usability of conversational data for doing sociolo-
gy," David Sudnow ed., *Studies in Social Interaction*, New York: Free Press, 31–74.

第**7**章 自律的な日本語学習
学習者オートノミーの育成

白頭宏美

はじめに

　慶應義塾大学湘南藤沢キャンパス（SFC）の日本語科目では、自律的な学習を取り入れ授業を行っている。なぜ「自律的な学習」が必要なのだろうか。SFC で「自律的な学習」を取り入れることの利点は何だろうか。本章では、まず自律的な学習において重要な概念となる「学習者オートノミー」について説明し、SFC の日本語科目における学習者オートノミーの育成を取り入れた「自律型クラス」の実践を紹介する。そして、「自律型クラス」がどのような力を育成する場となっているかを考える。

I　自律的な学習

1　学習者オートノミー

　学習者オートノミーとは、"learner autonomy" の訳語であり、「学習者自律」「学習者の自律性」と訳される場合もあるが、日本語の「自律」と英語の "autonomy" は、必ずしも一致しないという理由で、「学習者オートノミー」というカタカナを用いた訳語も使われている。「学習者オートノミー」とは、「学習者が自分で自分の学習の理由あるいは目的と内容、方法に関して選択を行い、その選択に基づいた計画を実行し、結果を評価できる能力」（青木 2005, 773）である。つまり、教師などほかの人に決められたことではなく、自分の意志で自分の目的のために、何をどのように学習するかを決めて学習し、目標が達成されたかどうか自分で評価できる能力である。この能力は、

学習者が生まれ持っているものではなく、教育のなかで育てるものだとされている。そして、このような能力を持って学習することを "autonomous learning" と呼び、日本語では「自律学習」「自律的な学習」と訳されている。

　言語教育において、学習者オートノミーという概念が登場したのは1971年に設立された欧州評議会（Council of Europe）の言語政策だと言われている。Holec（1981）は1979年に欧州評議会へのレポートで、学習者オートノミーについて、「自分自身の学習を管理する能力（the ability to take charge of one's learning）」（Holec 1981, 3）と定義し、自身で目標を決め、内容や進め方、学習方法を選択し、自己の学習をモニターし、学習を自己評価することだと述べた。伝統的な言語教育の現場では、教師が学習を管理し、学習者の個人的な経験や興味、願望などは考慮されずカリキュラムが組まれることが多かったのに対し、学習者自身が学習を管理し、個人的な経験や興味、願望に基づいて自身に合ったカリキュラムを考え学習を進めることを提唱したのである。この背景には、ヨーロッパにおいて、「責任ある市民」を育てるためにはオートノミーを育てることが不可欠であるという認識が生まれたこと、政治や経済などの権威を批判的にチェックするために教育を民主化する必要があると主張する人が増えたこと、物質的な進歩に行き詰まり、人生の豊かさが求められるようになってきたことなどがあると言われている（青木・中田 2011）。

　1980年代後半になると、学習者オートノミーについて、研究者や教育実践者により様々な定義づけがされるようになった。個別学習（self-directed learning）と関連づけて発達した概念ではあるが、現在では個別学習かどうかにかかわらず、「自分自身の学習を管理する能力」であることは研究者の間では共通の認識となっている。「学習を管理する」とは何かという点について、この定義は曖昧ではあるが、Benson（2011）は、学習者オートノミーという能力はそもそも多面的であり、人それぞれ、また時と場合によっても、異なる側面があると述べている。Little（1991）は、学習者オートノミーについて、批判的考察、意思決定、独立した行動ができる能力であるとし、その能力は様々な場面で応用できるとしている。

　学習者オートノミーが重要視される理由は様々だが、特に大学における第二言語教育においては、学生のその後の人生に役立つということが挙げられ

る。言語の授業を履修後、その上のレベルのクラスがない場合もあるかもしれないし、あっても様々な理由で履修できない場合もあるかもしれない。また卒業後、仕事で使うために外国語を学ぶ必要もあるかもしれないし、趣味として別の言語に興味を持ち、自分で学習することもあるかもしれない。どのような場合でも、学習者オートノミーが備わっていれば、自分の目標を意識し、効率的に、必要な言語の力を身につけることができる。教室で学ぶにしろ、独学するにしろ、特に第二言語学習の場面においては、自身の目的に合った学習ができることが重要である。それを可能にするのが学習者オートノミーである。

2 日本語教育における学習者オートノミー

欧米の第二言語教育の分野での学習者オートノミー研究の高まりを受けて、日本語教育の分野でも 1990 年ごろから「学習者オートノミー」「自律学習」「自律的な学習」をキーワードとした研究が進められてきた。

青木・中田 (2011) は、日本語教育の分野において、学習者オートノミーという概念が広まった理由の 1 つとして、国際交流基金が開発し 2010 年に公開した JF 日本語教育スタンダード (JF スタンダード) の存在を挙げている。JF スタンダードは、ヨーロッパ言語共通参照枠 (CEFR: The Common European Framework of Reference for Languages) (Council of Europe 2001) を参考にして開発された。CEFR は、前項でも触れた欧州評議会によって開発され、2001 年に公開された枠組みで、言語による課題遂行能力について詳細な記述とレベル設定がされている。JF 日本語スタンダードは、CEFR が重視する考え方、すなわち「学習者が生涯にわたって自律的に学習を続けること (生涯学習)」「言語を使って実際に何がどのぐらいできるかを学習の目標とすること (行動中心主義)」を取り入れている (国際交流基金日本語国際センターウェブサイト「CEFR とは」)。現在多くの日本語教育機関で JF スタンダードの枠組みが取り入れられており (新井ほか 2011；鈴木・藤森 2014；堀井 2015 など)、SFC の日本語科目でもその枠組みを参照し、レベルやコース目標を定めている。

学習者オートノミーの育成を試みた日本語教育の授業実践も多く行われている。会話 (金久保 1996)、読解 (川森 2015)、漢字 (鈴木 2010) 等、特定の

技能に焦点を当てた授業の中での実践もあれば、セルフアクセスセンターを設置し、学生の自律的な学習をサポートするシステムを構築しているところも増えている（古屋・黒田 2018；瀬井 2020）。さらに、個別対応型の授業で学習者オートノミーの育成を目指す授業実践（齋藤・松下 2004）もある。個別対応型の授業では、学生自身が学習目標と学習計画を設定し、その計画に従って個別に学習を進め、学習成果を評価し、教師は学習計画や学習のサポートをする。SFC の日本語科目においても、様々な形で学習者オートノミーの育成を取り入れた授業を行っている。次項では、SFC で実践している、個別対応型の自律的な学習を取り入れた授業について述べる。

II　SFC の日本語科目と自律的な学習

1　なぜ自律的な学習か

SFC の日本語科目で自律的な学習を取り入れた授業を行っている理由は主に以下の 2 点である。

1）SFC で求められる力

SFC では、「こんなことに取り組み学びたい」という問題意識に基づいて「自らの手で未来を拓く力」を持った学生が求められている（慶應義塾大学湘南藤沢キャンパスウェブサイト「3 つの方針」）。総合政策学部、環境情報学部共に、講義科目や研究領域の選択の自由度が高く、学生自身が自分の将来を描き、必要な講義や研究会を選択しながら、各自で学びを行っていかなければならない。これは自身で学習する理由や目的を考えて選択するという意味で、自律的な学習の側面もあり、これを実現するために学習者オートノミーの育成は必要である。

このような方針に対応して、日本語研究室でも、日本語科目の運営方針の 1 つとして「日本語学習を通じて履修者が『SFC でこんなことに取り組み学びたい／SFC でこんなことをやってみたい』という自身の課題・専門性を見つけたり深めたりできる。その中で、自分自身の課題達成に必要な日本語の力を伸ばすことができる」ことを掲げている（日本語研究室 2016）。つまり、

図 7-1　SFC の日本語クラス
出典：日本語研究室（2021）より一部改

日本語学習をする中で SFC で学びたいことを見つけたり深めたりしていってほしいと願うと同時に、自分の学びや課題達成をするために、どのような日本語が必要かを自覚し、自分に必要な日本語を選択して学んでいくことを求めている。

　SFC の日本語科目は、このような運営方針のもと、初めて日本語を学ぶ初級レベルから、大学の講義科目を日本語で受講できることを目指す上級レベルまで、7 レベルの日本語科目を開講している（図 7-1）。それぞれのレベルに応じて、自らの課題・専門性を見つけたり、深めたりすることができるよう、学習者オートノミーの育成を目指しながら、学生が「SFC を有意義に生きる」ための日本語学習をサポートしている。

2）多様な日本語科目履修者

　自律的な学習を取り入れているもう一つの理由に、SFC で日本語科目を履修する学生が非常に多様であるということがある。従来の教師主導型の一斉授業では、共通の目標や学習内容が定められている場合が多いが、それがその授業を履修しているすべての学生に合っているとは限らない。教室にいる学生の言語能力や知識、興味対象がある程度そろっている場合は、共通の目標、学習内容であっても大きい問題にはならないが、学生の学習歴、それま

での学習方法、興味分野、目的が異なる場合は、個別対応型の自律的な学習は有効である。

　SFCの日本語科目履修者の多様性について、まず、どのように日本語を学んできたか、どのように日本語と関わってきたかという言語的背景が挙げられる。SFCに入学して初めて日本語を学び始めた学生もいれば、高校や日本語学校等で日本語を学んできた学生もいる。しかし彼らは、教室で文法や語彙、表現、文字を学び、読解練習、作文練習、会話練習等をしながら、一つずつ階段を上がるように学習を進めてきたという点で、共通している。このように、日本語の授業を通して基礎から日本語を学習していく学生がいる一方で、次にSFCの日本語科目履修者に多いのは、正式に日本語を学習したことはないが、日本にルーツがあり、幼少期から自然に日本語に触れていたという学生である。家族が日本人だが、海外で育ったという場合は、親や兄弟と話すときのみ日本語を使い、学校や家の外の日常生活では現地の言語を使用するため、知っている日本語の語彙表現が限られたり、それまでどのぐらい日本語を使用していたかによって、運用力も異なったりする。一口に日本にルーツがあると言っても、日本語力は人それぞれである。さらに、日本で育っていても、インターナショナルスクールなどで学んでおり、学校では日本語を使ってこなかったという学生もいる。この場合も、語彙力、運用力など、日本語で教育を受けてきた学生とは異なる。加えて、近年多いのは、日本語、日本文化が好きで、インターネットやアニメ、マンガ等を使って海外で独学で日本語を学んだという学生もいる。そのような学生も、教室で日本語を学習した学生とは持っている語彙や文法知識が大きく異なり、また日本語を使用する場面があったかどうかによって、運用力も多種多様である。

　そして、日本語を学習する目的も様々である。日本語を履修する理由を尋ねると、どのレベルにおいても、日本語で開講されている研究会や講義科目を履修したいと答える学生が圧倒的に多いが、学年が上がり研究したい分野が絞られてくると、自身の研究は英語でできるので、日本語はより生活を豊かにするために学ぶという学生も出てくる。サークル活動やアルバイト、自分の趣味のために、あるいはインターンシップや日本での就職のためにという学生もいる。しかし反対に、自身が研究したい分野の講義科目は日本語で

しか開講されていないため、あるいは、日本語で研究を進めたほうが深く研究できるという理由で、日本語で講義を受けたり、レポートを書いたりすることが必要となる学生もいる。日本語で研究を進めるためには、かなり高度な日本語力が必要で、そのレベルまで頑張りたいかどうかというモチベーションやニーズは学生によってかなり差がある。

2　日本語インテンシブ科目の中の「自律型クラス」

　前項で述べたように多様な言語的背景、多様なニーズを持つ日本語履修者に対応するため、また、学習者オートノミーの育成のため、SFC の日本語科目では、2014 年度から自律的な学習を取り入れている。レベルや学期により行われた実践の形式はやや異なるが、ここでは、中級レベルのインテンシブ科目の「自律型クラス」について紹介する。インテンシブ科目はいずれも週 4 コマで構成されている。そのうちの 1 コマを「自律型クラス」とし、残りの 3 コマでは、テキストなどを用いた授業を行っている。その 3 コマでは、レベルに合った学習目標やコースシラバスを教師が設計し、学生は設定された目標に向かって学習を進める。いわゆる従来の教師主導型の授業で、ここで、4 技能「話す」「聞く」「読む」「書く」のスキルを総合的に伸ばすための授業を行う。そして、週 1 コマの「自律型クラス」では、自律的な学習を取り入れた個別学習型の授業を行う。教師主導型と自律型を組み合わせることによって、そのレベルの学生にある程度必要な内容を共通で学びながら、「自律型クラス」で自身により必要な学習ができるようになっている。

3「自律型クラス」の授業概要

　「自律型クラス」では、①自律的に学習を進めることができること、②学生自身に必要な日本語力を高めることの 2 つの目標を掲げている。

　授業では、まず、学生が自身で自分に必要な学習は何か考え、学習目標を設定する。そして、その目標が達成できるような一学期分の計画を立てる。その際、学習方法や内容、最後に自分でどのように評価するかも考える。学期中は、自身の計画に沿って各自が個別に学習を進め、最後に自己評価をする。このプロセスを経験することで、1 つ目の目標である学習者オートノミ

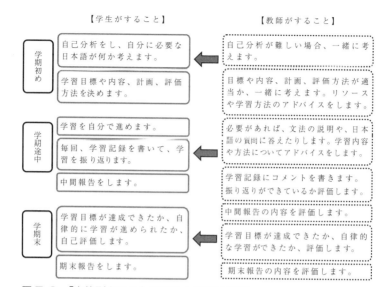

【学生がすること】

学期初め
- 自己分析をし、自分に必要な日本語が何か考えます。
- 学習目標や内容、計画、評価方法を決めます。

学期途中
- 学習を自分で進めます。
- 毎回、学習記録を書いて、学習を振り返ります。
- 中間報告をします。

学期末
- 学習目標が達成できたか、自律的に学習が進められたか、自己評価します。
- 期末報告をします。

【教師がすること】
- 自己分析が難しい場合、一緒に考えます。
- 目標や内容、計画、評価方法が適当か、一緒に考えます。リソースや学習方法のアドバイスをします。
- 必要があれば、文法の説明や、日本語の質問に答えたりします。学習内容や方法についてアドバイスをします。
- 学習記録にコメントを書きます。振り返りができているか評価します。
- 中間報告の内容を評価します。
- 学習目標が達成できたか、自律的な学習ができたか、評価します。
- 期末報告の内容を評価します。

図 7-2 「自律型クラス」の学生と教師の役割

出典：授業シラバスより一部改

ーの育成を目指す。また、自身に必要な日本語の学習を進めることで、二つ目の目標の日本語力を伸ばすことを目指す。そして、教師はその二つの目標が達成できるよう支援をする。学生と教師の役割は、図7-2の通りである。

　自律型クラスでは学生が個別に自律的に学習を進めるが、最初からうまくできる学生ばかりではない。その場合は、それぞれの段階で、教師がサポートをする。例えば、学習目標がなかなか設定できない場合は、どのような場面で日本語ができなくて困っているか、日本語を使って将来どのようになりたいかなどを聞き取り、アドバイスをする。その結果、学生が自分は話したり聞いたりするのは得意だが、書くこと、特に漢字が苦手であると気づき、「漢字ができるようになりたい」という目標を設定する。しかし、この目標は漠然としているため、最後に学習目標が達成できたかを自己評価しなければならないことを伝え、何ができたら目標が達成したと言えるのか、考えてもらう。考えた結果、日本語の講義科目で先生のスライドの漢字が読めなくて困っている、という具体的な場面が出てくる。そこで、「日本語で開講されている講義科目で先生のスライドの漢字が読めるようになる」という目標

が設定できることを伝え、学生自身に考えてもらう。納得した場合はそれを目標に設定し、では、その目標のために何をどのように勉強すればいいのか、また、最後にどのような評価方法を用いれば目標が達成できたか評価できるのかを考えてもらう。このようにして、学習目標が設定できるまで時間をかけて話し合うこともある。

　また、目標が設定できても、何をどのように学習するかという計画が重要である。いわゆる一般的な日本語学習者向けの漢字のテキストを使って勉強しても、その学生の専門の講義科目で使われる漢字は勉強できないかもしれない。どうすればいいかを考えてもらうと、その講義科目の配布プリントやテキストに出てくる漢字語彙を勉強すればいいというアイディアが出てくる。さらには、勉強方法も検討する必要がある。漢字の場合、読めればいいのか、書けるようにもなりたいのか、それによって学習方法も異なり、もちろん評価方法も異なる。「日本語で開講されている講義科目で先生のスライドの漢字が読めるようになる」という目標の場合は、その漢字を書ける必要はなく、読めればよいということになる。しかし、中には、書けるようにもなりたいという学生もいる。その場合、なぜ書ける必要があるのか、読めるようになるだけではだめなのか、と問いかける。もちろん書けるようになるという目標に変えてもいいが、自分が本当に達成したいこと、また学習にかけられる時間なども考慮して、考えてもらう。

　さらに、どのような学習方法が合っているかということを学生自身が知る必要がある。漢字に限らず、何かを覚えるという学習の場合、どのように学習すれば効率よく学習できるかは、人によって異なる。ひたすら書いて覚えるのがよいという人もいるし、見て視覚的に覚えるほうが覚えやすい、音で覚えるのが覚えやすいという人もいる。テストを作って自分でそのテストを受けるという方法もある。これも学習者オートノミーの１つで、自分に合った学習方法を知ることは、自律的な学習をする上でかなり重要である。

　そして、評価方法を考えることが難しい学生も多い。教師主導型のクラスでは、教師がテストを作成して、学生はそれを受ければよいだけだが、自律型クラスでは、自分で評価の方法を考えなければならない。漢字語彙のテストを自分で作ってもいいが、講義科目のスライドの漢字が読めるようになる

という目標の場合は、学期末に実際に講義科目のスライドを見て漢字が読めるようになっているかを確認するという方法でもよい。学生の目標の数だけ評価方法があり、重要なことは、その評価方法で自分の目標が達成できたか確認できるかどうかという点である。

　目標、計画、評価方法が決まったら、実際に自身の計画に沿って学習を進めていく。その中でわからないことがあれば教師やクラスメートに聞いたりして、まわりの人の助けを借りる場合もある。自律型クラスでは、学習時にリソースを有効に活用しているかという点も重要であると学生に伝えている。リソースとは、参考書、問題集、その他の本、辞書、新聞、インターネットなど、学習に使うもの全般を指し、会話の練習相手となる友だち、わからないときに質問をする相手である教師なども含まれる。リソースがうまく活用できていないと思われる場合には、教師が助言することもある。使っているリソースの使い方を提案する場合もあれば、その学生の学習により適していると思われる別のリソースを勧めることもある。学習している内容がわかっていないような場合は、教師もリソースであることを伝え、質問するように伝える。

　そして、毎週学習記録を書き、自身の学習を振り返る。学習がうまく進んでいない場合は、なぜうまくいっていないのかを考え、改善できる点があれば改善する。また、計画に無理があった場合は、計画を変更すべきかどうかを問いかけ、考えてもらう。

　このように毎週計画に従って学習を進め、必要があれば改善もしながら、最後に自己評価をする。学期初めに決めた方法で自己評価をし、目標が達成できたかどうかを考える。達成できた場合は、自分の学習方法や内容、学習管理がよかったということであり、達成できなかった場合は、次の学習に活かせる改善点を考える。これらの実践を通して、学習者オートノミーを高めていく。

　このように自律型クラスでは、目標設定から自己評価まで一連のプロセスを体験しながら日本語を学ぶ。教師はそれぞれの段階で必要があればサポートし、また、学生の学習のリソースともなる。

表7-1　オンライン「自律型クラス」で学生が選択した学習内容・リソース（2021春・秋）　　　　　　　　　　　　　　（　）内の数字は人数を示す[2]。

学習内容	日本語能力試験[1] のための勉強（13）、漢字・語彙の勉強（8）、読む練習（4）、聴く練習（1）、書く練習（1）、話す練習（1）
リソース	日本語の教科書・問題集（10）、その他の本（4）、紙のノート（6）、googleドキュメントなどのクラウド上のツール（6）、Quizletなどの学習アプリ（5）、日本語学習サイト（3）、漫画（3）、Netflixなどのドラマ（2）、YouTubeチャンネル（1）、インターネット上のニュース記事（1）、小説（1）、アニメ（1）、辞書アプリ（1）、友だち（1）、discordなどのコミュニケーションアプリ（1）

4　オンライン授業時の「自律型クラス」

　2020年度は新型コロナウィルスの感染拡大により、大学での授業が全面オンラインとなった。「自律型クラス」では、授業中に各自の学習を進めていたが、オンラインでは各学生の学習に目が行き届かないことや個別の学習のサポートが難しいこと、学生が日本語研究室にある様々な学習リソースを手に取って利用できないという理由で、一旦実施を取りやめた。しかし、学習者オートノミーの育成はオンラインでも可能ではないかと考え、2021年度は少し形を変え、オンラインで「自律型クラス」を行った。主な違いは、対面授業時には、学生は自ら設定した学習計画に沿って授業時間内に学習を進めていたのに対し、オンライン授業では、自身の学習計画に沿った学習は授業時間外に行い、授業では、一週間の学習報告と、学習方法に関するディスカッションを行った点である。学習者オートノミーの重要な要素である、振り返りと課題解決、また学習方法の習得に主眼を置き、授業を行うこととした。

　オンライン授業における臨時の変更ではあったが、グループでの学習報告や、学習方法についてのディスカッションを通して、自律型クラスは、新たな学習方法の習得ができる場となり、学習方法の共有に意義があることがわかった（白頭 2022）。また、当初懸念されたリソースが限られるのではないかという点も、実際には学生は多様なリソースが利用できていたこともわかった（表7-1）。学習方法を共有したことで、それまで知らなかったリソースを知り、試してみる学生もいた。このような結果を踏まえ、グループでの学

習報告や学習方法のディスカッションは、対面授業に戻った現在も取り入れている。

Ⅲ　学習者オートノミー育成の場としての「自律型クラス」

「自律型クラス」では、学習者オートノミーがどのように育成されるのだろうか。学習者オートノミーの育成に必要だとされるものに「メタ認知」がある。「メタ認知」とは「認知についての認知」（三宮 2008, 2）のことで、「メタ認知的知識」と「メタ認知的活動」に分けられる（三宮 2008）。ここでは「メタ認知的知識」と「メタ認知的活動」という視点から、具体例を挙げつつ、「自律型クラス」がどのように学習者オートノミーを育成しているかを考える。

1　メタ認知的知識

「メタ認知的知識」は、学習を自律的に進めるために必要な知識である。自分は何が得意かといった自身の特性についての知識や、学習する対象についての知識、学習方略についての知識などがある。

自律型クラスでは、まず、自身の特性についての知識が求められる。話すのは得意だが、書くのは苦手ということがわかれば、書く練習をして苦手を克服すればよいし、反対に得意な点をさらに伸ばすということも可能だからだ。また、自分の好きなものを知っていれば、それに結びつけて学習することもできる。アニメが好きな場合アニメをリソースとして、小説が好きなら小説をリソースとして使用する。自分が何が好きかを知っていてそれを用いることは学習へのモチベーションを上げる。自分がコツコツ勉強するタイプか、そうでないかという特性も知っていると、学習計画を立てる際にそれを考慮して計画を立てることもできる。

学習しようとしている言語そのものについての知識も必要である。例えば、「講義科目のスライドに使われている漢字語彙は普通の日本語の教科書には載っていないかもしれない」といったことや、日本語の会話について「友だちと話すときに使う日本語と先生と話すときに使う日本語は違う」等、自分

が学習しよう、解決しようとしている課題がどのようなものかという知識である。これはなかなか自分で気づくことは難しく、日本語の話し言葉には、ため口もあれば敬語もあるといった知識が必要であり、そのようなときは教師や学習経験が長いクラスメートなどの助言が役に立つ。

　そして、学習するため、目の前の課題を解決するために、具体的に何をどうすればいいかという学習方略についての知識も必要である。この方略に関する知識をどれだけ持っていて、その中から適切な方略を選んで使えるかどうかということが重要な鍵を握る。例えば、単語を覚える方法一つとっても、本に書き込んで覚える、リストにして覚える、ひたすら書いて覚える、聞いて覚える、例文と一緒に覚える、自分で文を作って覚える等、多くの方法がある。従来の自律型クラスの授業では、これは教師が提示するものだったが、オンライン授業で学習方法のディスカッションを取り入れたことで、クラスメートからも様々な方略についての知識を得る場となった。また、毎週学習の報告をし、困っていることを相談することで、解決方法についての知識を得る場ともなった。

　これらの知識はどれも必要なもので、互いに関連し合っている。実際、日本語能力試験の漢字語彙の勉強をしていた学生は、「覚えなければならない漢字語彙が多い。全部の語彙をノートに書いていて時間がかかる」とクラスメートに相談したところ、「全部書かないで、問題集に線を引くなどして覚えたら」とアドバイスされ、それを実践してみた。しかし、それではなかなか覚えられないことがわかり、「私はノートに書いたほうが覚えやすいので、時間はかかるが、やっぱり書いて覚えることにした」という気づきがあった。線を引いて覚えることができる学生は、視覚的に覚えるのが得意な学生なのだろう。その人にとってはよい方法でも、ほかの人にとっては有効ではない場合もある。しかし、試してみないと自分に合っているかどうかわからない。このように、自律型クラスは様々な方略を知り、それを実践し、自身の特性に合うものを知る機会となっている。

2　メタ認知的活動

　メタ認知的知識が、自律的な学習において必要な知識であるのに対し、メ

タ認知的活動は、自律的な学習の中で実際に行う活動のことである。これは「メタ認知的モニタリング」「メタ認知的コントロール」の２つに分けられる（三宮 2008）。

　モニタリングとは、自分のことを見つめ、自分がどのような状態であるかを観察し、把握することである。自律型クラスでは、まず目標や計画を立てる際にこれを行う。自分が何ができて何ができないかを考え、何が必要か分析する。自身の特性や課題の特性についても考える。そして、毎週の学習においては、学習記録を記入することによって、何を学習したか、どのように学習したか、学習のなかで得られた気づきなどをモニタリングする。気づきは、学習した内容についてでも、学習方法についてでもよい。学習方法については、うまく行っていない場合はそれを把握し、改善点があれば改善点も記入する。ただ漫然と学習するだけでは、学習者オートノミーは育たない。自分の学習を管理するためには、常に今自分が何をしているのか、効果的に学習できているかを把握できることが必要である。そして、最後の自己評価においてもモニタリングを行う。目標が達成できたかどうか、達成できなかった場合は何がいけなかったのかを考える。

　メタ認知的コントロールとは、実際に目標や計画を立てたり、修正したりすることである。自律型クラスの主な活動は、このメタ認知的コントロールである。学期初めに、目標と計画を立て、学習内容や方法を考える。途中で、うまくいっていないと判断した場合は、目標や計画を修正したり、学習方略を変えたりする。このようにモニタリングを行いながら、必要だと判断すればコントロールを行う。そして、最後までうまくいかなかった場合、学期末の自己評価で、なぜうまくいかなかったのかを考える。どのようにすればいいかを考えることができれば、次の学習につなげることが可能となる。

　自律型クラスで、なかなか計画通りに進まないという学生がいた。学習内容は、インターネットのサイトで記事を読んで、そこに出てきた漢字語彙をリストにして覚えるという計画である。これはよくある学習方法で、この計画でうまく進められる学生もいるが、その学生はほとんど計画通りに進まなかった。理由を聞くと、いくつか挙がった。まず、ほかの授業の課題で忙しくなってしまったということであった。日本語だけを勉強している学生はい

ない。そのほかの授業の課題もあるし、アルバイトやサークル活動もあるだろう。それに学期初めには想定していなかった量の課題が出るかもしれない。途中で気づけば計画を修正すればよい。自分がどの程度日本語の学習に対して時間が使えるか、サイトの記事を読むのにどのぐらい時間がかかるのかを把握（モニタリング）し、実現可能な計画を立てること（コントロール）が必要である。学期末まで修正できなかった場合は、うまくいかなかった理由をよく分析し、次の学習につなげればよい。

　このように自律型クラスは、メタ認知的知識を活用し、モニタリングとコントロールというメタ認知的活動を行う場となっている。

おわりに

　自律型クラスを担当していると、初めから自律的に学習が進められる学生もいれば、そうでない学生もいることがわかる。その違いは、過去に目標を立てたり計画を立てたりして学習したことがあったかなどによるようである。自律的な学習ができている学生に聞くと、中学や高校で、同じように自分の立てた目標に向かって学習したり、学習記録を書いたりしていた、家庭で親とよく計画を立てて、勉強を進めていた、という答えが返ってくる。反対に、なかなか目標や計画が立てられない、計画を立ててもなかなか思ったように学習できないという学生は、それまでそのような経験がない学生が多い。学習者オートノミーが育っていないのは、それまでの経験によるとも言える。ただ、自律型クラスで初めて自分で計画を立て、勉強して、評価したという学生でも、自己をモニタリングし、コントロールできる学生や、以前はできなかったが、このクラスで初めてできたという学生もいる。そのような学生にとっては、自律型クラスが学習者オートノミーを育てる場になっていると言える。

　SFC の日本語科目を履修する学生に限らず、一般的に、特定の言語科目を継続して履修できるとは限らない。専門の授業時間と重なり、言語科目の履修は諦める場合もあるし、次の学期は様々な理由で休学する学生や、卒業する学生もいる。授業を離れても、学習者オートノミーが育っていれば、自身

で言語の学習を進めることができる。自律型クラスを通して身につける力や経験は、日本語の学習以外にも応用でき、その後の人生の様々な場面で役立つだろう。学習者オートノミーは意識して訓練すれば、誰でも身につけられる能力である。学習者オートノミーの概念が、日本語を学ぶ学生のみならず、それぞれの場で言語を学ぶ人のためのヒントになればと願う。

1) 日本語能力試験は、日本語を母語としない人たちの日本語能力を測定し認定する試験として、国際交流基金と日本国際教育支援協会の2団体が共催で開催している最大規模の日本語試験である。日本での就職の際に日本語能力の証明に必要だという理由で受験をする学生が多い。

2) 一人の学生が複数の学習内容、リソースを選択する場合もあるため（）内の数字の総数は履修者数よりも多くなっている。

参考文献

青木直子（2005）「自律学習」日本語教育学会編『新版 日本語教育事典』大修館書店。

青木直子・中田賀之（2011）「序章 学習者オートノミー——初めての人のためのイントロダクション」青木直子・中田賀之編『学習者オートノミー 日本語教育と外国語教育の未来のために』（シリーズ言語学と言語教育 第23巻）ひつじ書房。

新井慶子・仙氣圭子・石上綾子・石田麻実・関崎博紀（2011）「Can-do statement を用いたタスク型オーラルテスト評価の一試案」『日本語教育方法研究会誌』18（2）、42-43。

金久保紀子（1996）「中級日本語学習者会話クラスにおける「モニター活動」の試み——自律的学習の応用」『筑波大学留学生センター日本語教育論集』11、133-144。

川森めぐみ（2015）「ストラテジーを使った読解授業の成果」『同志社大学日本語・日本文化研究』13、163-178。

慶應義塾大学湘南藤沢キャンパスウェブサイト「3つの方針」https://www.sfc.keio.ac.jp/pmei/policy.html（最終アクセス：2022年8月29日）。

国際交流基金日本語国際センターウェブサイト「CEFRとは」『JF日本語教育スタンダード』https://jfstandard.jp/cefr/ja/render.do（最終アクセス：2022年8月29日）。

齋藤伸子・松下達彦（2004）「自律学習を基盤としたチュートリアル授業——学部留学生対象の日本語クラスにおける実践」『Obirin Today——教育の現場から』4、19-34。

三宮真知子（2008）『メタ認知 学習力を支える高次認知機能』北大路書房。

鈴木理子（2010）「学習者の個別の関心に基づく漢字学習に向けて——自律的な学びにつなげる教室活動の試み」『Obirin today——教育の現場から』10、65-80。

鈴木美加・藤森弘子（2014）「Can-do リスト開発プロセスにおける学習者の自己評価とその分析」『東京外国語大学留学生日本語教育センター論集』40、53-68。

瀬井陽子（2020）「これからの SALC（Self-Access Learning Center）の意義と課題」『多文化

社会と留学生交流――大阪大学国際教育交流センター研究論集』24、19–25、https://doi.org/10.18910/79090（最終アクセス：2022 年 8 月 30 日）。

日本語研究室（2016）「日本語科目共通の内容方針（目標）」慶應義塾大学湘南藤沢キャンパス日本語研究室。

日本語研究室（2021）「ガイダンス資料」慶應義塾大学湘南藤沢キャンパス日本語研究室。

白頭宏美（2022）「オンライン授業における自律学習型クラスの可能性」日本語教育学会『日本語教育学会春季大会予稿集』、143–148。

古屋憲章・黒田史彦（2018）「自律的日本語学習を支える学習環境としての留学生支援システム」『Studies in Self-Access Learning Journal』9（2）、135–145、https://sisaljournal.org/archives/jun18/furuya_kuroda/（最終アクセス：2022 年 12 月 7 日）。

堀井惠子（2015）「Can-do を活用した学部日本語カリキュラムのリ・デザイン――J-GAP 中日アーティキュレーション・プロジェクトの活動から」『Global communication』5、77–87。

Benson, Phil（2011）*Teaching and researching: Autonomy in language learning, second edition*, London: Routledge.

Council of Europe（2001）*Common European Framework of Reference for Languages: Learning, Teaching, Assessment*, Cambridge: Cambridge University Press.

Holec, Henri（1981）*Autonomy and Foreign Language Learning*, Oxford: Pergamon Press.

Little, David（1991）*Learner Autonomy 1: Definitions, issues and problems*, Dublin: Authentik Language Learning Resources, https://www.researchgate.net/publication/259874253_Learner_Autonomy_1_Definitions_Issues_and_Problems. Accessed August 23, 2022.

第8章 外国語学習デザインの構築と運用
SFC ドイツ語学習環境における実空間と サイバー空間の連動

藁谷郁美

はじめに──「外国語学習をデザインする」とは何か？

「外国語学習デザイン」について考える際、その構成要素は教材や学習システム、教授法など多岐にわたる。とりわけ我々を取り巻くネットワーク環境が急速に幅広い可能性を拡大させる今日において、学習環境の多様性もまた大きく変化している。デジタル化された教科書教材は、様々なデバイスを通して展開可能な eBook や教材として使用される。かつて教室や勉強机といった実空間が中心であった学習空間は、仮想空間との共存へと大きく変化しつつある。「外国語教育をデザインする」ためには、この日々刻々と変化する生活の「場」を基盤に考える必要がある。この章では、慶應義塾大学湘南藤沢キャンパス（本章では以降「SFC」と記す）のドイツ語教育の取り組みを具体的な事例として挙げながら、外国語教育環境の変容とその背景、教材の担う課題と教材開発、外国語教育環境デザインの運用と評価について論じる。

　社会生活の中で学習言語を使いコミュニケーションをおこなうことは、外国語学習の重要な学習目標である。学習者が日常的にどのようなコミュニケーション手段を使っているのか、その生活環境を把握することではじめて、言語学習のための環境をデザインすることが可能となる。言語学習者にとっては、自分の属性や日常生活環境こそが自らの学習環境の「場」となる。学習者を取り巻く日常の生活環境と乖離した学習環境デザインは、「学習」を学習者の「生活」から切り離すことを意味する。高度な技術を投じた学習プラットフォームであっても、それが学習者の生活に接点のない「場」に存在する場合、学習者が自らのライフスタイルを変えてまで、その学習空間にア

クセスすることはない。少なくとも強制的な力が働かない限りにおいて、自律的学習行動を外部の力でコントロールすることは不可能である。

　本章で述べる「外国語学習デザイン」は、言語学習者が他の強制的な指示に拠らず、自律的に自らの「学び」を考え、自らの「学び」を意識化し、自分に最適だと思われる学習環境を設計・実践することを可能とする環境づくりを指す。その意味では、学習者一人ひとりが学習環境デザインのデザイナーであり、外国語教育を担う教員はそのためのファシリテーターとしての位置付けであると言えよう。

　学習者の学習スタイルは、人によって多種多様であると同時に、同一人物の中でも状況や場面が異なることで変化する。かつて同一の学習方法、画一的な学習コンテンツが一斉に提供される形が一般的であった「学びの場」に関する認識は変化しており、学習者一人ひとりが、個別の学習デザインを構築・実践できるための環境づくりこそが、現在の教育機関において重視される。同時に、この視点が初等教育・中等教育の過程において実現の難しい部分であろうと思われる。

I　外国語学習デザインの構築プロセス

1　外国語教育のための「言語政策」の重要性

　学習環境デザインを考える際、まず位置付けを明確にしなければならないのは、どんな組織の中で、どんな制度の枠組みの中で実施するものであるのか、という点である。国家政策のレベルで実施される言語政策とは別に、その教育機関が掲げる理念の実現に沿う外国語教育についての政策が、外国語学習デザイン構築の前提となる。その上で重要な点は、当該教育機関がどんな言語教育についての「政策」を持って外国語教育を実施しているのか、そこで目的としているのは何かを明確にする点にある。SFC は 1990 年の開設時において、言語政策を明確に設定した教育機関としてきわめて重要な事例である。SFC 開設当初、言語教育の柱となるインテンシブコースの対象として選定されたのは「ドイツ語」「フランス語」「マレー・インドネシア語」「中国語」「朝鮮語」、そして「英語」の 6 言語であった。2022 年度現在の言

語コミュニケーション科目には、そこに「スペイン語」「アラビア語」「ロシア語」「イタリア語」、そして学習言語としての「日本語」が加わり11言語の選択肢を揃える。これらの学習言語の選定には、その時々の流動的に変化する個人の嗜好に合わせるのではなく、SFCがどんな人材を輩出したいのか、その目的に沿った学習言語の選択肢を提示すべきという、理念と政策が反映されている。SFCの言語政策は、人類が共通に対峙せねばならないグローバルな課題に対して向き合い、解決へのプロセスを自ら担うことのできる人材を育てることにある。特に日本語を母語とする者にとって、アジア圏や中近東圏の言語が重要であるにもかかわらず、そこに他者を理解し自己を発信できるスキルを持つ人材の少ないことに着目し、その分野で将来を担う人材を育成すべきであるという強い問題提起が根底にある（関口 1993）。同時に「多言語教育」「発信型のコミュニケーション能力」も、開設当初から重視されていた（平高ほか 2005）。

　外国語学習デザインを構築する際、同時に重要となる枠組みは、組織と制度である。どんな組織の中で、どんな制度に沿って外国語学習をデザインするのか、その位置付けを明確にすることが必要だ。ここにカリキュラム制度、時間割、単位の認定制度等が該当する。SFCの事例では、新しい学部開設を機に、その言語政策・目的に沿って、外国語教育全体のカリキュラム、時間割、履修単位数などが決められていった（関口 1993）。

2　多様化する外国語教育のシラバスデザイン

　外国語教育の分野において「シラバスデザイン」は、その言語教育の構成要素を意味する。明治以降日本において主流であった「文法シラバス」中心の外国語教育では、外国語学習のための教材コンテンツは文法項目を主軸に構築されていた。現在では学習者の遭遇する接触場面をカテゴリの構成要素とする「場面シラバス」、学習者のおかれる状況に応じて教材構成をデザインする「機能シラバス」、授業中のタスク達成を目的とする「タスク型シラバス」など、シラバスデザインのカテゴリには視点の違いから多様な考察・議論が見られる（佐久 2021）。SFC開設当初の複数のシラバスデザインを混合した外国語学習デザインは、日本における伝統的外国語教育のシラバスデ

ザインを変革する内容であった（関口 2004）。

　SFC のドイツ語教育を事例に見てみよう。学習目標は、「学習言語による自己発信能力」の育成にある。学習者自身が自分のことについて、あるいは自分の考えについて、学習言語であるドイツ語で発信できることを第一の学習目標と位置付けている。特に初級段階においてはドイツ語圏の文化や伝統などに紐づいた知識の構築ではなく、まずは母語で他者に説明することができる能力と同様に、学習言語で自分について（自分の属性、自分の生活、育った文化背景や伝統、自分の考えなど）発信できることを目指す。これは CEFR（ヨーロッパ言語共通参照枠）が掲げる言語運用能力の評価カテゴリに通じる捉え方である。

　言語運用能力を捉える際のカテゴリ「読む」「書く」「話す」「聞く」の 4 技能は、それぞれの範疇を決して固定的な定義に留めおくことはできない。日常生活の中でおこなわれる人のコミュニケーション行動は常に変化しており、とりわけ我々を取り巻くネットワーク環境の急激な多様化と変容は、人のコミュニケーション行動そのものを大きく変えつつある。特に「書く」技能を用いた行動の場は、一挙に変容した。特定のテーマについて「作文する」力の養成を目指すものであった「書く」活動は、SNS をはじめとするWeb 上の多様なコミュニケーションを成立させる上で必要な「ライティング能力」に移行しつつある。

　現在急速に広がっているグローバル・ネットワーク社会は、人類史上最大の多言語コミュニケーション環境だ。このグローバル・ネットワーク社会において求められる問題発見解決のために、外国語学習者が学んだ内容・技術を単なる「知識」として留めるのではなく、それをネットワーク上の実践的なコミュニケーションにおいて活用する能力を育成する教育・学習システムの実現が、現在望まれている言語運用能力である。

3 「フォーマル・ラーニング」と「インフォーマル・ラーニング」の観点から捉える外国語学習デザイン

　学習の「場」を考える際に「教室の中」での学びを「フォーマル・ラーニング」、「教室の外」での学びを「インフォーマル・ラーニング」と区別して

捉える見方がある。前者は教育機関や教員によって制御され体系化された学びであり、いわゆる「授業」に該当する。後者は学習者が自分で自律的に考え、工夫して授業の外に持つ「学ぶ場」を指す。これは教育工学の分野で一般的に使用される専門用語であるが、この枠組みで外国語学習環境デザインを捉えることにより、その全体像、それぞれの位置付けが把握しやすくなることから、本章では具体的な事例を挙げながら外国語学習環境のデザインについて以下に述べる。

　この「フォーマル・ラーニング」と「インフォーマル・ラーニング」を実空間と仮想空間（サイバー空間）のカテゴリで捉えたものが図 8-1 である。一般的に教育機関における外国語学習の場は、教室内の授業であり、この図においては範疇 B に該当する。B の学習活動は実空間に位置付けられているが、オンライン授業等、ネットワーク上で実施される授業の場合は、範疇 C を射程に置く場合もあり得る。範疇 C は教室の外で行われる学習活動でありながら、範疇 B の活動にも密接に関連しており、範疇 B でおこなわれる授業に準拠した形で準備される、マルチメディア教材や e ラーニング等のサイバー空間内に構築されたフォーマル・ラーニングの場である。学習者は範疇 B と範疇 C の両者の間を行き来することになる。範疇 C での学習は、教員から指示された形で実施するフォーマル・ラーニングの延長線上でおこなわれる場合もあれば、学習者自身の判断で自律的に、インフォーマル・ラーニングの学習として実施される場合もある。

　教育機関での授業をはじめとする、体系化された「授業内の学び」は、その教育機関における教育理念、学習目標、カリキュラムを踏まえて構築されるフォーマル・ラーニングの学習環境である。そこで作成・使用される教材は教育カリキュラムの中で運用を規定され、決まった期間内でシラバスに提示した学習目標に到達するように全体がプランされる。ここで、この授業内の学びを直接的に支えるのが、その学習内容に準拠して作成された紙媒体や電子媒体の教材、Web 上に準備された e ラーニングのための学習環境だ。履修者は授業での学びを踏まえて、自分で補強すべきスキルや習得内容に合った教材を選び、学習し、そこでの学びの経験を持って再び「授業」へと戻る、という有機的な循環が構築される。これを「自律学習環境」と呼ぶ。ここで

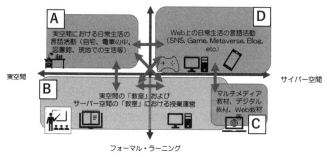

図8-1　4軸で示す外国語学習の場

　重要な視点は、この循環が教師や他者による制御された指示によるものではなく、学習者一人ひとりの「自律的な」判断で成り立つことである。特に図8-1に示す範疇Cに該当するマルチメディア教材群は、授業内の学びと直接連動している意味ではフォーマル・ラーニングの範疇にある。その際、そこで提供される学習教材をどう使うのか、さらには学習の場所や時間、使用するデバイス等、学習の時間・空間の選択も学習者自身が自分の学習スタイルに従って判断する。従って、この領域は広い意味でのインフォーマル・ラーニングと捉えることもできる。

　学習言語によるコミュニケーションを実践する場は、教室の外にある、実際のオーセンティックなコミュニケーションの「現場」だ。範疇Aは学習言語を実際に使用する場が想定される。それは留学先での生活の場合もあれば、日本国内での学習言語を使ったコミュニティである可能性もある。範疇Bにおいて外国語学習のための場面シラバスを作成する際に重要となるのが、学習言語を実際に使用する場で学習者が遭遇する可能性の高い接触場面の想定である。学習者がどんな属性を持ち、何を学習目的にしているのか、日常的にどんなコミュニケーション行動をおこなっているのか、これらを把握した上ではじめて、範疇Aに連動した学習環境デザインの構築が可能となる。例えば、学習者が大学生の場合、学習言語を使用した直近の遭遇場面は留学先の大学教育機関の手続き、授業受講、あるいは学生寮の生活が想定される。範疇Bで作成する教材の場面シラバスや機能シラバスは、その遭遇場面を

具体的に調査した上で構築することになる。学習者が社会人であれば、その業種や活動内容によって当然、これらのシラバス構成は異なる。外国語学習環境の構築には、このような学習者にとって現実的な、実際のコミュニケーション行動の実態に連動した形で設定することが求められる。ここに乖離が発生すると、学習者の動機付けの継続は困難な状況に陥ってしまう可能性が高い。

　そして最後にもう1つ重要な要素として挙げられるのが、範疇Dのサイバー空間に見るコミュニケーション行動である。範疇Cは同じサイバー空間上にありながら、教室内の学びと連動するフォーマル・ラーニングとして担う役割が大きい。しかし範疇Dは教室内の授業とは直接連動しない。学習者のインフォーマルな、あるいはプライベートな生活空間である。ここでは例えばSNS上のコミュニケーションやオンラインゲームでのコミュニケーション、メタヴァース空間でのアバターを介したコミュニケーション等が挙げられるであろう。ネットワーク環境の変化に伴い、この範疇Dの活動領域は今後いっそう多様性を拡大すると想定できる。現状において人々の日常生活におけるコミュニケーション活動の大部分が範疇Dに依存することは、日本国内の統計データに明確に見て取ることができる。総務省が公表する「平成30年通信利用動向調査の結果」によると13–59才の年齢層では、インターネット利用が9割を超えた[1]。ソーシャルネットワーク（SNS）の使用動向も13–49才の年齢層で7割を超え、20代では8割近くに達していた。学習者のリアルな日常生活を把握するには、範疇Aの実空間で遭遇するコミュニティでの接触場面に加えて、範疇Dに見る「リアルなサイバー空間」で学習者がどんな行動をしているのか、そこでのコミュニケーションがどのように成されているのかを「知る」ことが必要となる（藁谷 2020 参照）。

　図8–1で示した4つの範疇を、SFCにおけるドイツ語学習環境に適応したのが図8–2である（Waragai et al. 2022 参照）。4軸で示す縦軸の下方はフォーマル・ラーニングの領域を示す。横軸の左領域である「実空間領域」が、教室内の学びに位置づけられる。そこではSFCの教育機関としての組織・制度の中でドイツ語履修者を対象に制作された教材を用い、独自の教授法を導

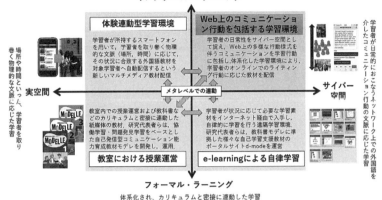

図8-2　4軸で示すSFCドイツ語教育の場

入した授業がおこなわれる。同じ横軸の右領域「サイバー空間領域」には、この「教室内の学び」および「教材」に準拠したオンライン教材による学習の場が用意されている。ここに用意される教材群は移動中のモバイル・ラーニングも含め多様な学習スタイルに対応することから、教室の外でおこなわれる学習としてはインフォーマル・ラーニングに位置付けられるが、同時に、教室内の学習内容に直接準拠した形で作成された教材群であることから、狭義のフォーマル・ラーニングと見なすこともできる。この構図は、学習者が実空間とサイバー空間の「場」を、各自の判断で「自律的に」行き来することを想定した学習デザインであると言える。次節では図8-2に示した構図に対応する、SFCのドイツ語教育における具体的な事例を取り上げ、それぞれの特性を述べることとする。

II　SFCドイツ語教育における教材開発と運用の事例

1　実空間とサイバー空間が有機的に連動する学習環境

　SFCにおいて教室内で使用するための教材は、授業の開講コースとレベルに合わせて開発・作成される。特に初級レベル（CEFR A1–B1レベル）における学習目標は、学習言語（ドイツ語）による自己発信能力の養成に置かれる。

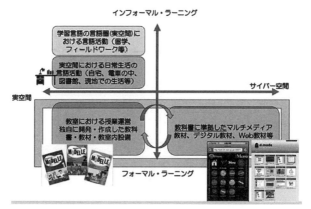

図 8-3　実空間とサイバー空間の間で有機的に連動するフォーマル・ラーニング

SFC の学生が共有するキャンパス環境、日常の生活スタイル、専攻領域などをテーマとして抽出し、自分について他者に発信できる言語運用能力の習得を目指す。学習者の持つ属性は常に変化することから、コンテンツの見直し・更新作業が繰り返される。開発された教材は、テキストデータ、音声データ、動画データが主な構成要素である。そこに連動する形で開発されるのが、図 8-1 の範疇 C に該当するマルチメディア教材群だ[2]。これらの教材群は、例えばネイティブ教員の表情や口の形といった視覚情報とドイツ語の音声としての聴覚情報とを組み合わせた動画教材を通じて、初学者がドイツ語の発音方法を学ぶことができる「発音導入コース」、殆どの学習者にとって既習言語である英語を介在言語として、ドイツ語の語彙データベースを構築した「d-go!」、翻訳を介さず複数の画像を通して語彙の意味範疇および名詞の性を推測させる「名詞性当てクイズ」、複数年にわたる学習者のライティングデータをエラー分析し、その結果を反映させた自動作文添削「d-check」等、多岐にわたる（図 8-3 参照）。

　これらの教材はいずれも、実際に教室でドイツ語を履修した経験のある学生と共にプロジェクト形式で作成したプロセスに特色がある。ドイツ語学習者との共同作業を通して教材を開発することは、教材のデザインや仕様性、学習への動機付けの設定等が、対象とする学習者の属性や日常性により接近

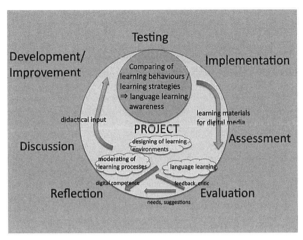

図8-4　外国語学習環境の構築プロセス

した視点の獲得につながる。フォーマル・ラーニングの枠内であっても学習
者の自律的学習が促されるためには、それぞれの教材開発を学習者の視点か
ら見直すことが不可欠である。図8-4は、その学習教材開発のプロセスを図
式化したものだ（Waragai, et al. 2016）。学習教材の作成に際しては、その開発
のためのディスカッション、プロトタイプの作成と運用、その運用評価、結
果の反映と考察、それらを踏まえた更新作業と作成、というサイクルを繰り
返す。既に運用している開発教材であっても、この構築プロセスのサイクル
は常に機能することが必要となる。見直す際の要因は、例えば学習者側の生
活環境の変化、デジタル環境の変化、あるいはデバイスの多様化などもあり
得る。フォーマル・ラーニングの学習デザインを構築する上で、この作業プ
ロセスは一過性のものではなく、継続することで初めて持続可能なものにな
ると言える。

2　体験連動型の学習環境デザイン——オーセンティックな日常を学習環境として捉える

　現実のコミュニケーションの場で「あの時に学んだあの表現だ」と学習者
が授業で学んだ内容を、自分の体験の文脈の中で捉え直す学習プロセスは重
要だ。だがその一方で、授業内の学習教材が、それぞれの学習者が体験する

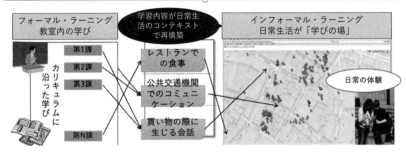

図 8-5　教室内の体系化された学びと日常生活の連動

オーセンティックな日常生活での言語コミュニケーション活動すべてを想定して作成されることは不可能である。そこで、外国語学習環境デザインを考える際、課題として浮上するのは、体系化された授業内の学び「**インフォーマル・ラーニング**」の場を、**いかに有機的に、現実の実空間における言語コミュニケーションと連動させることができるのか**、という点である。

　外国語教育において主な柱となる「文法シラバス」「場面シラバス」「機能シラバス」は、それぞれ学習言語の学習教材をどのように構築するのか、という視点からカテゴライズされる。初習言語の場合、初級レベルでは「文法シラバス」が重点的な柱となり、他のシラバス要素が補完される。難易度が高くなるにつれて、「場面シラバス」や「機能シラバス」にウェイトが移行する傾向がある。このような体系化された授業コンテンツが、体系化されない日常生活にどのようにつながるのか、どのように体験と連動させていくことができるのか、という問題提起が浮上する。SFC で開発した「ユビキタス体験連動型ドイツ語学習環境システム d-navi」は、この問題提起から生まれた外国語学習環境事例の一つである（藁谷ほか 2011; Waragai et al. 2013）。

　図 8-5 が示すように、この問題提起の背景には、教室内の学びが実践の場に直接連動しにくい／現実生活の中ですぐに実践できない、という状況が多く見られる。体系化された学びの内容が、日常生活の中で遭遇する「その場」とすぐに結びつくには、学習内容を振り返り、想起するための時間とプロセスが必要である。教室内で学習した語彙表現が、学習教材で提示された文脈通りに体験されることは殆どない。学習者それぞれの個別の体験がコン

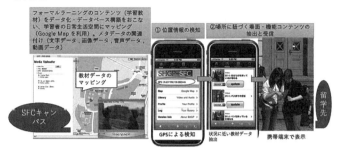

図8-6　ドイツ語学習環境「d-navi」

テクストとなり、そこで既に学習した語彙表現を使用することができるようになることが目標だ。この学習者個別の体験とフォーマル・ラーニングの学習内容を、選択肢に幅を持たせた形で連動させる、その仕組みを実現したのがドイツ語学習環境システム「d-navi」である（図8-6）。この学習環境システムはSFCにおいて、ドイツ語学習環境デザインと情報学の領域（データベースシステム）との共同研究によって開発されたものだ。実際にSFCの授業で作成した教材コンテンツ（テキストデータ、音声データおよび動画データ）の語彙表現を、人によって異なる様々な体験と連動できるように、すべて機能シラバス・カテゴリに沿ってデータ化し、教材全体のデータベースを構築した。

　この教材データベースは文法シラバスや場面シラバスではなく、機能シラバスに沿って構築されているのが特徴である。そのことにより、実際に学習者が現場で体験する多様な状況にもある程度の選択肢の幅を持って学習内容が紐付けされる。

　これらのデータは各学習者の滞在する地域を対象に、オンライン地図にマッピングされる。例えば、学習者がレストランに入ると、その位置情報は学習者の持つモバイル端末のGPS機能を介して自動的に検知され、システム内で最適と判断された学習コンテンツデータ（例えば「注文する」語彙表現や「支払いの際の語彙表現」など）が当該学習者の携帯端末等に「その場で」送られる仕組みだ。この学習環境デザインは、学習者の教室内での学びが実践の場に連動し、オーセンティックな体験と連動した形で実現される事例である。

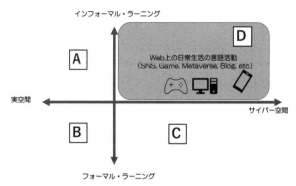

図 8-7　Web 上に展開する言語コミュニケーション
（全体図は図 8-1）

3　サイバー空間での言語活動が日常化した状況下での学習環境

　生活環境が実空間からサイバー空間へと加速度的に移行したことで、人々の日常生活でおこなわれるコミュニケーションの大部分は、SNS をはじめとするオンライン上での行為となりつつある。総務省の統計データからも見られるように、2018 年の調査で「従来からの知人とのコミュニケーションのため」に SNS を使用する割合は 13-59 歳の年齢層で 9 割近く（87.6％）に上った [3]。リアルな生活のなかでおこなわれる「聞く」「話す」「読む」「書く」行為もまた、オンライン上でおこなわれる状況が圧倒的に多く、実空間における対面式の状況をはるかに上回る。学習言語を自己発信のためのスキルとして捉える時、その学習目標はオンライン上でのコミュニケーションを前提とした言語運用能力の養成として捉え直す必要がある。特にシラバスデザインの中でも「場面シラバス」や「機能シラバス」を設定する際、この前提となるサイバー空間内の日常生活を踏まえた上でのデザインの再構成が必要だ。

　この問題提起を解決の方向へ導くためには、外国語学習デザインのために図 8-7 の範疇 D 内で対象とする学習者層がどんな行動様式を持っているのか、そのコミュニケーションの実態を調査することが求められる。その上で、その日常性と乖離しない外国語学習教材を作成することが作成プロセスとして必要だ。

図8-8　ドイツ語学習環境「Platzwit neu」

　SFCの教材開発プロジェクトで挙げられる事例の一つは、ドイツ語学習のためのアプリケーション「Platzwit neu」の開発と運用である（Waragai et al. 2022）。開発にあたっては、学習者の多くが一人で複数のSNSをコミュニケーションツールとして持ち、状況やコミュニティによって常に使い分けている点に着目した。日常のオンラインによるコミュニケーションの領域（図8-8）は、教室内のフォーマル・ラーニングとは直接連動しない。従って、学習者が授業で学習する教材内容と直接関連する活動は想定していない。このアプリケーションの特色は、学習者がオンライン上で日常的におこなう様々なコミュニケーション行動の方法をそのまま拡張する形で、学習環境が展開される点にある。機能としては、学習言語であるドイツ語で自分の体験やコメントを写真と共に発信したり、他人の発信内容に対して反応したり、ある

いは文字データで入力したドイツ語テキストを自動音声で再生し、そのテキストと音声データをオンライン地図上の任意の場所にマッピングする等が挙げられる。学習者が日頃から使い慣れている Twitter や Facebook、Instagram 等を使ったSNS上でのコミュニケーション行動との類似性をこのアプリケーションに持たせることにより、学習者のドイツ語による発信行動に余計な負荷がかからないように設定されている。学習者は自分の行動を学習言語を使って日記のような位置付けでライティングできるだけでなく、閉じたコミュニティ内での情報発信、あるいは不特定多数のユーザに対する発信もおこなえる。図 8-8 は、実際に学習者の一人が自分の体験を写真と共にドイツ語で発信している様子を示す。画面上部は学習者が自ら撮影した写真画像であり、中央部分にはドイツ語でコメントが書かれているのが認識できる。画面下部には地図上での発信位置がマッピングされている。

4　協働学習環境の構築——テレコラボレーションの事例

　外国語学習のための環境デザインを捉える視点として、協働学習の場は仮想空間の多様化が進む中、益々重要性を増す要素である。フォーマル・ラーニングの場を考える際、それは遠隔システムを介在させたテレコラボレーション（Telecollaboration）と呼ばれる（Belz 2003）スタイルが挙げられる。海外の学習者とリアルタイムでコミュニケーションを取る双方向通信の手段は、教育機関の中で授業の一環として導入される傾向がある。ネットワーク技術の飛躍的な発展と共に、企業や教育機関において遠隔会議システムの導入が積極的に進められた時代を経て、新型コロナウイルスのパンデミックを契機に 2020 年度以降、教育機関においてオンライン授業の導入が一挙に加速した。SFC においても外国語教育の分野ではコンテンツ配信型の一方向の教育ツールとしてではなく、学習者がそれぞれの学習言語による双方向的コミュニケーションを実現するツールとして有効性を発揮している。SFC のドイツ語教育で実施されているテレコラボレーション型授業では、日本とドイツ語圏の間で、それぞれの学習言語と母語を相互に用いた言語コミュニケーションを手段に、共有する課題を双方の学習者が協働で手掛ける形で進められる。ただし、授業という体系化されたフレームワークの中で教導的役割を担う教

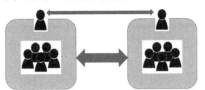
テレコラボレーション
フォーマル・ラーニング枠内での学習者同士の協働学習

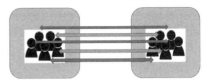
インフォーマル・ラーニングのレイヤーに移行
コーディネーターの不在
個別の言語コミュニケーション活動の発生
「課題の遂行」から「オーセンティックな日常会話」への拡大

図8-9　インフォーマル・ラーニングの場の創出

師のコーディネートのもとに実施されることから、学習者同士のコミュニケーション活動はフォーマル・ラーニングの場で教示された条件のもと実施される。その意味では、オーセンティックな日常の会話というよりも、与えられた課題に協働で取り組むことが学習活動の内容となる。これは図8-1の範疇C（フォーマル・ラーニング）から範疇D（インフォーマル・ラーニング）への拡張として位置付けられる。また、この協働学習を授業に導入することを契機に、その後の人的ネットワークが構築される傾向が見られる場合もある（Meyer & Waragai 2022）。これは授業で与えられた課題や会話のための設定枠の外においてプライベートに会話が派生していく現象で、学習者間で共通のLINE等のオンラインツールを使用した文字によるコミュニケーションが見られる。このフェーズでは、学習者同士が共有するテーマについて情報を交換したり、お互いの趣味についてコメントを発信し合う状況に発展するケースが見られる。これはコミュニケーションの場が、フォーマル・ラーニング（図8-9左）からインフォーマルな日常の生活（図8-9右）に移行する学習環境が構築される事例である。

　SFCではその他に、「eタンデム」方式でドイツ語圏の大学と合同授業を毎学期実施している（Meyer & Waragai 2022）。この場合、ドイツ語圏の学習者は日本語を学習言語としており、日独それぞれの学習者の母語が相手側の学習言語として位置付けられる。授業としてのディスカッション、その準備に向けた学習者同士の協働作業、そして、そこから派生する学習者間のインフォーマルなやり取りも含めて、すべてはサイバー空間上でおこなわれる。この外国語学習環境は、コミュニケーションのきっかけを教員によってコントロールされたフォーマル・ラーニングの部分で提供し、並行して学習者同士

の協働学習を通して個人レベルの会話が創出される事例である。ここでは、たとえ授業としてのフォーマル・ラーニングの場が授業期間を終えて終了しても、個別に人間関係が継続する傾向が頻繁に見られることが特長として挙げられる。人的ネットワークが時の経過と共にサイバー空間上で拡大していくケースも珍しくない。

おわりに　外国語学習環境の課題——評価と再構築

　本章では、外国語学習環境をデザインすることについて、その意味とプロセスを実際の事例を挙げながら述べてきた。この分野を研究対象とする場合、必ず必要となるのが開発した教材の評価である。学習者の属性は常に一様ではなく、日々のコミュニケーションスタイルも目まぐるしく変化する。新しい教材や学習システムの継続した開発は不可欠だ。その際、重要な点は、開発教材が本来目的として設定していた役割を充分果たしたのかどうか、そこでの学習効果は得られたのか、新たな問題点や気づきは生じたのか、それらの点について検証を持って確認する作業である。教材開発に着手する際に、その評価方法を同時に考察することが求められる。

　まず現状の学習環境構築における問題の所在を明らかにした上で、それを解決するための手段を考察する。同時に、教材が開発の初期段階で設定した問題の所在を解決できたか否かを確かめる「評価」方法の考察も必要だ。本章の図 8-4 で示した教材開発プロセスのサイクルで示す通り、実際に運用しながら評価データを抽出し、その分析結果を反映する。評価方法においてその対象となるのは教材を通して得られる成果である。その場合、学習者の学習成果を測定したり、開発教材の使用前後で学習行動に変化があったかどうかに着目したりする行動観察、実証実験を実施する方法などが一般的である。学習履歴をデータとして用い、そこから学習者の学習行動を検証する評価方法も用いられる（山内 2010）。

　日本の外国語学習環境が抱える問題は、インフォーマルな場での日常生活において学習言語で発信する機会が非常に限定される点にある。とりわけ英語以外の言語においては、既習内容を実際に「使ってみる」機会の獲得は難

しい。本章で述べた教室内でのフォーマル・ラーニング空間における「学び」が、オーセンティックな日常生活の中でアウトプットの機会を得るには、留学や海外研修といった特別な機会を得ることが前提だ。しかしながら、ネットワーク環境がグローバルな規模で多様化・拡大しつつある現在、その状況も変化しつつある。他者とのファーストコンタクトは、まずオンライン上の空間で発生することが一般的となった。教育機関は世界中のキャンパスと接続して授業をおこなうことができる。インフォーマルな仮想空間上ではユーザが共通するプラットフォームで相互に知り合い、音声や文字を介してコミュニケーションをおこなう。対面による言語コミュニケーション能力の育成を目標としてきた外国語学習環境の構築は、その前提を現状の実態に合わせたサイバー空間でのコミュニケーションへと転換することが余儀なくされる。今後、様々な形で多分野の研究領域を横断する協働（共同）研究の必要性がいっそう強く求められるだろう。

1) https://www.soumu.go.jp/johotsusintokei/statistics/data/190531_1.pdf（最終アクセス：2022年8月3日）
2) https://dmode.sfc.keio.ac.jp/（最終アクセス：2022年8月3日）
3) https://www.soumu.go.jp/johotsusintokei/statistics/data/190531_1.pdf（最終アクセス：2022年8月3日）

参考文献

岩崎克己（2010）『日本のドイツ語教育とCALL――その多様性と可能性』三修社。
佐久正秀（2021）「英語教育でのシラバス・デザインと学習指導要領に関する一考察」『人と環境』（14）、45-54。
関口一郎（2000）『「学ぶ」から「使う」外国語へ――慶應義塾藤沢キャンパスの実践』集英社新書。
関口一郎編（1999）『現代日本のコミュニケーション環境』大修館書店。
関口一郎編（1993）『慶應湘南藤沢キャンパス・外国語教育への挑戦――新しい外国語教育をめざして　大学改革と外国語教育』三修社。
白井恭弘（2008）『外国語学習の科学――第二言語習得論とは何か』岩波新書。
竹内理（2003）『より良い外国語学習法を求めて――外国語学習成功者の研究』松柏社。
平高史也・古石篤子・山本純一編（2005）『外国語教育のリ・デザイン――慶應SFCの現場から』慶應義塾大学出版会。
廣森友人（2006）『外国語学習者の動機づけを高める理論と実践』多賀出版。

山内祐平編（2010）『デジタル教材の教育学』東京大学出版会。

吉島茂・S. Ryan 編（2014）『一般教育における外国語教育の役割と課題』朝日出版社。

吉田晴世ほか編著（2008）『ICT を活用した外国語教育』東京電機大学出版局。

藁谷郁美（2020）「サイバー空間への「ライティング」アウトプット――ドイツ語学習環境の構（„Schreiben" im Cyberspace: Gestaltung der individuellen Lernumgebung）『ドイツ語教育（日本独文学会教育部会）』（24）、32–33。

藁谷郁美・太田達也・マルコ・ラインデル（2012）「プロジェクト型協働学習による外国語学習環境の構築――SFC Learning Design Project の活動とその評価」『慶應義塾大学日吉紀要ドイツ語学・文学』（49）、119–136。

藁谷郁美・太田達也・マルコ・ラインデル・倉林修一（2012）「インフォーマル・ラーニングを支援するユビキタス外国語学習環境の構築」『日本教育工学会論文誌』36（2）、91–101。

Belz, Julie Anne（2003）"Linguistic Perspectives on the Development of Intercultural Competence in Telecollaboration," *Language Learning & Technology* 7（2）, 68–117.

Meyer, Andreas, Ikumi Waragai（2021）"Kommunikationsverhalten und Lernstrategien von Lernenden am Beispiel von deutsch-japanischen Telekollaborationsprojekten," *Lektorenrundbrief LeRuBri*（54）, 18–24.

Ohta, Tatsuya, Ikumi Waragai, Marco Raindl（2015）"Wie lernen unsere Studierenden während eines Auslandsaufenthalts? – Eine qualitative Untersuchung zu Lernstrategien japanischer Deutschlernender im informellen Kontext," *Neue Beiträge zur Germanistik* 14（1）, 212–229.

Raindl, Marco（2021）"Telekollaborationen und DaF Unterricht in Japan – Potenziale, Praxis, Forschung," *Neue Beiträge zur Germanistik* 162, 43–66.

Raindl, Marco, Tatsuya Ohta, Ikumi Waragai（2013）"Brücken in den Alltag – Wie können digitale Lernumgebungen das Lernen beim Aufenthalt im Land der Zielsprache unterstützen?," *Neue Beiträge zur Germanistik* 12（1）, 92–111.

Waragai, Ikumi, Tatsuya Ohta, Andreas Meyer（2022）"Zur Individualisierung von digitalen Lernumgebungen: die App Platzwit neu," *Digitale Lernorte und - räume für das Fremdsprachenlernen*, Peter Lang Verlag, 75–92.

Waragai, Ikumi, Tatsuya Ohta, Marco Raindl（2017）"Social Networking Services als Lernraum. Ein kontextsensitiver Text-Editor als Interface zwischen formalem und informellem Lernen," *Inhalt und Vielfalt - Neue Herausforderungen für das Sprachenlernen und -lehren an Hochschulen*, 163–176.

Waragai, Ikumi, Tatsuya Ohta, Shuichi Kurabayashi, Yasushi Kiyoki, Yukiko Sato, Stefan Brückner（2017）, "Construction and evaluation of an integrated formal/informal learning environment for foreign language learning across real and virtual spaces," *CALL in a climate of change: adapting to turbulent global conditions*, 322–327.

Waragai, Ikumi, Tatsuya Ohta, Marco Raindl（2016）"SNS als Lernraum — Ein kontextsensitiver Text - Editor als Interface zwischen formalem und informellem Lernen," *Inhalt und Vielfalt – Neue Herausforderungen für das Sprachenlernen und -lehren an Hochschulen*, 1–14.

Waragai, Ikumi, Tatsuya Ohta, Marco Raindl, Shuichi Kurabayashi（2013）"An Experience-Oriented Language Learning Environment Supporting Informal Learning Abroad," *Educational Technology Research*（36）, 179-189.

Waragai, Ikumi, Tatsuya Ohta, Marco Raindl（2010）"Podcasting interaktiv – Lernende produzieren Lernmaterialien," *German as a foreign language* 1（2010）, 25-48.

「普通話」の歴史と国家建設

鄭浩瀾

　人間は、言語を通して世界を理解し、自分の意思や感情を表現し、他者との関係を形成する。その意味において、言語は人間が世界を理解・認識するための枠組みであるといえる。一方、言語はまた人間自身の営みのなかで形成された歴史的な産物であり、社会的規範を反映した社会的な産物でもある。中国語も例外ではない。

　皆さんが学ぶ中国語は、中国では「普通話」と呼ばれている。「普通」とは、日本語だと「いつも」や「変わっていない」という意味だが、中国語では、「一般的」という意味だ。具体的には異なる地域に居住し、異なる生活習慣や文化を持っていたとしても、共通して使える言語という意味である。「普通話」は、簡略化された漢字（以下、簡体字）を使用すること、またすべての漢字にピンインという表音記号が付いている点が特徴的だ。このような特徴を持つ「普通話」は、歴史のなかでどのように形成されたのか。その歴史を概観してみよう。

　皇帝が支配していた王朝時代では、漢語は主に皇帝や官僚などが使用し、皇帝支配の論理を規範とした文章語であった。科挙（王朝中国の官吏登用試験）の受験者や少数のエリートを除き、大半の庶民が、繁体字である漢語を習得することは難しかった。庶民が学びやすい漢語に改革する意識が台頭したのは、中国が列強によって分割にさらされた19世紀末から20世紀初頭にかけてである。繁体字を簡略化し、漢字に音を表記するといった改革案が一部の知識人によって打ち出された。そして清朝崩壊後の新文化運動の時に儒教的な思想や文化を否定し、西洋的価値観である科学や民主を積極的に吸収しようとした動きのなかで、文字改革や文学革命は、国家と民族の存亡に関

わるものとして認識されるようになった。当時、繁体字の簡略化やローマ文字で漢字を表記することのほか、漢文の代わりに「白話文」（漢語の表現や構造を簡単にし、口語に接近した書き言葉）を徹底的に使用することなど、様々な議論が生まれた。漢字を全面的に廃止し、表音文字を使用するという「漢字廃止論」さえ台頭し、魯迅や蔡元培、銭玄同など著名な知識人をはじめ、政府からも支持を得て実践されるようになった。

　漢字廃止論は 1949 年の中華人民共和国の成立以降も続いていた。本格的に収束したのは 1958 年の頃であった。1958 年 1 月に開催された政治協商会議の全国会議で、国家総理である周恩来は、文字改革の任務に関する報告のなかで、表音文字のピンインは漢字に取って代わることができないと明言した。それ以降、漢字を使用する方針が国策として定められたといわれる。実際、現在の「普通話」の形が整えられたのも、この中華人民共和国成立以降の 1950 年代においてであった。その経緯について、次の 2 点を挙げておきたい。まず、民衆レベルにおける「普通話」の普及は、共産党政権の大衆動員によって促された点だ。中華人民共和国が成立した 1949 年の時点では、民衆（特に農民）の大半は非識字者であった。共産党政権は、権力を社会の末端レベルにまで浸透させるには大衆の識字率を上げなければならなかった。そのため、土地改革運動をはじめとした建国初期の一連の政治運動のなかで「識字班」を村落レベルで広く設立し、女性を含めて多くの農民を動員して「識字班」に参加させた。同時に社会主義建設運動のなかで大衆動員の手段であるプロパガンダの放送ネットワーク（公共放送用のラジオやスピーカーなど）が多くの農村地域で構築されるようになり、このことも「普通話」の普及を促したと考えられる。

　2 点目は「普通話」の形成とともに、方言や少数民族の言語が「発見」されたことだ。方言の地理的分布、音声、標準の字母に対する調査活動は 1920 年代にも実施されたが、方言に対する全国的な初歩的調査がほぼ完成したのは 1959 年 9 月であったといわれる。少数民族の認定も同様だ。中国には、漢民族以外に、55 の少数民族が存在するといわれているが、その数は定かではなかった。1956 年当初、認定された少数民族の数は 51 だったが、1983 年には 55 に修正された。

　以上のような歴史から、われわれが使用している「普通話」は、わずか

100 年の歴史しか持っていないことがわかる。清朝の崩壊後、統一国家への模索が行われたなかで、「普通話」が提唱され、そして現在の形が整えられるようになったのは、1950 年代の社会主義建設の時代においてである。つまり、「普通話」は、国家が民衆の識字率を高め、異なる地域や少数民族を抱える多民族国家としての国民統合を行うために必要な手段であったのだ。

　しかし、視点を国家のレベルから離して、地域社会そして社会内部の人間の生活世界に据えれば、「普通話」によって収斂されなかった部分が多く存在したことに気づく。我々が現在知っている方言や少数民族の言語は、あくまでも国レベルの調査によって認定されたものであり、地域社会内部の使用実態と必ずしも合致するとは限らない。当然ながら、調査ができなかった地域が存在し、また調査を実施したものの、十分ではなかったこともありうる。方言についても同様なことがいえる。現在、漢語の方言は、北方方言、呉語、湘語、贛語、閩語、粤語、客家語の 7 つに大別され、全部で 129 種類があると公表されているが、考えてみると、言語は果たして明確な「境界」をもち、地域的に区画されることができるのであろうか。無論、言語が使用される地域的性格や言語を区分する意味を否定するつもりはないが、言語が持つ「境界」はあくまでも外部から付け加えられたものであり、人間の生活世界においては必ずしも明確な存在ではない、という点にも留意すべきであろう。この点からみれば、方言を区画するために使用したカテゴリーに縛られる必要はなく、地域社会の言葉をどのように認定し、そのプロセスのなかで何を排除し、何を排除しなかったのか、といった問題を常に考えなければならない。

　興味深い問題はほかにもある。たとえば、文字改革または文字革命が盛んに提唱された 1910 年代の新文化運動の時には、知識人たちは、王朝時代の儒教的な論理や規範を徹底的に否定し、近代的かつ西洋的な価値観を積極的に吸収した。しかし政治概念の歴史に関する近年の研究成果によれば、当時の知識人たちは、権利や社会といった近代的な言葉に対して、中国の文脈から出発して理解し、それまでに自らが世界を認識していた枠組みを完全に切り捨てることができなかった。また、「普通話」が形成された背景には、日本の影響があった。清末から民国初期にかけて日本に留学していた知識人は、英語から日本語に訳された漢字の一部を中国に持ち帰って使用したため、それらの漢字は現在の「普通話」の中に多く残されている。たとえば、革命と

いう漢字は、王朝時代の中国にも存在したが、英語の revolution と違って、ただ天命によって王朝が交代するという意味だけであった。革命という漢字が秩序の根本的な変化という revolution の意味として最初に訳されたのは、日本だといわれている。中国の知識人が日本を通じて近代的な革命の概念を吸収し、世界に対する認識を新しくしたことを考えると、日中関係の歴史に対する新たな解釈も可能になる。

　いずれにせよ、我々は言語を学習する時に、言語そのものだけでなく、言語の背後にある歴史や社会的な規範にも目を向けるべきである。そうしてはじめて、言語は、統一化、基準化された機械ではなくなり、生々しい人間の営みや多様な世界を案内してくれるものになる。言語学習の面白さはこの点にあるのではなかろうか。

第 III 部
政治を動かし、社会を変える

宮代康丈

はじめに

政治を考え、政治を行うためには、当の政治を導く理念が必要である。理念は政策として実行に移されるが、理念を語る言葉には曖昧さが付きものである。その曖昧さこそが、理念の解釈をめぐって、論争や対立を生じさせる。この問題を、1848 年にフランスで勃発した六月蜂起と呼ばれる出来事を例に取って考えたい。

ある一国の理念は、その憲法に現れると言ってよいだろう。現在の第五共和政憲法第 1 条によれば、フランスは「不可分の非宗教的、民主的、社会的な共和国である」。「共和国」を形容する四つの言葉のうち、特に「民主的」と「社会的」に注目したい。それらの言葉の意味をめぐって、フランスでは 19 世紀半ばに激しい衝突が起きたからである。

「民主的」も「社会的」も一般によく用いられる言葉である。憲法の条文について言えば、基本的自由が尊重され、普通選挙によって政治権力者が選出されるから「民主的」共和国である。また、平等を原則に掲げる共和国は、社会の団結を促進し、もっとも恵まれない人々の状況改善を進めるから「社会的」である。フランスにおける公共政策や社会的議論を理解するためのポイントについて情報発信を行っている公共サイト（Vie-publique）によれば、「民主的、社会的な共和国」の意味はおおよそこのようなものである[1]。

19 世紀半ばにフランスでは何が起きたのか。1848 年の二月革命によって、フランスは王政（七月王政）から共和政（第二共和政）に移行する。「自由・平等・友愛」がフランスにおける民主的統治の原則として公式に掲げられた

のもこの時期である。ところが、共和政が宣言され、普通選挙（正確には男子普通選挙）で議員が選ばれた立憲国民議会が5月に始まった後に、六月蜂起が勃発する。人民の革命によって打ち立てられた共和国に対して、「社会民主共和国」を求める武力蜂起が起きたのである。日本でもファンの多い小説『レ・ミゼラブル』の著者ユゴーによれば、六月蜂起は共和国の内部で起きた「人民の人民にたいする反乱」（Hugo 1951＝2020, 17）である。人民が国王やエリートに対して立ち上がるのならまだしも、人民が人民に対して起こす反乱とはいったい何を意味するのか。近年、この「社会民主共和国」を一つの政治モデルとして再評価する向きもある（Hayat 2014）。そうであればなおさら、六月蜂起が我々に問いかけるものを理解しなければならない。まずは、蜂起に至るまでの経緯を振り返ろう。

I　六月蜂起に至るまで

　1830年に成立した七月王政に対する不満は、1848年2月22日・23日に掛けて、パリ市内でのデモやバリケードとして現れる。24日には、民衆がパリ市庁舎やチュイルリー宮殿を襲撃する。同日、国土ルイ・フィリップが退位し、臨時政府が成立して、共和政設立の意向が示される。

　この二月革命の特徴は何か。当時は、産業化の進展に伴い、貧困や労働の面で人々の生活が悪化していた。二月革命の目的の一つは、そのような貧困労働者の境遇を改善することであった。革命の勃発後、ただちに実行された施策として、国立作業場とリュクサンブール委員会の設置がある。2月25日の政令で設立が布告された国立作業場では、パリやその郊外の失業労働者が1日2フランの給料で雇用され、植樹や砂利採取、整地などの作業に従事した。リュクサンブール委員会（正式名称は「労働者のための政府委員会」）設立を宣言する臨時政府の文言によれば、「人民によって行なわれた」二月革命は「人民のために行なわれなければなら」ず、「今や勤労者の長く不当な苦悩を終わらせるべきときである」（Carrey 1848, 30; 河野 1979, 366）。リュクサンブール委員会の議長役は、かねてから「労働の組織化」の必要を訴えていた社会主義者ルイ・ブラン（Louis Blanc）に委ねられる。ブランの説く労働

の組織化とは、無秩序な生産競争を抑えるために、政府が主要産業部門に「社会作業場」を創設し、それを労働者による生産協同組織（アソシエーション）として発展させることであった（Blanc 1840, 108-131; 河野 1979, 319-327）。

　4月には、男子普通選挙による立憲国民議会議員選挙が実施される。この選挙では900議席が争われたが、穏健共和派が450議席、王党派が250議席（オルレアン派200議席、正統王朝派50議席）、急進共和派が200議席という結果になった（Aprile 2020, 310）。最後の急進共和派には、多かれ少なかれ社会主義に近しい議員が含まれる。投票が行われた4月23日は、革命の勃発からまだ二ヶ月しか経っておらず、社会全体には、幸福と友愛に満ちた新時代への希望が溢れていた時期である。しかし、選挙結果は穏健派が多数を占め、それに続くのは王党派であった。急進派や社会主義者にとっては、およそ芳しくない結果であった。

　このような情勢の中で、5月15日事件が起きる。事件の発端になったのは、政府に対してポーランドへの支援を求めたデモである。参加者数は、証言者によって大きく変わるが、4万人から10万人であったと言われる（Gribaudi and Riot-Sarcey 2008, 170）。多数のデモ参加者が国民議会に乱入する事態になったこの事件には、国立作業場とリュクサンブール委員会の双方の関係者が多く関与していた。事件後、リュクサンブール委員会は解散させられる。国立作業場については、6月21日に、労働者に兵籍に入るか地方での作業に就くかを選択させる政令に署名がなされる。国立作業場の実質的な閉鎖である。

　国立作業場の閉鎖決定に対して、労働者たちは6月22日にデモをもって応えた。また、同日の夜から23日に掛けて、パリ市内の各所にバリケードが築かれた。六月蜂起の始まりである。24日にはパリに戒厳令が敷かれ、25日まで激闘が続くが、26日、抵抗を続けていたバリケードの掃討が開始され、蜂起は鎮圧される。六月蜂起における逮捕者数・死傷者数については、今もって不明な点が多い。国民議会によって組織された調査委員会の報告書によると、逮捕された蜂起者は7357人であり、蜂起側と鎮圧側を合わせて死者1035人、負傷者2000名とされている（Assemblée nationale 1848, 363）。後世の歴史家によれば、この数値はかなり小さく見積もられている。近年の一

般的な総説書では、蜂起側と鎮圧側の双方を合わせて7万人から10万人が戦い、死傷者はその内おそらく4000人であるとされる（Aprile 2020, 322）。これよりもはるかに多くの人数を推算する歴史家もいる。ともあれ、このような凄惨な結末から考えると、六月の騒乱（「社会戦争」）を同時代人が「絶望の蜂起」（Caussidière 1849, 224-225）と形容したことも意外ではないだろう。

II　何と呼ぶか？

　六月蜂起とはいったい何であったのか。この蜂起を理解するために、それを何と呼ぶかという問題は、ことのほか重要である。ある言葉で呼ばれる対象の性質と、その対象に対する評価とを左右するからだ。六月蜂起については、中立的なものとして、「六月の日々」（Journées de Juin）という言い方がある。この場合の「日々」は、6月23日から26日までを指す（22日を含める場合もある）。それに対して、含意が強いのは内戦（guerre civile）という表現である。前出の調査委員会報告書には、6月23日に「内戦」が勃発したと記されている（Assemblée nationale 1848, 54）。

　内戦という言葉に含まれる意味はとても重い。歴史家D. アーミテインによれば、内戦（civil war）によってえぐり出されるのは、「自分たちの帰属意識や共通の属性」である。内戦において敵と見なされるのは誰か。戦いが繰り広げられる共同体の外にいる者ではない。内戦には、「敵を同じ共同体の構成員——外国人ではなく同胞市民である——と見なす親近性」がある。同胞間での戦いであることが、内戦のおぞましさの源である（Armitage 2017＝2019, 9-10）。フランスの六月蜂起も例外ではない。内戦という言葉をこの蜂起に適用すれば、誰が国家権力の正当な担い手かということをめぐって、国民の内部に分断や衝突があることを認めざるをえない。とりわけ、両陣営が互いに同胞殺しの罪を犯していることになり、蜂起を鎮圧する側にとっても、鎮圧行為の正当性は揺らぐ。内戦という言葉を用いることが疎んじられるのは、そのためである（Fureix 1997, 23）。

　内戦以外にも、同時代の人々による六月蜂起の名指し方はさまざまである（Caron 2009, 163-194）。例として、蜂起当時の国民議会議員であり、憲法制定

委員会の一員でもあったトクヴィル（Alexis de Tocqueville）の回想録を取り上げよう。トクヴィルによれば、二月革命勃発後から六月蜂起が起こるまでの間、国民議会は「内戦」という言葉に取り憑かれ、怯えていた。トクヴィル自身は、蜂起そのものを指す際に、「決起」（soulèvement）、「階級の戦い」（combat de classe）、「一種の奴隷戦争」（une sorte de guerre servile）、「内戦」（guerre civile）、「大戦闘」（grande bataille）、「闘争」（lutte）、「反乱」（révolte）、「暴動」（émeute）、「戦争」（guerre）などを用いている（Tocqueville 1893＝1988, 228, 237, 244, 247, 248, 251, 264, 276［一部訳語変更］）。この多様さについては、まずもって文体上の理由（同じ言葉や表現を連続して使わない）を挙げてよいだろう。ただ、六月蜂起が特異な出来事であったこともトクヴィルは意識している。「六月蜂起はわが国の歴史、そしてたぶん他の国の歴史においても、今まで起こったなかで、もっとも大規模でもっとも特異な蜂起であった」（Tocqueville 1893＝1988, 236［訳語一部変更］）という。呼称の揺れは、この蜂起を目の当たりにした者の戸惑いとも無関係ではないだろう。

　蜂起した側の人々はどのように呼んでいるか。蜂起の扇動に関わった学生パルディゴン（François Pardigon）の回想録を見よう。興味深いのは、パルディゴンが六月蜂起を「六月革命」と呼んでいることである（Pardigon 2008, 54）。マルクス（Karl Marx）は、『フランスの階級闘争』で、ブルジョワジーとプロレタリアートという二階級間で行われた「最初の大戦闘」として六月蜂起を捉えた。そして、「六月革命」（Junirevolution）という表現を含む『新ライン新聞』（1848 年 6 月 29 日）の一節を引用している（Marx 1895＝1960, 60-61）。『ルイ・ボナパルトのブリュメール 18 日』では、二月革命を「奇襲」（Überrumpelung, Handstreich）と呼んでいる（Marx 1895＝2008, 21）。盟友エンゲルス（Friedrich Engels）も、『フランスの階級闘争』に付した序文で、六月蜂起を同じく「奇襲」と呼んだ（Marx 1895＝1960, 12, 14, 23, 24）。パルディゴンは、マルクス主義流の唯物史観に与する様子はないものの、熱烈な社会主義者である。それでも、二月革命や六月蜂起を「奇襲」（coup de main）と見なすことを批判した。パルディゴンにとって、二月革命は単なる偶発事ではなく、住民が一致団結して起こしたものであった。六月蜂起は、貧困に喘ぎ、労働を求める人々の「総動員」だったのである（Pardigon 2008, 56）。

もっとも、六月革命という呼称は、六月蜂起ほど一般的ではない。なぜ六月蜂起であって、六月革命ではないのか。共和国の設立としての二月革命と、暴動や内乱としての六月蜂起とを区別することは、両者を一連の出来事として捉えるのではなく、むしろ二つのものを切り離そうとすることである。そのように切り分けるのは、革命の狙いを狭めることが意図されているのだろう。革命の流れを逆転させようとする反動であり、反革命であるというわけだ（Desbrousses, Peloille 2002, 26-27, 29-30）。

　以上のように、六月蜂起を何と呼ぶかということによって、この出来事は性格付けられ、価値判断も左右される。判断主体によって、六月蜂起はさまざまな姿で現れる。また、これから見るように、この蜂起をめぐる種々の捉え方の背後には、共和国の理念をめぐる相違もあった。

Ⅲ　二つの共和国？

　二月革命が起きた時、皆が一致して共和国を支持していたかのように見える。2月24日から3月末までのことを、友愛の雰囲気に包まれた「高揚の幻影」の時期と呼ぶ歴史家もいる（Vigier 2001, 5）。しかし、共和国の意味については、少なくとも二つの主張があった。ダニエル・ステルン（Daniel Stern）という筆名で『1848年革命史』を著したマリー・ダグー（Marie d'Agoult）によれば、一つ目のものは「民主共和国」を、二つ目のものは「社会民主共和国」を求めた（Stern 1851, 11-14）。前者によれば、共和国は「民主的」でなければならない。国家元首の世襲制（つまり君主制）を廃し、普通選挙を徹底して政治上の特権を覆さなければならない。すなわち政治的平等の貫徹である。後者は社会革命を訴える。変えなければならないのは、資本と労働との関係であり、所有権の捉え方である。また、社会による生活の保障のあり方も改革しなければならない。すなわち社会的平等の実現である。要するに、民主共和国は政治改革を求め、また政治改革までで踏み留まるべきだと考えるのに対し、社会民主共和国は、政治改革の実現はもちろんのこと、その先に歩を進め、社会改革にまで突き進まなければならないと主張する。二月と六月の現場に立ち会った文人メナール（Louis Ménard）も記し

ているように、六月蜂起の旗印になったのは、まさにこの「社会民主共和国」であった（Ménard 2007, 218）。共和国という見かけの満場一致の背後には、このような対立が潜んでいた。

　この対立は、理念上の空論ではない。理念には担い手がいて、その担い手は政策実行者でもありうる。二月革命から六月蜂起に至るまでのプロセスが悲劇的なのは、共和国を具体的にデザインし、打ち出すべき政策を考えなければならない段になって、民主共和国と社会民主共和国の食い違いが政権担当者の間でも露わになり、政治の運営に矛盾と膠着を生じさせた点にある。

　臨時政府（2月24日–5月9日）の構成員を例に取ろう。七月王政期から活動していた新聞に『ナショナル』と『レフォルム』がある。二月革命後の臨時政府には、それぞれの関係者が政権担当者として参加した。顕著な例は、『ナショナル』の主幹マラスト（Armand Marrast）と、『レフォルム』の編集主幹フロコン（Ferdinand Flocon）である。両紙とも、七月王政期の与党政治を批判していたけれども、それぞれの政治理念が同じであったわけではない。ルイ・ブランによれば、『ナショナル』は大統領制、一院制、普通選挙を要求し、社会主義とは一線を画していた。他方、『レフォルム』は社会改革を主張した。ブランによって起草された『レフォルム』紙の方針によれば；国家主導による産業改革を進め、労働者の地位を賃金労働者から「協同者」へと引き上げなければならない（Blanc 1850, 13–16）。つまり、『ナショナル』は民主共和国を、『レフォルム』は社会民主共和国を目指していたのである。しかし、社会民主共和国を支持する者の皆が皆、蜂起の側に立ったのかと言えば、ことはそれほど単純ではない。「単なる共和国ではなく、社会民主共和国」を主張したルイ・ブランが意を注いだのは、秩序や平穏、節度を説き、民衆を暴力思想から引き離すことであった（Blanc 1850, 20）。社会的な共和国を求める人々の間でも、六月蜂起についての評価は一様ではない。民主共和国を確立することは二月革命以降の共通基盤ではあったものの、革命や蜂起によって社会民主共和国へと突進することがあまねく望まれていたわけではない。

IV 1789年、1793年、1848年

　共和国理念をめぐる食い違いは、二月革命と六月蜂起の関係をどのように捉えるかという問題とも密接な関係にある。六月は二月の帰結なのか、むしろそれからの逸脱なのか。この問題は、1789年のフランス革命以降の歴史の流れに照らして初めて理解することができる。控え目に言っても、二月革命の時代を生きた人々にとってはそうであった。

　七月王政期から文人政治家として名を馳せていたラマルティーヌ（Alphonse de Lamartine）を取り上げよう。臨時政府で外務大臣の職に就いたラマルティーヌは、3月5日に各国の外交官に通達を出す。二月革命以降、「フランス革命は決定的な段階に入ったところだ。フランスは共和国である［…］」（Carrey 1848, 44-51）。フランスの政治体制が共和政に変わったのは1848年が初めてではない。第一共和政は1792年に樹立された。しかし、この第一共和政は対外戦争へと突き進み、1793年にはルイ16世が処刑され、ジャコバン派の独裁による恐怖政治が始まる。端的に「93年」と言えば、徹底した民主化と、それに伴う血なまぐさい革命路線が喚起されるほどである。このような経緯があったために、共和政という言葉は、それを口にするだけで人々に恐怖を抱かせるに充分であった。だが、1848年の第二共和政は同じ轍を踏むものではない。これがラマルティーヌによる通達のかなめである。二月革命は人民によって人民のために行われたものであり、その人民が求めているものは平和である。「自由・平等・友愛」は、国内においてだけでなく、対外関係にも当てはまる（Carrey 1848, 50-51）。

　ラマルティーヌに代表される立場は、国旗をめぐる議論にも見て取れる。2月25日、武装した民衆は臨時政府に対して赤旗を採用するように求めた。ラマルティーヌはその民衆に対して、1791年・93年に起きた流血事件や処刑を想起させる血の色の赤旗でなく、三色旗こそが世界中にフランスの威光を示してきたものだと説得する（Lamartine 1993, 327）。翌26日、臨時政府は、「昔からの共和国旗」を維持すると宣言する。三色旗は、「自由・平等・友愛の象徴」であり、また「秩序の象徴」である。3月7日には、三色旗が「国民の統一」の印であることが確認される（Carrey 1848, 17, 74）。臨時政府が三

色旗の採択を宣言すると、社会主義革命家オーギュスト・ブランキ（Auguste Blanqui）は、「民衆は赤旗をバリケードで掲げた。それを卑しむべからず」という文言を含む貼紙を街路に掲示する（Delvau 1868a, 67; Delvau 1868b, 107）。「三色旗は共和国の旗ではな」く、「幾度も労働者をおびただしく殺戮した」という文章も書き付けた（Blanqui 2007, 135）。六月蜂起の際、赤旗は随所で掲げられた（Dommanget 1948: 64-66）。掲げられた赤旗の数は、三色旗と比べれば少なかったようである（Castille 1855, 161）。とはいえ、ここで重要なのは数の問題ではなく、何のために闘っているのかという点である。蜂起の目的や意味は、蜂起側においても実は同じではない。

　六月蜂起は二月革命を、さらには1789年のフランス革命を、あるいは1793年の路線を完遂するものなのか。それらをひと続きのものとして受け止める歴史観は、六月蜂起に賛同する側にも批判的な態度を示す側にも見られる。前者の側についてはメナール、パルディゴン、ルフランセの、後者についてはトクヴィルの考えを参考にしよう。

　トクヴィルは、1830年の七月革命と1848年の二月革命の両方を経験している。前者は「われわれの一つの革命の、最初の段階の幕を閉じるもの」であり、1789年以来の革命は「一つの流れ」を成している。ただ、1830年の革命が終着点であるのかと言えば、「われわれの世代がこの革命の終局を目撃することにはならない」。実際、1848年2月に「フランス革命」が再開する。「われわれが前に進むと、到達点は遠くになり、その輪郭がぼやけてしまうのだった」（Tocqueville 1893 = 1988, 17, 115）。六月蜂起は、この「一つの流れ」の中でどのような位置を占めるのか。「社会主義の理論が思想の面で二月革命を性格づけたように、六月事件は事実の面で二月革命を特徴づけた」。二月革命が母で、六月蜂起はその息子である（Tocqueville 1893 = 1988, 237）。

　メナールも1789年を出発点に据える。フランス革命は民主主義を形にすることを目指し、人権宣言をいわば福音書にした。しかし、恐怖政治に終止符を打つテルミドール9日の反動（1794年7月27日）によって歩みを阻まれる。残すは、すでに宣言されていた「自由・平等・友愛」の原則を実行することであった。メナールにとって、1794年から1848年までの「反動期」は、民主主義の「長い眠り」の時期である。その間、社会変革を目指す理論が民

衆に「新しい社会の夢」として現れる。二月革命と六月蜂起は挫折させられるけれども、この先、「革命のドラマ」を担うただ一人の役者は民衆である（Ménard 2007, 75-76, 281）。このように、メナールにとって、1848年以降の動きは1789年の原則を実践に移すことを意味した。

パルディゴンにとっても、六月蜂起は1789年のフランス革命の延長線上にある。「社会主義、共和国、革命」は一つのブロックである。革命とは、一つ一つの輪がすべてうまく組み合わさり、互いに結び付いている鎖のようなものである。また、社会主義は、腐敗した社会を再生させるのだから、穏和なものでない（Pardigon 2008, 109-110, 119）。共和国における社会主義革命は、合法的な手段に甘んじず、武力に訴えることを厭わないというわけである。

後年パリ・コミューン（1871年5月）にも関わるギュスターヴ・ルフランセ（Gustave Lefrançais）にとって、2月24日は、富貴貧賤の別なくブルジョワジーと労働者が団結した「復活」の出来事であった。共和国理念の中には、人権というそれ自体としては抽象的なものが、「市民間の経済的関係の変化」という具体的なものとして実現されていくことが含まれる。奴隷制を敷いた古代の共和国と比べて近代の共和国が優れているのは、一部の人々によって既得物として占有されたり簒奪されたりしている権利を撤廃し、共同体全体と将来世代が「人生の饗宴」に与れるようにする点にある。「要するに、近代共和国とは、社会的共和国である〔…〕」（Lefrançais 2013, 41, 61, 509〔強調ルフランセ〕）。

メナールやパルディゴン、ルフランセの革命観は、民主共和国の未来として社会民主共和国を見据えるものである。厄介なのは、1793年についての評価である。93年は、前述のように、恐怖政治の記憶と強く結びついている。しかしながら、ここで見落とせないのは、それが社会的平等の実現へと歩み出そうとしていた時期でもあったことである。93年に制定された憲法は、テルミドール9日の影響で施行こそされなかったが、画期的な内容を含むものであった。その冒頭に付された人権宣言の第21条は次のものである。「公共の救済は、一つの神聖な負債である。社会は不幸な市民に労働を供与し、あるいは労働しえない者に生活の手段を保証することによって、不幸な

市民の生計を引き受けなければならない」（河野 1989, 435）。この条文に示されている「連帯の要請」（Borgetto and Lafore 2000, 27）に着目すれば、93 年を積極的に肯定する人々がいることも不思議ではないだろう。

　このような連帯の要請はどのような形で実行に移せばよいのか。また、その要請を実行することに政府が二の足を踏むなら、たとえ民主的手続きによって正当に組織された政府に対してであっても、合法的手段の範囲を超えた革命や蜂起に訴えることが市民には許されるのか。これらの問いかけに答えるためには、理性による冷静な判断が求められる。しかし、その判断を実際に下す際に、良心の疼きと無縁でいられるとは限らない。これから見るように、六月蜂起が悲劇であるゆえんは、まさにその点にある。

V　二重の悲劇

　なぜ良心の疼きを伴うのか。六月蜂起の悲劇を理解するために、文学作品は格好の導き手になる。19 世紀フランス文学史上の佳品であるユゴーの『レ・ミゼラブル』（1862）とフロベールの『感情教育』（1869）はその好例である。

　『レ・ミゼラブル』の語り手は言う。「この暴動とは戦わねばならなかったのだ。それが義務だった。なぜなら、この暴動は共和国を攻撃していたのだから〔…〕」。六月蜂起の時点で、この「共和国」は人民主権の原則に基づいており、国民議会の議員は（男子）普通選挙によって選ばれている。民主的正当性を持つ共和国に対して行われた暴動を野放しにはできない。もっとも、その暴動を起こしたのはどのような人々だったのか。「原則にさからい、自由、平等、友愛にさからい、普通選挙にさからい、万人による万人の統治にもさからって、さまざまな不安、落胆、貧窮、熱狂、悲嘆、瘴気、無知、暗闇の底から、大いなる絶望者ともいうべき賤民が抗議し、下層民が人民に戦いを挑む」。共和国においては、「賤民」・「下層民」も同胞である。その同胞が共和国に歯向かうならば、蜂起の鎮圧は「義務の遂行」である。ただ、その遂行は「胸の痛みをともなう」（Hugo 1951 = 2020, 15-17）。本章の冒頭部で挙げた「人民の人民にたいする反乱」の内実は、このようなものであった。

フロベールの『感情教育』では、六月蜂起を鎮圧する側に回った側の「胸の痛み」が描写されている。国民衛兵として鎮圧に当たったデュサルディエが主人公フレデリックに心の内を明かす場面である。

　　土曜日〔＝6月25日〕、ラファイエット通りのバリケードのうえで、三色旗に身体をつつんだ少年が国民衛兵にむかって叫んだ。「おまえら、同胞を撃つ気か！」国民衛兵たちがかまわずに前進するので、デュサルディエは銃を投げすて、他の者をかき分けてバリケードのうえに駆けあがった。そして、足のひと蹴りで少年を倒し、旗を奪いとった。だが、のちにデュサルディエが瓦礫のしたで見いだされたとき、腿に銅の銃弾をうけていた。〔…〕じつは良心の呵責をおぼえている。デュサルディエはフレデリックにそううちあけた。労働者とともに、自分は、あるいは反対側につくべきだったのかもしれない。というのも、労働者にたいして多くのことが約束されたにもかかわらず、なにひとつとして果たされていないからだ。かれらをうち負かした連中は共和政を嫌悪している。それに、労働者にたいする仕打ちは苛酷すぎる！かれらはまちがっているかもしれないが、あらゆる面でまちがっているというわけでもないだろう。こうして、自分は正義を敵にまわして戦ったのかもしれないという思いにとらわれ、この律儀な青年は煩悶しているのであった。(Flaubert 1869 = 2014, 224-225)

　作者フロベールが共和政に好感を抱いていなかったことはよく知られており、語り手による「この律儀な青年」（le brave garçon）という形容にも、ある種の皮肉が込められているのだろう。とはいえ、作中人物デュサルディエの心中には、現実の六月蜂起に関わった当事者たちの胸の内が巧みに表現され、普遍的な問いかけへと高められている。デュサルディエの言う「正義」とは何か。彼の「良心の呵責」は何を意味するのか。
　六月蜂起は二重の悲劇であった。鎮圧側にも蜂起側にも、それぞれの理はある。共和国の決定は、普通選挙によって選ばれた者の権限に従って適法に行われている。民主的な手続きに即した合法的決定に従わない者たちの行動

が正当でありえようか。ようやく共和国という政治体制を手に入れた普通の市民にとって、蜂起という形で不服従が行われたのは不愉快なことであった（Agulhon 2002, 99）。しかし、議会の多数派によって国立作業場の閉鎖が決定され、その決定の法的正当性が明らかであるとしても、蜂起者の訴えは、生身の人民の意志の表れである。生きる権利を求める失業労働者の意志にも、「道徳的な」正当性はあるだろう。六月蜂起はすなわち、共和国の内部で生じた「二つの正当性の衝突」（Agulhon 1997, 48）である。この法と道徳の衝突が、ついに暴力という形で生じたことは悲劇であると言わざるをえない。

ただ、蜂起側にあるのは道徳上の正しさだけなのか。先に見たように、「今や勤労者の長く不当な苦悩を終わらせるべきときである」と早々に宣言したのは臨時政府である。また、臨時政府から執行委員会への権限委譲に際して作成された報告書（5月6日）では、国家による労働の創出、低賃金労働の解消、協同組織の重要性が謳われている（Lamartine 1993: 346–347）。この報告書を議会で読み上げたラマルティーヌは、その後も執行委員会のメンバーとして政権の中枢に留まる。二月革命以来の約束はまともに果たされぬまま、三ヶ月が過ぎた。ある蜂起者は、「共和国を守っているのだと思った」と語っている。政府や議会から「共和国を守る」ために、「三色旗」を掲げたバリケードで闘ったというのである。また、「蜂起者が求めていたのは社会民主共和国、協同の権利、自主管理の作業場だ」と語る者もいた（Clavier, Hincker, Rougerie 1988, 132–133）。共和国の真の擁護者は鎮圧側にいるのか、それとも蜂起側にいるのか。国立作業場の閉鎖が議会で提案されたまさにその日、国家によって労働者間の協同組織を保護することを求める提案が議会に示された。この提案の中に、社会主義の帰結として恐れられていた所有権の侵害につながるような項目はない。また、いわゆる「労働への権利」（自ら働いて生きるために、国家に対して労働の供与を請求する権利）が求められていたわけでもない。第二共和政期に、友愛の原則は法や権利の問題になじまないと見なされ、「労働への権利」も憲法の準備段階で斥けられた（田中 2006, 159–163）。しかし、六月蜂起時の議会は、権利侵害を伴わない形で道徳上の正しさを模索することにすら耳を貸さなかった。その時の議会の様子を描くステルンは、もしこの提案が採択されていたなら、少なくとも蜂起者の一部

は武器を降ろしたであろうと論評している。この提案に含まれる「人間愛と真の政治の精神」を、「社会主義の恐怖」と党派心に囚われた議会は理解しようとせず、また理解することもできなかったのである（Stern 1853, 197; 河野 1979, 390）。協同という社会的なあり方は「社会主義」と同一ではなく、その「社会主義」も、所有権の侵害をもたらすとは限らない。六月蜂起は、情念に駆られ、言葉に惑わされて判断を誤ることから生じた政治的悲劇でもあった。

おわりに

六月蜂起では、社会民主共和国が旗印になった。そこに含まれる三つの言葉——社会（的）、民主（的）、共和国——に注目すると浮かび上がるのは、とりわけ理念とその実践の両面において、六月蜂起という出来事がいったい何を我々に問いかけているのかということであった。言葉は、政治において、理念とその実行（政策）をつなぐ輪であると言ってよいだろう。その輪の不調は、ときに凄惨な衝突を生み出しかねない。その意味で、言葉は政治や政策の研究・実践を進めるために欠かせないアプローチの一つである。政治史の分野に限らず、政治哲学のような規範研究においてであれ、政治学のような実証研究においてであれ、言葉というものに注目することの意義は変わらないだろう。

1) Vie-publique. fr, "Quels sont les principes fondamentaux de la République française ?"（7 juillet 2018）［https://www.vie-publique.fr/fiches/19562-quels-sont-les-principes-fondamentaux-de-la-republique-francaise］（最終アクセス：2022 年 9 月 2 日）

参考文献
木下賢一（1995）「第二共和政と第二帝政」柴田三千雄・樺山紘一・福井憲彦編『世界歴史大系 フランス史 3』山川出版社。

河野健二編（1979）『資料 フランス初期社会主義——二月革命とその思想』平凡社。

河野健二編（1989）『資料 フランス革命』岩波書店。

田中拓道（2006）『貧困と共和国——社会的連帯の誕生』人文書院。

Agulhon, Maurice（1997）*Coup d'État et République*, Paris: Presses de Sciences po.

Agulhon, Maurice（2002）*1848 ou l'apprentissage de la République*, Paris: Seuil, nouv. éd.

Aprile, Sylvie（2020）*1815–1870: La Révolution inachevée*, Paris: Gallimard.

Armitage, David（2017）*Civil wars: A history in ideas*, New York: Alfred A. Knopf（= 2019, 平田雅博・阪本浩・細川道久訳『〈内戦〉の世界史』岩波書店）.

Assemblée nationale（1848）*Rapport de la commission d'enquête sur l'insurrection qui a éclaté dans la journée du 23 juin et sur les événements du 15 Mai*, Paris: Imprimerie de l'Assemblée nationale, deux volumes, vol. 1.

Blanc, Louis（1840）*Organisation du travail*, Paris: Prévot.

Blanc, Louis（1850）*Pages d'histoire de la révolution de février 1848*, Paris: Au bureau du Nouveau-monde.

Blanqui, Auguste（2007）*Maintenant, il faut des armes*, Paris: La Fabrique.

Borgetto, Michel, Robert Lafore（2000）*La République sociale*, Paris: PUF.

Caron, Jean-Claude（2009）*Frères de sang: La guerre civile en France au XIXᵉ siècle*, Seyssel: Champ Vallon.

Carrey, Émile（1848）*Recueil complet des actes du gouvernement provisoire（février, mars, avril, mai 1848）*, Paris: Auguste Durand, deux volumes, vol. 1.

Castille, Hippolyte（1855）*Histoire de la seconde République française*, Paris: Victor Lecou, quatre tomes, 1854–1856, t. 3.

Caussidière, Marc（1849）*Mémoires*, Paris: Michel Lévy frères.

Clavier, Laurent, Louis Hincker, Jacques Rougerie（1998）"Juin 1848: L'insurrection," Jean-Luc Mayaud ed. *1848*, Paris: Créaphis.

Delvau, Alfred（1868a）*Les Murailles révolutionnaires de 1848*, Paris: E. Picard, 16ᵉ éd., deux tomes, t. 1.

Delvau, Alfred（1868b）*Les Murailles révolutionnaires de 1848*, Paris: E. Picard, 16ᵉ éd., deux tomes, t. 2.

Desbrousses, Hélène, Bernard Peloille（2002）"Révolution de 1848: un décryptage du palimpseste ?," *Mots* 69, 23–45.

Dommanget, Maurice（1948）*La Révolution de 1848 et le drapeau rouge*, Paris: Spartacus.

Flaubert, Gustave（1869）*L'Éducation sentimentale*, Paris: Michel Lévy frères（= 2014, 太田浩一訳『感情教育（下）』光文社）.

Fureix, Emmanuel（1997）"Mots de guerre civile. Juin 1848 à l'épreuve de la représentation," *1848. Nouveaux regards* 15（2）, 21–30.

Gribaudi, Maurizio, Riot-Sarcey, Michèle（2008）*1848*, Paris: Découverte.

Hayat, Samuel（2014）*Quand la République était révolutionnaire*, Paris: Seuil.

Hugo, Victor（1951）*Les Misérables*, Paris: Gallimard（= 2020, 西永良成訳『レ・ミゼラブル——第五部ジャン・バルジャン』平凡社）.

Lamartine, Alphonse de（1993）*La Politique et l'histoire*, Paris: Imprimerie nationale.

Lefrançais, Gustave（2013）*Souvenirs d'un révolutionnaire*, Paris: La Fabrique.

Marx, Karl（1895）*Die Klassenkämpfe in Frankreich: 1848 bis 1850*, Berlin: Th. Glocke（= 1969, 中原稔生訳『フランスにおける階級闘争』大月書店）.

Marx, Karl（1965）*Der 18. Brumaire des Louis Bonaparte*, Frankfurt am Main: Insel-Verlag（＝2008, 植村邦彦訳『ルイ・ボナパルトのブリュメール 18 日（初版）』平凡社).

Ménard, Louis（2007）*Prologue d'une révolution. Février-juin 1848*, Paris: La Fabrique.

Pardigon, François（2008）*Épisodes des journées de juin 1848*, Paris: La Fabrique.

Stern, Daniel（1851）*Histoire de la révolution de 1848*, Paris: Gustave Sandré, trois volumes, vol. 2.

Stern, Daniel（1853）*Histoire de la révolution de 1848*, Paris: Gustave Sandré, trois volumes, vol. 3.

Tocqueville, Alexis de（1893）*Souvenirs*, Paris: Calmann Lévy（＝1988, 喜安朗訳『フランス二月革命の日々』岩波書店).

Vigier, Philippe（2001）*La Seconde République*, Paris: PUF, 8ᵉ éd.

第10章

イスラエルのアラブ人
二つの言語のはざまで

山本　薫

はじめに

2018 年 7 月、イスラエル国会はユダヤ国民国家法を僅差で可決した。この新法は成文憲法のないイスラエルにおいて、憲法の代替と位置づけられる基本法の一つである[1]。

ユダヤ国民国家法の主旨はその名の通り、イスラエルを「ユダヤ人の国民国家」と位置づけ、「イスラエル国家において民族自決権を行使できるのはユダヤ人のみである」と規定することにある。イスラエルは建国以来、「ユダヤ人国家」であると同時に「民主国家」でもあるというねじれを抱えてきた。新法はイスラエル国家のユダヤ的側面を強調することで、イスラエルの民主的側面を損ない、国内の少数派、とりわけアラブ人市民の権利の抑圧につながるという懸念を掻き立てた。そうした懸念の根拠の一つとして注目されたのが、同法の第 4 条「イスラエル国家の言語」における以下の規定だった。

・ヘブライ語は国家の言語である。

・アラビア語は国内において特別な地位を持つ。国家機関における、またはそれらの機関との接触におけるアラビア語使用については、法律によって規定される[2]。

この条文に対して、後で詳しく述べるように、アラビア語の法的地位を従来の公用語から「格下げ」するものと理解した人々からの批判が噴出した。一方で、この条文は従来のアラビア語の地位を再確認したに過ぎないという意見もある（Wattad 2021）。この条文の含む意味やその影響を理解するには、

イスラエルという国家の成り立ちに対する歴史的、社会的理解が必要となる。そもそもなぜ、アラブ諸国と敵対関係にあるイスラエルでアラビア語の法的地位が議論の的になるのだろうか？　アラビア語を話すアラブ人市民とはどのような人々なのだろうか？

I　望まれざる少数派

　イスラエルは近代ヨーロッパで強まる差別を克服するため、ユダヤ人にかつての父祖の地であるパレスチナに移住するよう訴えるシオニズムという思想運動に基づいて建国された。シオニズムを支援するイギリスが第一次世界大戦で勝利し、敗戦国となったオスマン帝国領の一画にあったパレスチナの統治に乗り出すと、ヨーロッパからのユダヤ移民が急増し、地元のアラブ住民との間の緊張が高まった。イギリスは国連に解決策を委ね、1947 年 11 月、パレスチナにユダヤ人国家とアラブ人国家の 2 国家を樹立する国連分割決議案が採択された。そして 1948 年 5 月にイギリス軍がパレスチナから撤退したタイミングに合わせ、ユダヤ人国家イスラエルの独立が宣言された。一方、ユダヤ移民側に有利な分割決議案に不満を持つ地元のアラブ住民と周辺のアラブ諸国はこの独立を認めず、ユダヤ側との戦闘が開始された。この過程でアラブ人の数百の町村が破壊され、およそ 80 万人が難民となる惨事となった（パペ 2017, 3）。

　この戦闘に勝利した結果、分割決議案で割り当てられた範囲を大きく超える領土をイスラエルは獲得し、その地に歴史的に居住していたアラブ人の大半が国外に追われた一方で、およそ 16 万人が様々な経緯から留まり、のちにイスラエル市民権を与えられたことは一般にはあまり知られていない。現在ではイスラエル人口の約 2 割を占めるアラブ人市民は、イスラエルと周辺アラブ諸国が敵対関係になったことで、長年孤立した状態に置かれてきた。特に 1966 年まではアラブ人だけに軍政が適用され、居住や移動の自由すらない徹底的な監視下に置かれた。宗派や血縁集団を利用した分断と取り込み政策によって団結した力を持つことも妨げられ、軍政の撤廃後も様々な差別や格差に苦しめられてきた（ジュリス 1975; Sa'di 2014; Pappé 2013）。

II 「ユダヤ人国家」と「民主国家」のねじれ

　アラブ人市民の分断と孤立化が図られたのは、イスラエルがそもそもユダヤ人のための国としてつくられたことに起因する。パレスチナ難民の発生はユダヤ人が多数派となる地域の確保を目的とした組織的な軍事作戦がその大きな要因であり、パレスチナ難民が故郷に帰還する権利（帰還権）が国連で繰り返し確認されているにもかかわらず実現されてこなかったのも、ユダヤ人の数的優位を保つためである（パペ 2017, 370）。その半面イスラエルは、世界中のユダヤ人に「帰還」を促す帰還法を制定し、イスラエルへの移住を働きかけてきた。

　すべてのユダヤ人がイスラエルに移住する権利を持つと定めた帰還法は、1950 年に制定された。戦後ヨーロッパからのユダヤ避難民の受け入れが一段落した 1950 年代半ば以降は、中東諸国に歴史的に居住し、その地のイスラーム教徒やキリスト教徒らと共存していたユダヤ教徒にも「帰還」の対象が広がり、80 年代には、エチオピアのユダヤ教徒コミュニティが「発見」され、イスラエルに移送された。さらにソ連崩壊後、ロシアやウクライナなどから大量の移民がイスラエルに押し寄せた。アラブ人に対する数的優位を保つため、世界各地からの移住を働きかけてきた過程で、「ユダヤ人」の定義をめぐって様々な議論が起き、中東系やアフリカ系のユダヤ人に対する差別も顕在化した。それでも結果として現在のイスラエルは、形質的にも文化的にも様々に異なるユダヤ人と、先住のアラブ人から成る、きわめて多様性に富んだ社会となっている（臼杵 2009, 2–20）。

　ユダヤ人のための国家であると同時に、多様な背景を持つ人々が共に暮らす民主国家でもあるという二面性は、独立時からイスラエルが抱えてきたねじれであった。独立宣言は「イスラエル国として知られるユダヤ人国家の設立をここに宣言する」と同時に、「イスラエル国はユダヤ人移民および離散民の集合のために開放され（略）宗教、人種、あるいは性にかかわらずすべての住民の社会的、政治的諸権利の完全な平等を保証」するとも述べている。（臼杵 2001, 4）。こうした「民主国家」の原則に基づいて、アラブ住民にもイスラエル市民権が与えられ、国政への参加やアラビア語の公的地位などが

認められてきた。

　近代ヨーロッパにおける国民国家形成の過程で排外主義の犠牲となったユダヤ人が、自らもまた「ユダヤ人国家」という排他的な国家をつくるのか。それとも民族や宗教にかかわりなく、国民として平等な権利が認められる国家を求めるのか。ヨーロッパでの共存の可能性を排除して、パレスチナでの国家樹立を目指す必然性はどこにあるのか。独立宣言にはこうした矛盾を抱えた難問をめぐる、異なる立場が織り込まれていると早尾（2008, 44-66）は指摘する。

　イスラエル国内のアラブ人は、「ユダヤ人国家」にして「民主国家」という、イスラエルの矛盾を突く存在だといえる。イスラエルが民主国家であるならば、アラブ人にもユダヤ人と同等の権利が認められるはずである。しかし実際には、アラブ人は常に様々な差別に晒され、二級市民として扱われてきた。特にネタニヤフ政権（2009～2021年）下でイスラエルの右傾化が加速するなか制定されたユダヤ国民国家法は、イスラエルの「ユダヤ人国家」としての面を強調することで、「民主国家」としての面を損なうという批判を招くことになった。

　こうした背景から、ユダヤ国民国家法で提起されたアラビア語の法的地位の問題は、イスラエルが排外的な「ユダヤ人国家」の傾向を強めるのか、「民主国家」としてアラブ人市民の集合的権利を認める道を歩むのか、その試金石と見られているのである。

III　イスラエルの言語政策

　ユダヤ国民国家法を批判する人々は、この法によってアラビア語の法的地位が、それまでの公用語（official language）から特別な地位（special status）に「格下げ」されたという点が、アラブ人市民の権利そのもののさらなる縮小につながると懸念する（Jabareen and Bishara 2019）。それに対し、この条項は従来のアラビア語の地位を再確認したに過ぎないという意見もある（Wattad 2021）。イスラエルにおけるアラビア語の扱いは従来、どのようなものだったのだろうか。

イスラエルにおけるアラビア語の公的地位の規定は、イギリス委任統治領時代の枢密院勅令82項中の「公用語」規定に主に基づく。この勅令においてイギリス委任統治領パレスチナにおける公用語は、英語、ヘブライ語、アラビア語の三言語と定められていた。イスラエルは建国時にこの法律を引き継ぎつつ、英語を公用語から削除する修正を加えた。さらに独立宣言においてあらゆる市民に認められた平等な権利も、アラブ住民の母語であるアラビア語の公的地位をめぐる議論に法的根拠をあたえてきた。

　しかしアラビア語がヘブライ語と並ぶ「公用語」としての法的地位を絶対的に認められてきたかといえば、司法の中でも解釈に幅があった。それに対し、ヘブライ語がイスラエルにおいて支配的な「第一公用語」である点については司法の中で完全な合意があり、「国家語（state language）」としての地位がアラビア語によって脅かされることはないと強調されてきたという（Wattad 2021, 273）。

　ここで、イスラエルにとってのヘブライ語の重要性について確認しておきたい。イスラエルのユダヤ人が主に用いている現代ヘブライ語は、ユダヤ教の典礼言語であった聖書ヘブライ語が、ナショナリズムが高揚する19世紀のヨーロッパにおいて日常語として復興したものである。当時、東ヨーロッパに集住していたユダヤ人は、日常語としてはドイツ語に近いイディッシュ語を主に用いていた。ユダヤ人は父祖の地であるパレスチナに「帰還」することで、民族としての復興を果たすことができると唱えるシオニズム運動が次第に広がりをみせるなか、ユダヤ人の民族アイデンティティの核となるヘブライ語の復興が強く求められた。

　現代ヘブライ語の父と称されるエリエゼル・ベン・イェフダ（Eliezer Ben-Yehuda）は、シオニズムの考えに基づき、当時まだオスマン帝国の一領土だったパレスチナに移住した最初期の一人だった。1881年にパレスチナに渡ったベン・イェフダは、ヘブライ語を通じてユダヤ人の民族的アイデンティティを確立させようと考える知識人たちと共に、現代ヘブライ語の発展に努めた（タガー・コヘン 2009, 69）。こうしてパレスチナのユダヤ移民の間で使用が広がったヘブライ語は、アラビア語と共にイギリス委任統治政府の公用語とされ、イスラエル建国後も、このイギリス委任統治時代の法律が引

き継がれたことは先に述べた通りである。

　イスラエルのヘブライ語化は成功裏に進み、世界各地からの新移民たちは「イスラエルのユダヤ人」として生まれ変わるため、ウルパンと呼ばれる移民向けの語学学校などでヘブライ語教育を受けた。イディッシュ語など、それぞれの出身地で話されていた様々な言語も一部で使用され続けており、特にソ連崩壊後に大量流入したロシア系は、ビジネスやメディアなど、広範囲にロシア語を使用し続けているものの、ヘブライ語がイスラエルのあらゆる領域において支配的な言語であることに変わりはない（Amara 2018, 11, 67-69）。

　一方、アラビア語はアラブ人の民族的アイデンティティを支える根本的な要素である。近代以降にアラブ人の間で発展したナショナリズム思想において、アラブ人とはアラビア語という共通の言語を話す人々であるという認識が醸成された。かつてはアラビア半島一帯に居住していたアラビア語を話す集団が、7世紀以降のイスラームの拡大に伴なって西アジアから北アフリカにかけての一帯に進出し、数世紀をかけて先住の諸民族と混交しながら形成されていった現代のアラブ人を一つのネイションとして結びつけるものは、共通の歴史や文化、そして何にもましてアラビア語という言語である（Suleiman, Y. 2003）。

　現在、アラビア語は20数か国で公用語とされており、ほぼイスラエルの中だけで話されているヘブライ語に対し、世界有数の話者を持つ大言語である。しかしイスラエルにおいては、マイノリティの言語としてヘブライ語より劣位に置かれているのが現状である。行政や司法、高等教育などの公的な場にはヘブライ語でなければ十分にアクセスできず、イスラエルの労働市場に参入するためにはヘブライ語の運用能力が欠かせない（Amara 2018, 53-56）。そのため、アラブ人市民の大半はアラビア語とヘブライ語のバイリンガルであるのに対し、アラビア語を使いこなせるユダヤ人はきわめて少ない（Shenhav et al. 2015）。

　こうした両言語の力関係は、教育の現場にも影を落としている。イスラエルの公教育では、それぞれの学校において多数を占める生徒が用いる言語で教育を受けることができると定められており、授業がアラビア語で行われるアラブ学校と、ヘブライ語で行われるユダヤ学校がある。アラブ学校では小

学3年ないし2年からヘブライ語が必修であり、2015年には幼稚園からのヘブライ語教育が導入された（Harkov 2015）。大学以上になるとアラビア語で学べる場はきわめて限られるため、ヘブライ語能力が必須となる。また、英語の重要性が増しているなか、アラブ人学生はヘブライ語に加えて英語を小学3年から学ばねばならず、第二外国語として英語を学ぶユダヤ人学生の方が学力テストの平均値が高いのは、この英語力の差であるとの指摘もある（Suleiman, C. 2017, 1）。

　より良い教育環境をもとめてヘブライ語の幼稚園や学校に通わせた場合、母語であるアラビア語の識字能力が育たず、学習に支障が出るケースも少なくない。アラビア語は、フスハーと呼ばれる正則語とアーンミーヤと呼ばれる口語の乖離が大きいダイグロシア（二言語変種使用）という特徴を持つ。フスハーは基本的に文語だが、学術や政治など公的な場では話し言葉としても用いられる。一方のアーンミーヤは日常の口語であり、地域差も激しい。アラブ人が成長段階で自然に身に着けるのはアーンミーヤであり、読み書きや高度な思考のために必要なフスハーは教育を通じて習得する必要がある。ヘブライ語や英語と並行してフスハーを習得しなければならないアラブ人児童の負担は特に大きく、母語であるアラビア語の能力不足は学校からの脱落や大学進学率の低さ、さらにそれがその後の収入格差や犯罪率といった社会問題にもつながっている（Shimoni and Kadari-Ovadia 2022）。

　一方、ユダヤ学校ではアラビア語は中学1年から高校1年まで必修であり、小学校の一部でも導入されている。アラビア語が必修科目になったのは1986年からのことで、その背景には軍や諜報機関でアラビア語を使いこなせる人材が不足していたという事情があった。ユダヤ人向けの学校においてアラビア語学習の目的は相手の文化を学ぶことにあるのではなく、「敵の言語を学ぶ」という安全保障上の要請にある（Mendel 2014）。これはアラブ学校でのヘブライ語教育が、ユダヤの文化や歴史の理解を目的としていることとは非対称の関係にある（Amara 2018, 147–152）。共生と相互尊重を目的に、アラビア語とヘブライ語の両言語でそれぞれ同数の生徒が共に学ぶバイリンガル学校という民間の試みもあるが、実際にはユダヤ人並みのヘブライ語能力を身に着けさせたいアラブ人側の需要がはるかに上回っており、イスラエ

ルにおけるアラビア語とヘブライ語、ひいてはアラブ人とユダヤ人の社会的
地位の不均衡を浮き彫りにする結果となっている（Suleiman, C. 2017, 137–140;
Amara 2018, 152–153）。

Ⅳ　作家たちの言語選択

　2014 年夏、サイイド・カシューア（Sayed Kashua）というアラブ人作家がイ
スラエルを去った。1975 年にイスラエル中部の町ティーラに生まれたカシ
ューアは、ヘブライ語を執筆言語とし、イスラエルの文壇やヘブライ語メデ
ィアで成功をおさめた作家だった（細田 2013）。

　住民のほぼ全員がアラブ人ムスリムであるティーラの町には図書館がなく、
彼が読書に目覚めたのはヘブライ語で教育される学校に 14 歳で進学したこ
とがきっかけだった。ヘブライ語で知的形成をしたカシューアにとって、ヘ
ブライ語を執筆言語とすることは自然な選択だったのかもしれない。また彼
はある講演で、アラビア語で執筆しない理由の一つとして、イスラエルの市
場でアラビア語作家が売れることの難しさを指摘しており、商業的にもヘ
ブライ語が有利であるという、イスラエル社会における両言語間の格差がここ
にも透けて見える（Suleiman, C. 2017, 154–155）。

　ユダヤ人が支配的な社会で暮らすアラブ人の疎外感や葛藤を軽快な皮肉を
込めて描き、多くの読者をつかんだカシューアがイスラエルを永遠に去ると
表明したのは、2014 年夏のイスラエル軍によるガザ侵攻が始まる直前だっ
た。イスラエル建国によって故郷を追われたパレスチナ難民とその子孫が多
く暮らすガザ地区は、2007 年以来、国境を封鎖され「天井のない監獄」と
言われるほどの苦境に置かれている。2014 年夏の侵攻では女性や子どもを
含む 1400 人以上の民間人が巻き添えとなり、住居やインフラが広範囲に破
壊された（The United Nations 2015）。この悲惨な戦争に向けて世論が緊迫する
なか、カシューアはイスラエルでユダヤ人とアラブ人が共存する未来をあき
らめ、アメリカ移住を決めたのである。

　この時の決意を記したコラムでカシューアは、作家として活動した 25 年
間、イスラエルによって故郷を奪われ、抑圧されてきたパレスチナのアラブ

人たちの物語をヘブライ語読者に届けることで、パレスチナ側の苦しみを理解し、共に生きることを選択するよう意識を変えたかったと述べている。しかし、「25 年、私は書き続け、双方からの厳しい非難も受けてきた。だが先週、私はあきらめた。私の中で何かが壊れた。ユダヤ人の若者達が『アラブ人に死を』と叫びながら街を練り歩き、アラブ人というだけで襲いかかるとき、私は自分の小さな戦争に敗北したことを理解した」（Kashua 2014）。

　ヘブライ語を執筆言語としたことは、それがイスラエルにおいてより高い地位にあるという現実に適応するだけでなく、イスラエルを二つの民族が平等に共生できる場へと変えていくための前向きな選択でもあった。しかしその夢が潰えた今、彼はイスラエルを去ると同時に、ヘブライ語という言語も捨てると宣言したのである。

　カシューアの以前にも、母語であるアラビア語ではなくヘブライ語で執筆し、高い評価を受けた文学者にアントン・シャンマース（Anton Shammas）がいた。1950 年にイスラエル北部のファッスータというアラブ人キリスト教徒の村に生まれたシャンマースは、学生時代からヘブライ語の文芸誌に詩の投稿を始め、「18 歳の時に（略）ヘブライ語を自分の継母の言語としてみなすことを選び取った」（細田 2013，47）。シャンマースが 1986 年に発表した小説『アラベスク』はイスラエルでヒットし、英語をはじめ世界数カ国語に翻訳されて高い評価を得た（Shammas 1988）。

　『アラベスク』は故郷のファッスータ村の親族たちがイスラエル建国の前後に辿った数奇な運命を描く章と、それを書いている作家がフランスとアメリカに滞在しながら思索を紡ぐ章が交互に展開される、複雑な入れ子構造になっている。高尚なヘブライ語に口語のアラビア語がちりばめられた独特な文体もあいまって、「現代ヘブライ語の世界に自分のルーツであるアラブ文化の豊穣さをもたらすことに成功した」と細田（2013）は評価する。

　シャンマースは『アラベスク』が発表された翌年、アメリカに移住して大学教授となった。『アラベスク』の刊行とアメリカ移住の前後にシャンマースは、左派のユダヤ人作家アヴラハム・イェホシュア（Avraham Yehoshua）と有名な論争を行っている。文学をめぐる議論はいつしかイスラエルのユダヤ性という問題へと発展し、シャンマースは差別されるマイノリティとしての

立場から、イスラエルは「ユダヤ人国家」ではなく「民主国家」になるべきだと主張した（臼杵 1998，166-183; グロスマン 1997，339-376）。

この論争の一環として、シャンマースはヘブライ語での執筆について「私がしようとしているのはヘブライ語をユダヤ的でなくすることだ（略）これは私が考える国家のあるべき姿と重なる。英語がそれを話す人たちの言語であるように、ヘブライ語もそうあるべきだし、国家はそこに住むすべての人々の国家であるべき」と語っている（細田 2013，48；Kimmerling 2008, 223）。

建国後に生まれたシャンマースにとって、イスラエルの中にアラブ人の正当な居場所を求めるのは当然の権利である。しかしイスラエルが自らを「ユダヤ人国家」であると規定する限り、アラブ人はよそ者であり続けることになる。イスラエルがユダヤ人以外も平等に受け入れるべきであるのと同じように、ヘブライ語もイスラエルに暮らす全ての人に開かれた言語となり、脱―ユダヤ化すべきだというのがシャンマースの主張であり、『アラベスク』はそれを具現化しようとした試みだったといえるだろう。

この論争から明らかになったのは、イェホシュアのような左派知識人ですら、イスラエル国家が「ユダヤ人国家」でなくなることを受け入れられないという現実であった。イスラエルに居場所を見いだせないシャンマースはアメリカに移住したのち、ヘブライ語での創作活動からも離れ、翻訳へと軸足を移した。1960 年代から 70 年代にかけて、シャンマースは現代ヘブライ語文学のアラビア語訳に尽力したが、イスラエルに敵対的なアラブ文壇からの関心は低く、80 年代初めにはその試みを放棄した。かわって熱意を注いだのがアラブ文学、なかでもエミール・ハビービー（Emile Habibi）作品のアラビア語からヘブライ語への翻訳だった（Kayyal 2011, 85-86）。

エミール・ハビービーは 1921 年に英委任統治期のパレスチナに生まれたアラビア語作家である。1948 年以降も故郷の町ハイファに留まり、イスラエルの二級市民として生きるアラブ人の苦難を生涯書き続けた。若くしてパレスチナの共産主義運動に加わったハビービーは、イスラエル建国後も共産党員としてアラブ人市民の権利擁護のために闘い、イスラエルの国会議員も長く務めた。同時に彼は共産党のアラビア語機関誌や文芸誌の編集者としても活躍しながら、アラビア語でいくつかの小説を発表した3)。なかでも

1974 年の『悲楽観屋サイードの失踪にまつわる奇妙な出来事』（ハビービー 2006）は、現代アラブ文学の傑作の一つに数えられている。

　イスラエルに生きるアラブ人の第一世代であるハビービーにとって、母語であるアラビア語で同胞たちの物語を書き続けることは、生存にかかわる闘いだった。パレスチナに居住していたアラブ人の大半は追放され、土地や財産を没収されただけでなく、その歴史的文化的痕跡をも抹消される危機にあった（パペ 2017, 332-343; Benvenisti 2000）。なかでも「居残ったパレスチナ人は『存在』していない。存在しているのであれば、ユダヤ国家が建設された後にパレスチナの地で生まれたヘブライ語文学のように、彼らを表現する文学があるはずだ」というイスラエル閣僚の発言は、文学の役割をハビービーに強く意識させた（山本 2019, 315）。

　ハビービーの作品はパレスチナのアラブ人の存在証明であると同時に、その地に根づいた豊かなアラブ文化の存在証明でもあった。ハビービーはそれを文学で表現するために、アラビアンナイトなどの民衆文学、古典文学、イスラーム科学や哲学など、アラブ・イスラームの幅広い文化遺産を作品に自在に取り込んだ。キリスト教徒の家庭に生まれ育った共産主義者のハビービーにとって、イスラームはイスラーム教徒だけの専有物ではなく、キリスト教徒もユダヤ教徒も包摂する文明の体系として歴史的な重要性を有し、アラビア語はイスラーム文明の知的共通語として、その豊かさを表現できる言語なのであった。

　またハビービーにとってパレスチナは文明の十字路として、アラブ・イスラーム以前から様々な文明や民族が行き交った場所であった。ユダヤ人だけの排他的な国家を作ろうとするシオニズムは、そうした多様性に開かれたパレスチナの歴史を根本的に否定する試みであり、ハビービーはそれを強く批判した。しかしそれは、パレスチナの地におけるユダヤ人の存在を否定するものでは決してなく、むしろ彼は一貫してユダヤ人とアラブ人の共存を訴え続けた。しかしそのためには、イスラエルのユダヤ人がアラブ人の側の物語に耳を傾け、その追放と喪失の経験に加害者として真摯に向きあわねばならない。ハビービーは文学を通じてそう訴え続けたのである（山本 2019, 318-322）。

シャンマースは 80 年代から 90 年代にかけて、ハビービーの 3 つの小説を
ヘブライ語に翻訳している。ハビービー作品には古典的教養に裏打ちされた
多彩な語彙や言葉遊びなどに加え、パレスチナの口語方言やヘブライ語や英
語、さらには作者独自の造語などがちりばめられており、その独特な文体を
翻訳するのは容易でない。シャンマースのヘブライ語訳は批評家らに絶賛さ
れ、のちにハビービーがイスラエル最高の文化賞をアラビア語作家として初
めて受賞する大きな後押しとなった（Kayyal 2011, 92）。しかし「自分たちの
存在や民族性や文化の存在をイスラエルに承認させることが必要」だとして
この賞を受け取ったハビービーはアラブ諸国の知識人たちから大きな批判を
浴び（山本 2019, 318）、翻訳を通じて抑圧されたパレスチナ・アラブ人の物
語をイスラエルの主流文化に接ぎ木しようとするシャンマースの試みも勢い
を失っていったのである（Kayyal 2011, 88, 92）。

おわりに

　イスラエルに生きるアラブ人市民は板挟みの状況にある。イスラエル国内
では二級市民として、また潜在的な『敵』として、常に忠誠心を疑われ、周
辺諸国のアラブ人からはイスラエルという「敵国」に暮らす「裏切り者」と
して不信の目を向けられる。それでもイスラエルで生き続けることを選んだ
アラブ人市民の葛藤を、前節では作家達の言語選択という観点から考察した。
ハビービー以降もイスラエルのアラブ人文学者たちは、両言語を自在に操り
つつも、作品はアラビア語で書くのが多数派である。パレスチナを取り巻く
状況の変化や通信技術の発展の影響で、アラブ諸国の出版社や読者層にアク
セスし、外国語に翻訳される機会も増え続けているとはいえ、イスラエル国
籍を持つがゆえの孤立感や不自由さはいまだに残る。イスラエル文壇に受け
入れられるための障壁も高いにもかかわらず、アラビア語を執筆言語とする
選択の根底には、アイデンティティの問題が横たわっている。
　イスラエルのアラブ人市民のアイデンティティはイスラエルの国内政策だ
けでなく、イスラエルとアラブ諸国との紛争や、難民が主体となったパレス
チナ解放運動、イスラエル占領地における民衆闘争（インティファーダ）、オ

スロ合意とそれ以降のパレスチナ自治政府との関係など、様々な政治情勢の影響を受けてきた。自分たちはイスラエル人なのか、アラブ人、それともパレスチナ人なのか。宗派や血縁集団への帰属意識も絡み合い、複雑に揺れ動いてきたのである。だが様々な研究が示すように、その大半がパレスチナのアラブ人としての民族アイデンティティを保持しつつ、対等な市民としてイスラエルで暮らすことを望んでいる（Amara 2018, 44-46）。

　2018年に成立したユダヤ国民国家法は、そうした対等な権利を求めるイスラエルのアラブ人コミュニティに強い危機感を与えた。たとえばアダーラ（Adalah - The Legal Center for Arab Minority Rights in Israel）は他の人権団体や議員グループと共にイスラエル最高裁に申立書を提出し、この新法はアラブ人市民の集合的権利を完全に無視し、アラビア語の公用語としてのステータスを無効にすることで、民主主義の原則を否定していると訴えた（Jabareen and Bishara 2019, 56）。

　2006年から07年にかけて、アダーラを含めた4つのアラブ人市民組織はそれぞれ未来に向けた提言を発表し、アラブ人にパレスチナの先住民としての集合的権利を認め、その文化的民族的アイデンティティを支えるアラビア語使用の領域を拡張するよう求めた。なかでもアダーラは言語問題を重視し、イスラエルが「バイリンガル国家」に移行するよう唱えていた（Amara 2018, 179）。このようにアラビア語とヘブライ語の対等な関係は、イスラエルがユダヤ人だけの国であり続けるのか、真に民主的な国を目指すのかという、国家の根本的なあり様に関わる問題なのである。

---

1) 　事実上、憲法に相当する独立宣言と、世界シオニスト機構＝ユダヤ機関法および帰還法という2つの特別な基本法に加え、これまでに13の基本法が段階的に制定されている。最新の2つの基本法を除き臼杵による日本語訳と解説が公開されている（臼杵 2001）。

2) 　ユダヤ国民国家法からの引用はイスラエル国会が公開している英訳から訳出した。https://main.knesset.gov.il/EN/activity/Documents/BasicLawsPDF/BasicLawNationState.pdf（最終アクセス：2022年9月5日）

3) 　イスラエルが建国した時すでに30歳近かったにもかかわらず、ハビービーは短期間でヘブライ語をマスターしたが、文学作品の執筆についてはアラビア語にこだわり続けた。共産党はイスラエルの政党の中で唯一、ユダヤ人とアラブ人との共存を唱え、アラ

ブ人市民の間で高い支持を集めた（臼杵 2009, 151–152）。ハビービーが編集に携わった共産党のアラビア語機関紙や文芸誌は、イスラエルにおけるアラビア語文学運動を支え、のちにパレスチナの国民的詩人となるマフムード・ダルウィーシュなど、多くの詩人・作家を育んだだけでなく、中東諸国、特にイラクから移民してきたアラビア語を母語とするユダヤ人作家たちとの交流の場ともなった（Bashkin 2018）。アラビア語を母語とするユダヤ人作家たちの言語選択については臼杵（1998）、天野（2015）、細田（2016）に詳しい。

参考文献

天野優（2015）「現代イスラエルのイラク系ユダヤ人作家——サミー・ミハエルとその作品」『一神教世界』6、1–18。

臼杵陽（1998）『見えざるユダヤ人——イスラエルの〈東洋〉』平凡社。

臼杵陽（2001）「イスラエル国」日本国際問題研究所編『中東基礎資料調査——主要中東諸国の憲法』https://www2.jiia.or.jp/pdf/global_issues/h12_kenpo/02israel.pdf（最終アクセス：2022年9月5日）

臼杵陽（2009）『イスラエル』岩波書店。

グロスマン、デイヴィッド（1997）『ユダヤ国家のパレスチナ人』（千本健一郎訳）晶文社。

ジュリス、サブリ（1975）『イスラエルの中のアラブ人——祖国を奪われた人々』（若一光司・奈良本英佑訳）サイマル出版社。

タガー・コヘン、アダ（2009）「聖書ヘブライ語と現代ヘブライ語——アイデンティティを求めて」『基督教研究』71（1）、63–81。

ハビービー、エミール（2006）『悲楽観屋サイードの失踪にまつわる奇妙な出来事』（山本薫訳）作品社。

パペ、イラン（2017）『パレスチナの民族浄化——イスラエル建国の暴力』（田浪亜央江・早尾貴紀訳）法政大学出版局。

早尾貴紀（2008）『ユダヤとイスラエルのあいだ——民族／国民のアポリア』青土社。

細田和江（2013）「イスラエルによる少数派の文学言語——アラブ人作家アントン・シャンマースとサイード・カシューアのヘブライ語選択」『中央大学政策文化総合研究所年報』17、43–58。

細田和江（2016）「ヘブライ文学からイスラエル文学への系譜——イスラエルのアラブ圏出身作家とパレスチナ・アラブ人作家による新たな潮流」『ユダヤ・イスラエル研究』30、47–61。

山本薫（2019）「ハイファにとどまる——エミール・ハビービーのワタン（Watan/Home-land）」岡真理編『ワタン（祖国）とは何か——中東現代文学における Watan/Homeland 表象』JPSP 科学研究費補助金基盤研究（B）「現代中東の「ワタン（祖国）」的心性をめぐる表象文化の発展的研究」成果報告書、311–322。

Amara, Muhammad（2018）*Arabic in Israel: Language, Identity and Conflict*, Oxon: Routledge.

Bashkin, Orit（2018）"Arabic Thought in the Radical Age: Emile Habibi, the Israel Communist Party, and the Production of Arab Jewish Radicalism, 1946–1961," Jens Hanssen & Max Weiss eds., *Arabic Thought against the Authoritarian Age: Towards an Intellectual History of the Present*, Cambridge: Cambridge University Press, 86–112.

Benvenisti, Meron（2000）*Sacred Landscape: The Buried History of the Holy Land since 1948*, Berkeley and Los Angeles: University of California Press.

Harkov, Lahav（2015）"Arab Students will Learn Hebrew from Kindergarten, Bennett Announces," The Jerusalem Post, 14 August 2015. https://www.jpost.com/israel-news/arab-students-will-learn-hebrew-from-kindergarten-bennett-announces-412131（最終アクセス：2022 年 9 月 5 日）

Jabareen, Hassan, and Suhad Bishara（2019）"Special Document File: The Jewish Nation-State Law," *Journal of Palestine Studies*, XLVIII, No. 2, 43–57.

Kashua, Sayed（2014）"Why I Have to Leave Israel," The Guardian, 20 July 2014. https://www.theguardian.com/world/2014/jul/20/sayed-kashua-why-i-have-to-leave-israel（最終アクセス：2022 年 9 月 5 日）

Kayyal, Mahmoud（2011）"From Left to Right and from Right to Left: Anton Shammas's Translations from Hebrew into Arabic and vice versa," *Babel* 57（1）, 76–98.

Kimmerling, Baruch（2008）*Clash of Identities: Explorations in Israel and Palestinian Societies*, New York: Columbia University Press.

Mendel, Yonatan（2014）*The Creation of Israeli Arabic: Political and Security Considerations in the Making of Arabic Language Studies in Israel*, Hampshire: Palgrave Macmillan.

Sa'di, Ahmad H.（2014）*Thorough Surveillance: The Genesis of Israeli Policies of Population Management, Surveillance and Political Control towards the Palestinian Minority*, Manchester: Manchester University Press.

Shammas, Anton（1988）*Arabesques: A Novel*, tr. by Vivian Eden, New York: Harper & Row（reprinted in 2001 by University of California Press）.

Shenhav, Yehouda, et al.（2015）*Command of Arabic among Israeli Jews*, Van Leer Institute Press. https://www.vanleer.org.il/en/publication/command-of-arabic-among-israeli-jews/（最終アクセス：2022 年 9 月 5 日）

Shimoni, Ran and Shira Kadari-Ovadia（2022）"Very Few Arabs in Jaffa Have a Degree. The Obstacles Start in Preschool," *Haaretz*, 29 June 2022. https://www.haaretz.com/israel-news/2022-06-29/ty-article-magazine/.premium/very-few-arabs-in-jaffa-have-a-degree-the-obstacles-start-in-preschool/00000181-afa7-d523-a7b9-afff16390000（最終アクセス：2022 年 9 月 5 日）

Suleiman, Camelia（2017）*The Politics of Arabic in Israel: A Sociolinguistic Analysis*, Edinburgh: Edinburgh University Press.

Suleiman, Yasir（2003）*The Arabic Language and National Identity*, Edinburgh: Edinburgh University Press.

Pappé, Ilan（2011）*The Forgotten Palestinians: A History of the Palestinians in Israel*, New Haven and London: Yale University Press.

The United Nations Independent Commission of Inquiry on the 2014 Gaza Conflict（2015）*Report of the Independent Commission of Inquiry Established Pursuant to Human Rights Council Resolution S-21/1.* https://www.ohchr.org/en/hr-bodies/hrc/co-i-gaza-conflict/report-co-i-gaza（最終アクセス：2022 年 9 月 5 日）

Wattad, Mohammed S.（2021）"The Nation State Law and the Arabic Language in Israel: Downgrading, Replicating or Upgrading?," *Israel Law Review* 54（2）, 263–285.

第**11**章 | # 小説が描く現代インドネシアのムスリム社会

フェビー・インディラニ『処女でないマリア』を題材に

野中　葉

はじめに

> キヤイ・フィクリが提起した議題によって、ウラマーたちの評議会は
> 一瞬で騒がしくなった。なんと、ベイビという一匹の豚が、イスラーム
> に入信したいというのだ。議場のあちこちから「アスタグフィルッラー
> （神よ、お許しを）」という声が聞こえ、意見を述べたい者たちの手が一
> 斉に上がり、また手を挙げて許可を取る必要もないと考える何人かの参
> 加者は、そのまま声を上げ始めた。

短編小説集『処女でないマリア』の1作目に収録された「イスラーム教徒
になりたいベイビ」の冒頭の記述である。ベイビと呼ばれる雌豚がイスラー
ム教徒になりたいと言っている。それを認めるべきかどうか、ウラマーたち
の評議会で審議するという。しかも、物語の中心人物（中心動物？）はイス
ラームで食べることを禁じられている豚。もちろん、イスラームに入信した
い豚がいるなど現実にはあり得ない。しかもイスラームで不浄とされる豚を
題材にこのような設定をすること自体、議論を呼びそうでもある。しかしよ
く考えてみれば、神ではない人間が、他の誰か（この場合は豚）がイスラー
ムに入信したいというのを拒絶することができるのか、イスラームは「万有
にとっての慈悲」ではないのか。こうした奇抜な設定の中に、『処女でない
マリア』の作者フェビー・インディラニ（Feby Indirani 以下、フェビー）の問
題意識が見え隠れしている。

　インドネシアのイスラームは歴史的に穏健で寛容だと評されてきたが、近

年、「保守転回」(Bruinessen 2013) が指摘されるようになった。他の宗教や「正統でない」同胞を排除するような動きが顕在化している。特定のウラマーたちが権威を持ち、「正しい」イスラームを主張して、それ以外の多様な解釈や実践を「誤った」イスラームだと排除するような動きも見られる。フェビーは、ファンタジーとユーモアを交えながら、こうした社会変化を痛切に批判する。本章では、現代インドネシア社会の現状と課題を踏まえつつ、フェビーの短編小説の世界観と意義を考察したい。

I　インドネシアのイスラームの変容

　東南アジアの島嶼部に位置する広大な島国インドネシア。現在の人口は約2億7千万人で、そのうち約87%がイスラーム教徒だから、ざっとその数は2億3千万人を数える。インドネシアは世界最大のイスラーム教徒を抱えるムスリム大国なのだ。しかし、歴史的に見ればインドネシアでイスラームは、「後発」の「外来」の宗教である。インド洋と太平洋をつなぐマラッカ海峡に面し、東西交易の要衝だったこの地域では、古来、世界各地の商人が集まり、様々な品や財が取引された。また、各地の信仰や文化の影響を受ける地域でもあった。インドネシアの地がイスラーム化したのは、13世紀から17世紀頃と言われているが、その頃にはすでに、各地で王国や港市国家が栄え、それ以前に到来したヒンドゥー教や仏教の信仰も根付いていた。この時期にインドネシア各地でイスラーム化が進んだ理由として、インド洋を経て渡来するムスリム商人たちを引き寄せるため在地の王朝がイスラームに改宗したという説や、彼らと共に渡来したスーフィーたちの影響により各地で民衆レベルでの改宗が進んだという説がある。いずれにしても、この地域の人びとのイスラームへの改宗は、外部勢力の強制によるものではなく、各地に点在した王国ごとに徐々に進展していったと考えられている。そしてこのイスラームは、それ以前に根付いていたヒンドゥー、仏教、さらには土着の信仰を追い出すことなく、これらと混淆する形で定着した。特にジャワでは、ヒンドゥーの影響を強く受けた影絵芝居ワヤン・クリットなどの伝統芸能が、イスラームの布教のために利用されたことはよく知られている。こう

した定着の経緯もあり、インドネシアのイスラームは、他の信仰や文化も排除しない穏健で寛容なイスラームであるというのが現地の人びとの間でも一般的な認識だった。

　こうした認識に変化が生じたのは、20世紀後半、開発独裁体制とも呼ばれるスハルト大統領の権威主義体制下だった。都市部の大学生や新興の中間層を中心にイスラームの教えに自覚的な人びとが出現し、彼らの間でイスラームの教えに従い、イスラームを「正しく」実践していこうとする動きが生じた。それまで一般の信徒たちは、在野で人びとにイスラームを説くウラマーたちに従い、慣習と入り混じったイスラームを実践してきた。しかしこの時代には、教育水準の向上、翻訳出版技術の整備、メディアの発展などに伴い、流通するようになったクルアーンのインドネシア語訳や、イスラーム関連の思想書や運動書を読み、中東をはじめ世界各地のイスラーム関連の報道を新聞やテレビを通じてキャッチする大学生や社会人が増えていった。彼らはイスラームの教えを理解し、「正しく」実践しようとする人たちであり、こうした層の間で礼拝や断食をまじめに実践する人が増加した。またそれまで一般的ではなかった女性たちの間でイスラーム式のヴェール着用も見られるようになっていった。

　1998年にスハルト体制が崩壊し、その後、紆余曲折を経ながらも民主化と経済発展が進展していった。同時に、スハルト体制下では大学生や都市の中間層の一部に限られていたイスラーム化が、社会の幅広い層に浸透した。その教えに従い「正しく」イスラームを実践し、「イスラーム的」に生きることが良いことであるという価値観が急激に広まっていった。また、経済発展に伴い消費文化が定着していく中、さまざまな商品やサービスがイスラームと関連づけられて消費されるようになり、「イスラームの商品化」（Fealy 2008；見市 2014）が進んだ。またこの動きがファッション、雑誌や小説、映画、音楽、化粧品などでも目立ったことから、特に若者たちの間での「イスラーム化したポップ・カルチャー」の受容（Nilan 2006; Saluz 2009）が論じられたりもした。

　民主化を経て人々の間で「正しい」イスラームの実践が追求されるようになるに従い、他の信仰や「正しくない」とされるイスラームやその実践に対

する否定的な見方、さらには物理的な排除も目立つようになっていった。例えば、インドネシアでは少数派のシーア派や、19世紀の英領インドで興ったスンナ派系の少数派アフマディーヤの人びとは、これまで大きなトラブルなく暮らしてきたにもかかわらず、2000年代後半以降、各地で迫害を受けた。イスラーム急進派と呼ばれるグループによって家や集落が襲撃されるなど、物理的な被害も報告されるようになった（佐々木 2012；茅根 2019）。また、インドネシアの地では、伝統的に多様な性的指向や性自認が受け入れられてきたにもかかわらず、近年では、LGBTはイスラームの規範に反するという見解が主流になり、彼らに対する否定的な風潮が強まっている（岡本 2021）。2016年には、当時現職のジャカルタ州知事（華人のクリスチャン）がクルアーンの章句を引用した失言がきっかけで、クルアーンやイスラームが「冒瀆された」とする主張が全国的に広まり、この現職知事に対する大規模な抗議行動が各地で盛り上がったことも記憶に新しい。こうした変化の中で、イスラームを声高に主張する人たちが目立つようになり、逆に、イスラームを「正しく」実践していないように見える人たち、イスラームの中の「異端」、土着文化、同性愛者、他の宗教の信者、「不浄な」もの、「ハラーム（禁止）」とされるものなどは、排除や攻撃の対象とされるようになった。

II　インドネシアのポピュラー文学の潮流

　『処女でないマリア』は、そのテーマ設定、文体、流通の仕方などからインドネシアのポピュラー小説だとみることができる。ここで言うポピュラー小説とは、インドネシア語で「ノベル・ポピュラー（novel popular）」だ。「ポピュラー」という単語から連想される「多くの人々に読まれ楽しまれている小説」（中嶋 1994, 2）という意味を含みながらも、それ以前の文学潮流とは異なる一ジャンルを形成している。ここでは、インドネシアにおけるポピュラー小説の出現と変容を論じながら、『処女でないマリア』をこの潮流の中に位置づけてみたい。

　ポピュラー小説がインドネシアで知られるようになったのは、1970年代から1980年代、スハルト権威主義体制下のことである。政権に反対の意を

唱えることはタブーであり抑圧的な状況が続いたが、同時に、開発政策の成功による経済成長の恩恵を受け、人びとの生活は安定し、教育水準の向上によって、趣味や文化的活動に時間とお金を使うことのできる読者層が形成された。こうした人びとがポピュラー小説を受容する受け皿になった（Arimbi 2009, 75-77）。

この時期を代表する小説には、男女の恋愛物語――例えば『カルミラ（Karmila）』（Marga 1973）――や、都市に暮らすティーンエイジャーを主人公とした若者物語――例えば『ルプス（Lupus）』シリーズ1〜20巻（Hilman 1986-1999）――がある。これらの作品は政治色が極めて薄く、イデオロギーや抵抗の精神も見られなかった。そもそもこの時代には検閲制度によって、国民統合や社会秩序を脅かす危険のあるものはことごとく規制の対象になり、出版が認められなかった（Sen dan Hill 2007, 37-38）。この時期以前にインドネシアで書かれた文学は、植民地体制への抵抗やナショナリズムとの結びつきが顕著であり、深遠なテーマに裏打ちされた芸術形態の一つと認識されてきた。しかし、この時期のポピュラー小説は口語体で、時にユーモアも交えて読みやすく、人びとが楽しみ、消費するために書かれた通俗的な娯楽の一つだった（竹下 2000, 29）。

その後、1998年の政変を経た民主化の黎明期には、複数の若い女性作家が書く小説が大ヒットし、一種の社会現象を引き起こした。「芳しき文学（Sastra Wangi）」と呼ばれたこれらの作品の主人公は、都市に暮らし、コスモポリタン的生活を享受する高学歴の女性たちであり、これまでタブーとされてきたセックスやドラッグ、同性愛や政治などが自由に描かれた。代表的な作品には、『サマン（Saman）』（Utami 1998）や『スーパーノヴァ（Supernova）』（Lestari 2001）などがある。それ以前の小説では、女性たちは家父長的な男性支配に従属させられる被害者として描かれることが多かった。しかしこれらの作品では、自らの人生を切り開いていく新しい女性像が提示された。この女性像は、民主化初期の自由な社会の雰囲気とも合致した。一方で、現実には小説の主人公のようにグローバルで自立した生活を謳歌できるのは、ごく少数の恵まれた女性たちであったため、現実との乖離は、かえって際立つこととなった（Arimbi 2009, 80-81）。

「芳しき小説」の隆盛と並行し、「イスラーム小説」と呼ばれるジャンルも出現した。スハルト体制下、都市の大学生たちの間でイスラームを学び、「正しく」実践しようとする人たちが出現したことは前に記したが、この大学生たちは大学や地域のモスクに集い、イスラームを学びながら、周囲にも広めていくダアワ（宣教）の活動を実践していった。こうした運動に参加する中でヴェールを身に着ける女性たちも増えていった。この運動の一大拠点だったインドネシア大学の文学部で活動する女性たちの中に、「イスラーム的小説」の初期の発展を支えた第一人者ヘルフィ・ティアナ・ロサ（Helvy Tiana Rosa）がいる。彼女は、大学でダアワの活動に関わりながら、短編小説を次々と著した。また志を同じくする作家の卵たちを集め、若いムスリマ向け文芸誌『アニーダ（Annida）』を創刊し、この雑誌を通じて自分たちが書いた作品を次々と発表していった。この時代のイスラーム短編小説の多くは、イスラームに目覚めた若い女性が主人公であり、時に一人称の語りも用いながら、若者言葉で綴られた。現代社会を生きながら、イスラームに向き合い始めたムスリマの葛藤や思考の変化、周囲との軋轢が描かれていたことも大きな特徴だった。主な読者も主人公と同年代のムスリマたちであり、イスラームを受容し始めた自らの心の変化や周囲との関わりの変化を、作品に描かれる主人公のそれと重ねた。イスラーム短編小説は、イスラームに目覚めた高校生や大学生などの若いムスリマを勇気づけ、後押しし、彼女たちの間でのヴェール着用も促進したのである（野中 2014）。2000年代に入り、社会のイスラーム化が急激に進む中、イスラーム小説は多様化し、社会のより幅広い層に読まれるようになった。女性だけでなく男性作家もこの分野に参入し、より長編の作品が書かれるようになった。恋愛、友情、親子愛、教育の大切さなど普遍的なテーマがイスラームに絡めて描かれ、いくつもの作品がベストセラーになったり、映画化されたりして、社会に広く浸透していった（野中 2013）。

　女性作家フェビー・インディラニによる『処女でないマリア』は、口語体でユーモア混じりの短編小説集であり、1980年代以降、人びとに読まれるようになったポピュラー文学の流れを汲んでいる。特に、イスラームを題材に据えた短編小説であることや、主に一人称語りが採用されていることから

も、1990年代から2000年代初頭にかけて若いムスリマに読まれたイスラーム短編小説に大きな影響を受けていると言える。また、婚外妊娠やシングルマザー、同性愛など議論を呼ぶテーマを扱い、都市の現代的生活を送る女性や若者の目線で物語を描く点は、1990年代末から2000年代初頭に大流行した「芳しき文学」の影響も強く受けていると言えるだろう。

Ⅲ　フェビー・インディラニと『処女でないマリア』

1　『処女でないマリア』が出版されるまで

　フェビー・インディラニは1979年ジャカルタ生まれ。自宅の3軒隣にはモスクがあって、小さいときにはそのモスクに毎夕通ってクルアーン読誦を学んだ。イスラームの信仰に篤い両親のもとに育ち、小さい頃からイスラームはフェビーにとって生活の一部だった。西ジャワのバンドゥンにある国立大学でジャーナリズムを学んでフリーランスのジャーナリストになり、女性やマイノリティの問題に関心を持って、記事を書いたり短編小説を書いたりするようになった。

　『処女でないマリア』の題材は、すべて毎日の生活の中から生まれたものだという。フェビーは今でも両親とジャカルタの自宅で暮らしているが、3軒隣の馴染みのモスクから流される、1日5回の礼拝を告げるアザーンの音は、年々大きくなっている。モスクで集団礼拝が行われる金曜の昼は、礼拝に集まる人を優先するためモスク周辺の各所で通行止めとなる。だから金曜の日中には、自宅付近でたびたび、通行止めやそれに伴う渋滞に巻き込まれてしまう。アザーンの音が大きいのも、集団礼拝のためにモスク周辺の道路が封鎖されるのも、ここ10年くらいのことだそうだ。以前はこんなことはなかったのに、ムスリムだけが大きな顔をしていていいのだろうか、違う宗教を信仰する人たちはどのように思っているだろうか。こうした疑問がインスピレーションとなって、フェビーは短編小説を書き始めた。テーマは今のインドネシア社会と密接に結びつき、センシティブでもある。直接的に誰かを糾弾したり、対立を煽ったりすることを避けるため、ファンタジーに仕立ててユーモアを交えた。読者には自らが書くファンタジー小説を楽しく読ん

でもらいたい、でも同時に、その中に何かを感じてもらいたいと願った。フェビーがこの作品全体を通じて目指したのは、イスラームを解きほぐすこと（Relaksasi agama）。権威化し、厳格化し、硬直化してしまったイスラームを和らげること。インドネシアで長年実践されてきたイスラームは穏健で寛容だったし、それはイスラーム本来の教えにも適っているはずだとフェビーは考えていた。

　原稿を書き上げ、印刷を依頼していた印刷所のオーナーに完成原稿を渡すと、フェビーはこのオーナーから印刷できないと告げられた。イスラームを汚す内容が含まれていて、オーナー自身も傷ついたからだという。結局、別の印刷所に掛け合って印刷し本は完成した。しかし、大手出版社による出版や大手書店での販売はしないと決めていた。出版早々、誰かに揚げ足を取られたり、SNSで「炎上」したりすることは避けたかったからだ。2017年、本書を出版したのは、フェビーの作品に理解のある独立系出版社ププリクルトゥル（publikultur）だった。幸い初版の売れ行きは良く、読者の反応も高評価だったこともあり、2021年には、イスラーム系大手出版社ミザン（Mizan）傘下にあるベンテン・プスタカ（Benteng Pustaka）からの再版が実現した。

2　短編小説集『処女でないマリア』のテーマと特徴的な設定

　『処女でないマリア』には、フェビー自身が書き下ろした短編小説19作品が収録されている。ファンタジー形式でユーモアあふれるフィクションだが、現在の主流派イスラームに対する痛切な批判が込められている。

　各作品で取り上げられているテーマは、人びとの日常にある些細な変化から、より大きな社会問題まで幅広い。日常にある些細な変化や小さな対立に含まれるのは、例えば、金曜礼拝時の周囲の道路封鎖や、大音量で流されるモスクからのアザーン、弱者やマイノリティへの無関心、女性のニカーブ（顔覆い）着用、一夫多妻婚、などだ。一方で、より大きな社会問題としては、権威化したウラマー集団や、急進派によるラマダーン月の飲食店襲撃、自爆テロ、家父長制、などが取り上げられている。これらのテーマが、現実にはない不思議な現象や奇跡を交えて浮き彫りにされるところに本書の特徴がある。たとえば、豚がイスラームに入信したいと言っている、額に付いた

礼拝の跡が日増しに増えていく、ニカーブを被った女性の顔のパーツが日増しに消えていく、妖精を第二夫人に迎えてほしいと妻が夫に懇願する、悪魔が早期退職を申し出る、天使が休暇を取得する、男性との交わりなしに妊娠する、幼児の排せつ物にアッラーの徴（しるし）が出現するなど、どれも現実には起こりえない突拍子もない設定ばかりだ。夫婦、家族、友人同士の日々の暮らしが舞台となっている作品もある一方で、死後の世界が描かれたり、人間以外の創造物、例えば天国の天女や、天使、悪魔などが登場する作品が多いのも本書の特徴と言えるだろう。

3　作品分析

　ここでは『処女でないマリア』に収録された作品の中から、「イスラーム教徒になりたいベイビ」、「処女でないマリア」、「天使の質問」の３つを取り上げて物語を概観するとともに、設定や風刺・批判の仕方を分析して、その特徴を明らかにする。

1）イスラーム教徒になりたいベイビ

　「イスラーム教徒になりたいベイビ」は、『処女でないマリア』の最初に収録された作品である。物語の始まりは本稿の冒頭で示した通り。ウラマーたちが集う評議会で、仲間たちから敬愛されるキヤイ・フィクリが提起した議題によって場内は騒然となる。なんと、キヤイ・フィクリのよく知る雌豚ベイビが、イスラームに入信したいというのだ。そして、ベイビの入信を認めるか否かをこの評議会で審議するという。これは読者に、民主化以降、保守化の傾向を強めていると言われる「インドネシア・ウラマー評議会」（MUI）を思い出させるだろう。MUI が様々な社会問題に対して発表するファトワ（法的見解）や指針は、法的拘束力はないものの、同国のムスリム社会の世論の動向に大きな影響力を持っている。MUI が保守層の利益を守る傾向を強めていることは（Ichwan 2013, 61）、ムスリム社会が保守転回し、排他的になっていることと深く結びついている。

　雌豚をベイビ（Baby）と名付けたところには、作者フェビーの遊び心も感じられる。インドネシアで豚はバビ（babi）。食べることを禁じられ、不浄な

生き物だとして知られ、「バビ」という名称自体が毛嫌いされることさえある。一方で、「ベイビ」は、英語で、可愛らしく無垢な「赤ちゃん」である。つまり雌豚の名前ベイビは、相反するイメージを持つ「豚」と「赤ちゃん」という二つの意味を想起させる掛詞なのだ。

　物語では、豚の入信を承認するかどうかをめぐるウラマーたちの滑稽な議論が展開していく。

　　「高貴なキヤイがベイビと仲良くできるって、どうなってるんだよ」
　　「絶対許せないだろ！　豚にまつわるあらゆることがハラームなんだ。すべての要素がね。議論の余地なし！」
　　「イスラームに入信したいという者を禁じる権利が我々にあるのだろうか。だってイスラームは、万有への恵みじゃないか」

　ウラマーたちの喧々諤々の議論自体はとてもユニークだ。しかしそこには特定の人間集団が、あるものの入信を承認したり拒絶したりしていいのだろうかというフェビーの強い問題意識がある。つまりフェビーの批判の矛先は、神に成り代わり大きな権威を持つようになったウラマーたちと、本来従う対象は神であるにもかかわらず、ウラマーたちの見解に盲目的に従う傾向を強めてしまったインドネシアのムスリム社会に向けられている。

　白熱した議論は３日間続いたが、結果的に、評議会はベイビの入信を認めないという結論に至る。議題を提起したキヤイ・フィクリは評議会メンバーに対し、議論に熱心に参加してくれたことを感謝し、一方で、「ベイビが悲しむと思うととてもつらいのですが、故郷に戻り、彼女に伝えようと思います。（中略）イスラームに入信したいという人を止めることは誰にもできません。たとえ、イスラーム教徒がそれを拒絶したとしても。これを私はベイビに話したいと思います」と語り、議場を後にする。

　　次々と参加者が議場から外に出ていくとき、そのうちの一人がキヤイ・フィクリの腕をつついて耳元でささやいた。
　　「キヤイ、キヤイの故郷までご一緒してもいいですか？」

彼は、少しもじもじしながら、恥ずかしそうに尋ねた。
「もしベイビがイスラームに入信するならば、私は、ベイビの肉の味を
　試してみたいのです」

　物語はこうして終了する。たとえ豚であっても改宗後には、ベイビの肉は
「ハラーム」ではなくなるかもしれない。キヤイ・フィクリに声をかけたウ
ラマーは、ベイビがイスラーム教徒になるならば、彼女の肉を食べてみたい
とフィクリに告げるのである。そもそも今日、イスラーム教徒以外は豚をお
いしく食べているということは、インドネシアのイスラーム教徒もみな知っ
ている。そしてそれはどのような味なのか、興味を持っているイスラーム教
徒もいるだろう。フェビーの絶妙なユーモアによって、ベイビの入信が拒絶
されたという暗い雰囲気は打ち壊され、読者の笑いを誘うのである。

2)「処女でないマリア」
　「処女でないマリア」は、この短編集のタイトルにも採用された作品であ
る。タイトルのインパクトはとても強い。キリスト教と同様イスラームでも、
預言者イーサ（イエス）を身籠り出産した聖母マリアは、神に帰依し、貞淑
を守る女性の象徴であり、敬愛される信仰の対象である。その聖母マリアと
同じ名前を持つ現代のマリアが物語の主人公である。

　　マリアは妊娠した。男性と交わりを持つことなく。誰とも結婚してい
　ないのに。
　　妊娠を知った時、彼女はとても怖くなった。今は2016年。聖母マリ
　アの身に起こったような奇跡を誰が信じてくれるだろう。大昔、預言者
　イーサ（イエス）が誕生した時に全ては終わったのだ。今、マリアが誰
　とも関係を持たずに妊娠したと、誰が信じるだろう。ましてやマリアは
　処女ではないのだ。

　物語はこのようにスタートする。約2000年前の聖母マリアと同様に、現
代を生きるマリアもまた男性との交わりなしに突然妊娠してしまう。しかし

聖母マリアとは違い、マリアは処女ではない。かつて恋人もいた。でも今回の妊娠は奇跡だという確信があった。もちろんありえない話である。でも聖母マリアが男性と交わることなしに妊娠し、偉大な預言者イーサを出産したと世界中のキリスト教徒にもイスラーム教徒にも信じられているのであれば、同じ奇跡が現代のマリアにも起こる可能性はないとどうして我々は言えるのだろうか、物語を通じてフェビーは読者に問いかける。

　周りの誰からも信じてもらえず、親友のサスキアには関係を持った相手は誰なのかを問いただされ、急いで結婚するか、中絶するかを選択しなければだめだと迫られる。

　「で、父親は誰なの？」
　　マリアは首を横に振った。「アッラーにかけて、分からない」
　「そんなこと、あるわけないじゃない……」
　　マリアは目を閉じた。「そう言われても……、間違いなく、そんな相手いない」
　「ねぇ、よく考えてみて。酔っぱらって、記憶なくしたこととか、ないの？　その時に誰かと寝て、でも覚えてないってこと、あるかもしれないじゃない」
　　マリアは首を横に振った。「酔っぱらうまでお酒を飲んだことなんてない」
　　サスキアは、困った顔でマリアを見た。
　「サスキア、私たち、知り合ってどれくらいになる？　私、嘘つきじゃないって、あなたも知ってるでしょ？」
　「じゃ、中絶するしかないね？」

　インドネシアではイスラーム的価値観に基づき、また文化的背景から結婚していない男女が性的関係を持つことは良くないという認識が非常に強い。ましてや婚外妊娠は本人のみならず家族の名を汚すことにもつながるため、避けなければならない。一方で、人工中絶は医療的に必要な場合か、強姦による妊娠に対してしか認められていない。「計画外に」妊娠してしまった女

性たちは、非合法の中絶を選択するか、または、家族の求めに応じて望まない相手と結婚する道しか残されていない。インドネシア社会でシングルマザーとして出産し子育てすることは、とても難しいのである。

　結局、マリアは誰とも結婚せず、一人で出産し、子供と生きていくことを決意する。心配する両親に実家に連れ戻されて、マリアは最終的に実家で出産を迎えた。出産の知らせを聞いて、周りはみな、やっぱりマリアは預言者の母ではなく、奇跡の妊娠ではなかったと確信した。生まれてきたのが女の子だったからだ。物語は、出産後のマリアと娘の会話で幕を閉じる。

　　　灼熱の太陽が降りそそぐある日中、ちょうど九か月と九日目にマリアは出産した。女の子だった。この知らせは、瞬く間に友人たちに広まった。みんな困惑した。聖母マリアだとか言っていたのに、預言者を産んだわけじゃなかった、救世主が生まれたわけではなかったと。一方、マリアは気にしていなかった。赤ちゃんに熱心におっぱいをあげながら、横になっていた。

　　　女の赤ちゃんは彼女の目を見つめ、そして言った。「お母さん、私、生まれてこられないかと思った。この世はもうずっと長く信じることを止めてしまっているのね」

　　　マリアは小さな娘を抱きしめて言った。「でも私は信じている」

　ここでフェビーが批判するのは、婚外妊娠にも、中絶にも、シングルマザーという選択にも風当たりの強い現代のインドネシアのムスリム社会である。またフェビーは、女の子が生まれた時点で預言者ではないと決めつける現代人の思考をも風刺する。物語の最後の母娘の会話には、その風刺が表れていると言えよう。

3）「天使の質問」

　本作品の設定は死後の世界である。理由は明らかではないが33歳で亡くなった女性サスミタが主人公。生前から、来世で天国に行けるようイスラームを学び、来世の言葉だと信じられているアラビア語を学んで死に備えてき

た。彼女や多くのインドネシア人が信じるところによれば、死を迎え墓に埋葬された後の人間に対して、ムンカルとナキールという名の二対の天使がやってくる。そして、神や預言者や宗教について重要な質問をするという。それに答えられれば、天国に行けるポイントが一気に高まるというわけだ。さて、物語は次のようにスタートする。

　　まだ死ぬには若すぎると思ったが、サスミタは、安堵の気持ちだった。33歳ではあるが、彼女は、すでに来世のための準備はできていた。サスミタは20歳のころから、つまり人生の半分以上の時間、イスラームの勉強会で熱心に学んできた。多くの人に信じられているところによれば、審判の日には誰もが現世での宗教の実践が十分ではなかったと後悔する。サスミタも例外にはならないかもしれないが、でも、彼女はできる限りのことをして、審判の日も平穏でいられるよう努力してきた。

　葬式が終わると、サスミタの前に二対の天使らしきものが姿を現した。サスミタはドキドキしながらその二対を観察したが、少なくても、彼らは恐ろしい姿はしていなかった。生前、クルアーン読誦の先生から学んだことによれば、天使は不信心者のもとに赴くときには、口から牙を出し襲い掛かってくるような恐ろしい姿をするという。自分の前に現れた二対はそうではなさそうに見えたので、サスミタは安堵した。しかし、彼らに話しかけられてサスミタは何も言えなくなった。

　「Saha Pangeran maneh?（あなたは誰ですか？）」
　ムンカルは突然に話し始めた。
　サスミタは唖然とした。彼は何を話しているのか？
　「Saha Pangeran maneh?（あなたは誰ですか？）」
　ムンカルはもう一度聞いた。
　「Teu ngartos（理解していないだろう）」
　ナキールは言った。
　　サスミタは、まだ唖然とし続けていた。

「ああ、なんでだよ。サスミタって名前なんだろ。なんでスンダ語が分からないんだよ」

ムンカルは不機嫌になって文句を言った。

「Eweh Ranying Hattala Langit ikaw?（あなたの神は誰ですか？）」

次は、ナキールの番だ。質問をぶつけてきた。

いったい何語を話しているのか？　サスミタの心臓は滑り落ちそうだった。冷や汗が両手を濡らした。

「ダヤック語も分からないのかい？　お前さんの父さんと母さんの言葉だろ」

ムンカルは、落胆と侮りの入り混じった表情で、頭を左右に振った。

サスミタは喉を通らせるため咳をし、勇気を振り絞った。

「ごめんなさい。でも……、でも私は……アラビア語で答える準備はできています」

「はぁ？」

ムンカルとナキールは、お互いに顔を見合いながら、同時に叫んだ。そして、大きな声で笑った。ナキールは腹を抱えて転げまわって大笑いし、3分ほど話すことさえできなかった。ムンカルも、壁を叩いて、大笑いしていた。

なんとムンカルはスンダ語で、ナキールはダヤック語でサスミタに話しかけてきたのである。たしかにサスミタの父と母はスンダ人とダヤック人だが、サスミタは生前アラビア語ばかり勉強していて地方語はさっぱり学んでこなかった。サスミタは驚いた。当然、「来世の言葉」のアラビア語で質問されると思っていたからだ。ここで二対の天使の言葉を借りて作者フェビーが批判しているのは、現在のインドネシア人ムスリムには、地方語を含め、各地の文化に対する敬意が足りないということである。外来語のアラビア語ばかり学び、敬虔なイスラーム教徒を気取り、一方で、イスラーム的でないとして土着の文化を軽視するばかりか批判する者もいる。こうした状況に、フェビーは警鐘をならしているように思える。

「もうどうすればいいんだろうね？　こういう人間には、質問しても無駄だろうね」

ナキールは、笑い転げるのをようやく止めて立ち上がり、言った。

「どうする？　もう行くか？」

ナキールはムンカルに尋ねた。

「続けてください、お願いします。お願いします……」

サスミタは懇願した。

「賭けてもいいが、彼女は、次の質問に絶対答えられない」

ムンカルは、両手を腰に当てて言った。

「まぁまぁ、やってみようじゃないか」

沈黙が訪れた。サスミタは、青ざめた顔つきで待った。

「よいだろう。では、あなたは、イワンが元気かどうか知っているか？」

「ええと……、イワンですか。誰かな？」

「では、テレジアさんは？」

「ええ……、テレジア、ですか？」

「ほら、言っただろ。もういい。全く絶望的だよ」

　サスミタは焦って、ムンカルとナキールに質問を続けてくれるよう懇願した。生前学んだ内容はまだ尋ねられていないし、質問にはまだ何も答えられていない。しかし次の質問も想定外だった。イワンについてもテレジアについても、サスミタは答えられなかった。イワンは、サスミタの家で働く家政婦アシの子供だった。授業料が払えず、学校を退学しなければならなかったが、サスミタは、アシが困っていることを気に留めてこなかった。テレジアは、サスミタの近所に暮らす女性で、先日病気で亡くなった。しかしイスラーム教徒でないテレジアのことを、サスミタは気にかけたことはなく、見舞いにも葬式にも行かなかった。自分たちに都合の良い「学び」や「実践」ばかりに夢中になり、弱者への配慮や、他の宗教を信じる人たちとの交流の大切さを忘れてしまった現代のイスラーム教徒たちに対するフェビーの批判がここにも表れている。

物語は以下のように幕を閉じる。サスミタは結局、長い時間をかけ勉強し、準備してきた大事な質問にも答えることができなかったのだ。

　「助けてください……お願いします……。私はこの時のために、現世の人生の半分以上の期間をかけて準備してきたのです。もう一度、お願いします。皆さんのご配慮をお願いします」
　サスミタは、二人の天使があの大事な質問をしてくれるように、今度は、うなだれて、前かがみになり、全身でお願いした。
　「よいだろう、そんなに言うならば……」
　あなたの神は誰か？
　あなたの預言者は誰か？
　あなたの宗教は何か？
　あなたの兄弟は誰か？
　サスミタの口は開いたが、声が出なかった。
　冷や汗がサスミタの身体を流れた。質問には、一つも答えることが出来なかった。

おわりに

　作家フェビー・インディラニは、『処女でないマリア』の執筆を通じて、イスラームの保守転回や不寛容の進展、イスラームを盾とした男性優位社会の継続など、現代のインドネシア社会に生じた様々なひずみに対する異議申し立てを行っていると言える。フェビーの作品は、インドネシアのポピュラー文学の流れを汲んで、「イスラーム小説」と「芳しき文学」の双方の特徴を合わせ持つ。現実には起こり得ない設定と、ユーモアを交えた文体で、読者を楽しませながら、社会に現存する問題に気付いてもらおうとする意図が感じられる。フェビーの異議申し立てに対する共感は広がっているように見える。先に述べた通り、『処女でないマリア』は 2021 年に大手出版社から再版された。また、『処女でないマリア』の続編としてフェビーが書き下ろし2020 年に出版した『ムハンマドを追いかけて』は、女性誌『フェミナ』が

主宰する「2021 年読者賞・小説部門」を受賞した。

　フェビーは読者からの反応を分析し、『処女でないマリア』に込めた思い
を次のように語った。

　　　読者からの反応で面白いのは、多くの人が、自分の気持ちを代弁して
　　くれる小説だと言ってくれること。多くの人が感じていた「おかしい」
　　と思う状況を描いたのだと思う。内容を不愉快に感じたり怒ったりする
　　人もいるかもしれないけれど、保守派と言われる人たちも実は多様。多
　　様性や穏健を望む人たちもいまだにたくさんいる。私の短編集が、現在
　　の社会の緊張を少しでも解きほぐすことができればと願っている[1]。

　フェビーの作品とそれに対する好意的評価が広がっていることは、インド
ネシアのイスラームの変容が叫ばれる中、その寛容さが今でもたくましく生
き続け、輝きを失っていないことを示しているのではないだろうか。

1)　筆者のフェビーへのインタビューより（2018 年 9 月 12 日、ジャカルタにて）。

参考文献
岡本正明（2021）「反 LBGT 運動化するインドネシアの精神医学」日下渉・伊賀司・青山
　薫・田村慶子編著『東南アジアと「LGBT」の政治』明石書店。
茅根由佳（2019）「現代インドネシアにおけるシーア派排斥運動の台頭とその限界」『アジ
　ア・アフリカ地域研究』19（1）、28-48。
佐々木拓雄（2010）「中道派イスラームの政治――インドネシア・ユドヨノ政権とアフマ
　ディア問題」『久留米大学法学』64、17-53。
竹下愛（2000）「ポピュラー小説『ルプス』を読む――インドネシアのベストセラー小説
　にみる「開発の落とし子たちの心象」『東南アジア――歴史と文化』29、27-53。
中東現代文学研究会編（岡真理責任編集）（2022）『中東現代文学選 2021』。
中嶋昌彌（1994）『ポピュラー文学の社会学』世界思想社。
野中葉（2013）「イスラーム的価値の大衆化――書籍と映画に見るイスラーム的小説の台
　頭」倉沢愛子編著『消費するインドネシア』慶應義塾大学出版会。
野中葉（2014）「イスラーム短編小説の広がりとインドネシアの女性たちのイスラーム覚
　醒」『アジア・アフリカ言語文化研究』87、83-101。
見市建（2014）『新興大国インドネシアの宗教市場と政治』NTT 出版。
Arimbi, Diah Ariani（2009）*Reading Contemporary Indonesian Muslim Women Writers*, Amsterdam:

Amsterdam University Press.

Bruinessen, Martin V.（2013）"Introduction: Contemporary Developments in Indonesian Islam and the 'Conservative Turn' on the Early Twenty-First Century," Martin van Bruinessen ed. *Contemporary Developments in Indonesian Islam*, Singapore: ISEAS.

Fealy, Greg（2008）"Consuming Islam: Commodified Religion and Aspirational Pietism in Contemporary Indonesia," Greg Fealy and Sally White eds. *Expressing Islam – Religious Life and Politics in Indonesia*, Singapore: ISEAS.

Hilman（1986–1999）*Lupus* Vol 1 – 20, Jakarta: Gramedia Pustaka Utama.

Ichwan, Moch Nur（2013）"Towards a Puritanical Moderate Islam: The Majelis Ulama Indonesia and The Politics of Religious Orthodoxy," Martin van Bruinessen ed. *Contemporary Developments in Indonesian Islam*, Singapore: ISEAS.

Lestari, Dee（2001）*Supernova*, Bandung: Truedee Books.（＝2021, 福武慎太郎監訳・西野恵子訳『スーパーノヴァ　エピソード1　騎士と姫と流星』上智大学出版）.

Marga, T.（1973）*Karmila*, Jakarta: Gramedia Pustaka Utama.

Nilan, Pam（2006）"The Reflexive Youth Culture of Devout Muslim Youth in Indonesia," Pam Nilan and Carles Feixa eds. *Global Youth? – Hybrid Identities, Plural Worlds*, Oxon: Routledge.

Saluz, Claudia Nef（2009）"Youth and Pop Culture in Indonesian Islam," *Studia Islamika* 16（2）, 215–242.

Sen, Krishna and David T. Hill（2007）*Media, Culture and Politics in Indonesia*, Jakarta: PT Equinox Publishing Indonesia.

Utami, Ayu（1998）*Saman*, Jakarta: KPG（－2007, 竹下愛訳『サマン』木犀社）.

第12章 越境する個人
言語の間に見出すアイデンティティ

西川葉澄

はじめに

　現代社会において、人々はさまざまな理由で国境や文化圏を跨ぐ地理的な移動をする。こうした移動が自ら望んだものであれ、選択の余地が無いものであれ、地理的移動には文化的・言語的越境の経験が伴うだろう。慣れ親しんだ場所と見知らぬ場所という二つの領土を区切る境界の中と外では、言語や文化、風習などの差異に直面し、私たちの行動は変容を迫られる。もちろん自分が境界のどちら側に属しているかによって、見える風景も異なるだろう。越境とは文字通り境界を越えることを意味するが、地理的なものに限定されず、あらゆる分野において、既存の境界を侵犯し、超越する行為を指すこともあるだろう。

　越境は現代の文学においてますます重要な要素となっている。先祖代々が住む土地に根ざして暮らす人々をマジョリティとすれば、進学や就職、さらには亡命や移民などさまざまな理由で新たにコミュニティに加わった「よそもの」をマイノリティと呼べるだろう。移民社会の拡大に伴い、母語とは異なる新しい言語を創作言語として、人生の苦境や他者性、疎外感といったテーマを主題とする移民文学のジャンルが形成されていった。また、母語以外を創作言語とする作家の存在は現代に限ったことではなく、移動や漂流をテーマに創作活動をする文学者にはさまざまな名前が想起される。

　それぞれの作家の活躍する時代、創作言語、母語と創作言語の関係、創作のジャンル、越境の種類といったものは同一ではないが、彼らの作品に共通する要素として、外部から規定される分類や規範を無効にする自由さ、言語

や文化の異種混淆性、またそのような創作活動の飽くことなき追求を見ることができるだろう。

　本章では、日本語とドイツ語の両方で創作活動をする多和田葉子、古典的規範からの逸脱によりシュルレアリスムの始祖とされたロートレアモン（Lautréamont）、帰属的な分類への拒否を主題として問い続けるダニー・ラフェリエール（Dany Laferrière）を取り上げ、越境の体験がどのように創作の言語を変容し、文学的実践を更新していくのかについて考察する。

I　多和田葉子　創作言語と『エクソフォニー』

　多和田葉子は大学卒業後にドイツに移住して以来、ドイツ語と日本語による創作活動で知られる日独作家である。作家としてのデビューはドイツで出版された日独二か国語で綴られた散文詩集『あなたのいるところだけなにもない（*Nur da wo du bist da ist nichts*)』（1987）であるが、日本においては『犬婿入り』（1992）の芥川賞受賞（1993 年）によりその名声を確立した。その後も2003 年に谷崎賞、2016 年にクライスト賞など、日独両国において数多くの重要な文学賞を受賞している。また、2018 年には翻訳文学部門で全米図書賞の受賞も果たしている。

　こうした精力的な創作活動の一方で、多和田は自らの移動とエクリチュールの経験を『エクソフォニー──母語の外へ出る旅』（2003）として発表し、リービ英雄をはじめとする越境作家や文学研究者らから高い評価を得た。二部構成のうち第一部が「母語の外へ出る旅」と題され、訪問した 20 の諸都市をタイトルに冠したエッセイが収録される。多和田はこの最初の章「ダカール」の冒頭において、「エクソフォン」という言葉が 2002 年にセネガルのダカールで開催されたシンポジウムに招聘された際に、初めて耳にした語だったという経緯を説明する [1]。「エクソフォン」の語源的説明はされないが、フランス語の仏語話者（francophone）、英語話者（anglophone）という語に準じて、言語を表す接頭辞に、「（言語の）音、声、話す」の意を表す -phone が接続される合成語だということは容易に推測できるだろう。したがって「エクソフォン」とは、「外で、外に」の意を表す exo- を接頭辞とし、-phone と合

成されている語である。タイトルの「エクソフォニー」は「エクソフォン」の名詞形であろう。この語は、「ダカール」の副題「エクソフォニーは常識」においても繰り返されている。

　「ダカール」冒頭より、多和田は「エクソフォニー」と外国人文学や移民文学との表面的類似点に隠された本質的な差異を直感し、「外から人が入ってきて自分たちの言葉を使って書いている」（多和田 2003, 6）という意識が外国人文学や移民文学という用語に現れているのだとすれば、エクソフォン文学はその対極にあるものではないかと、以下のように解釈する。

　　「自分を包んでいる（縛っている）母語の外にどうやって出るか？　　出たらどうなるか？」という創作の場からの好奇心に溢れた冒険的な発想が「エクソフォン文学」だとわたしは解釈した。（多和田 2003, 6-7）

　この章で多和田がまず議論の俎上に載せるのは、国民文学や外国語文学、移民文学という分類の空疎さとそれに対する現実社会の複雑さである。実際、このシンポジウムに招聘された現代ドイツで活躍する作家たちはドイツ語を創作言語としているが、その出自や経歴から、彼らとドイツ語との関係が一枚岩ではないということが示される。そのため、セネガルの作家たちが、彼らの教養とウォロフ語などの複数の現地語や複数文化との融合の中で「フランスにはないフランス語」を産み出していることを期待していた多和田は、セネガルの作家たちがフランスの規範的フランス語で創作をしており、その書き言葉を「いかにも西アフリカらしいフランス語」だと評されることは屈辱に近いということを知った驚きを活写する。2002 年の逸話ではあるが、つまりフランスの旧植民地であるセネガルにおいては、旧宗主国の言語に忠実で「模範的」なフランス語が、作家たちの教養と「フランス語で書く」ことの正統性を担保しているのである。とはいえ、ウォロフ語で書かれた小説の予想外の成功や、英語で小説を書くセネガルの作家の出現などもここで報告されている。

　議論はやがて言語の所有権の帰属へと移行する。すなわち母語話者という理由だけでその言語に対する決定的な所有権を持つことを疑わないような、

母語の優位性への素朴な信仰に対する疑問、つまり創作の言語が規範的かを基準として作品を判断し、その規範から逸脱する移民文学を「劣った言語で書かれる」と見るような偏見である。こうした偏見を、多和田は以下のように批判する。

> 外国語で創作するうえで難しいのは、言葉そのものよりも、偏見と戦うことだろう。外国語との付き合いは、「上手」「下手」という基準で測るものだと思っている人がドイツにも日本にもたくさんいる。日本語で芸術表現している人間に対して、「日本語がとてもお上手ですね」などというのは、ゴッホに向かって「ひまわりの描き方がとてもお上手ですね」と言うようなものでとても変なのだが、まじめな顔をしてそういうことを言う人が結構いる。創作者が外国人だと、急に、「上手」「下手」という基準で見てしまうらしい。（多和田 2003, 9-10）

ここには日本の文壇において外国人作家が受賞した際の評価基準への批判が見られるが、日本に限らずドイツにおいても移民作家への視線が社会的弱者やマイノリティに向けられる「同情」や特別視ではないのかということは議論となってきた[2]。創作言語を文法的な側面のみで評価することへの批判は、多和田がドイツ語で著し、邦訳は未刊の作品である *Sprachpolizei und Spielpolyglotte*（2007）[3] にも見られる。タイトルは「言語警察と多言語遊戯者」の意であるこの作品において、「言語警察」が取り締まる文法規範の侵犯が作品のモチーフになっていると言う（フェーダーマイアー 2009; 谷口 2009）。『エクソフォニー』においては、多和田は創作言語として外国語を選択する際に「上手か下手か」のみを判断基準とする発想を、外部からの権威付けへの盲従に関連させ、日本の外国語学習の動機に潜む階級上昇への無意識的な欲望や植民地的な権威主義的志向に言及する。しかし、多和田にとってドイツ語を創作言語にすることは、その言語で自らを権威付けしてドイツ人と肩を並べることではなく、文学的な衝動、さらに言えば彼女がドイツ語の世界で生きる中で生じた抑えることのできない衝動である。

ドイツに渡ったばかりの頃は、正直言って母語以外でものを書くことなどあり得ないと思っていた。しかし5年もたつと、ドイツ語でも小説を書きたくなった。これは抑えても抑えきれない衝動で、たとえ書くなと言われても書かずにはいられない。外国語に浸って数年間暮らしていると、新しい言語体系を受け入れるために、母語の基盤となっている理論の一部が壊れ、変形し、再生し、新しい自分が生まれてくる。(多和田2003, 114)

　新たな言語環境において母語である日本語と生活の言語であるドイツ語と対峙する中で、盤石のように強固と思われた母語さえも無傷ではいられず、両方の言語はそれぞれ変容を受けることになる。多和田にとって、この二つの言語を頭の中にそのまま放置しておくと両方の言語が互いに悪い影響を与え合うが、反対に意識的に二つの言語に向き合うことで両方の言語が磨かれ、創作言語としての豊かさを増していく。

　　頭の中にある二つの言語が互いに邪魔しあって、何もしないでいると、日本語が歪み、ドイツ語がほつれてくる危機感を絶えず感じながら生きている。放っておくと、私の日本語は平均的な日本語以下、そして私のドイツ語は平均的なドイツ人のドイツ語以下ということになってしまう。その代わり、毎日両方の言語を意識的かつ情熱的に耕していると、相互刺激のおかげで、どちらの言語も、単言語時代とは比較にならない精密さと表現力を獲得していくことが分かった。(多和田 2003, 44)

　多和田は「言語を耕す」という言い方をする。「言語を耕す」場所は言語と言語の間にある空間だという。多和田はこの空間を「言語の間」「峡谷」「狭間」「境界」「溝」等の言葉で表そうとする。つまり、何かと何かの中間にある、狭く低い、隙間の空間である。通常なら「耕す」という動詞は目的語を「言語」とする際に選ばれない組み合わせだが、まるで前人未到の荒地に鍬を入れて耕し、土地を整え、開墾して農作物を栽培するようなイメージが広がるようだ。このような空間への志向が多和田によって度々言及されて

いる。

> わたしはたくさんの言語を学習するということ自体にはそれほど興味がない。言葉そのものよりも二ヶ国語の間の狭間そのものが大切であるような気がする。私はＡ語でもＢ語でも書く作家になりたいのではなく、むしろＡ語とＢ語の間に、詩的な峡谷を見つけて落ちて行きたいのもかもしれない。（多和田 2003, 31–32）

> わたしは境界を越えたいのではなくて、境界の住人になりたいのだ、とも思った。（多和田 2003, 35）

ここで語られるのは文化や言語の境界を乗り越える行為ではなく、境界の詩学とも言うべきものであり、こうした言語の狭間や文化の狭間に立つという姿勢は、多和田が最初に出版した日本語とドイツ語を合わせ鏡のような配置で構成した詩集にすでに現れていると言う。「境界を越える」、「橋をかける」ということよりも、境界地帯を楽しみ、耕したいのだと多和田は繰り返す（谷川 2000）。こうした二つの言語の間にある空間についての言及は、多和田に限らず複数の言語使用を日常とする移民作家たちに、しばしば共通して見出される空間であると山出は指摘する（山出 2010, 41）。例えば、ポーランド出身のエヴァ・ホフマン（Eva Hoffman）は英語とポーランド語の間に存在する空間について、それが複数の言語を通して新たなアイデンティティを形成する、すなわち自分を更新する場所だと、両親と共にカナダに移住した幼少期から半生を振り返る自伝的著作に記している（山出 2010, 41; Hoffman 1989, 121 = 1992, 150–151）。二つの言語の境界を往還する作業である翻訳に関しても、多和田は通常は批判を集める誤訳に「言語の境界を読み解く可能性が含まれているように思う」（多和田 2003, 129）と注目するが、この視点は外国語に単一の正答のみを許可して評価することへの批判とも相通ずるものだろう。

多和田にとって、言語に常に一つの正解だけを求めるような狭量な価値観は、創作活動の対極に位置するものである。文学作品の分類をはじめ、「本

当の自分は」という問いや「どこの国の人間として書いているのか」、夢を見る時の「本当の言語」は何かといった意味のない質問をして、個人を一つのラベルに当てはめて規定し、分類する行為の空疎さを繰り返し批判する（多和田 2003, 22–32; 39–45; 82–85）。多和田は「移民文学の作家」と呼ばれることに対する意見を求められることが多いと言うが、それは「移民文学」をめぐる分類と呼称の問題の難しさを端的に示していると言えるだろう。ドイツにおける越境文学に対する呼称の変遷は土屋に詳しいが（土屋 2009, 120）、こうした分類と名称は、創作において母語を無自覚に信頼することと重なる問題かもしれない。多和田は、母語の外に出る状態が、文学にとっては普通の状態の延長線上にあるものだと次のように論じる。

> 母語の自然さを信じているようでは言葉と真剣に関わっていることにはならないし、現代文学は成り立たない。だから、母語の外に出てしまった状態は、文学にとって特殊な状態ではなく、普通の状態を少し極端にしただけではないかと思う。（多和田 2003, 114–115）

　多和田は「母語の外に出ない「普通」の文学に対しても」、自分の創作言語選択の理由に関して自覚的になることがエクソフォンという現象が要求する問題であると述べる（多和田 2003, 7）。「言語のあいだの詩的な峡谷」を耕すことは、まだ誰も見たことのない言語のあり方を探し出す文学的な実験であると同時に、複数の言語により再構成された新しいアイデンティティを肯定的に更新する作業でもあるだろう。

II　ロートレアモンと詩的言語の更新

　ここで19世紀後半に時を戻してロートレアモンについて論じようとするのは懐古趣味のためではなく、詩的言語の越境性について論じるためである。
　ロートレアモン伯爵という筆名で知られるイジドール・デュカス（Isidore Ducasse）は、1846年に南米ウルグアイの首都モンテビデオでフランス人の両親より生まれた。両親はともにフランスからの移民一世である。フランスで

中等教育を受けるために単身フランスに送られ、フランス南西部のタルブと
ポーで学生時代を過ごした。その後パリに出て作家活動を始め、散文詩『マ
ルドロールの歌』（*Les Chants de Maldoror*, 1869）と『ポエジー』（*Les Poésies I, II*,
1870）を著し、『ポエジー』を出版した 1870 年に 24 歳で没した。

　『マルドロールの歌』はヴィクトール・ユゴーやボードレールの作品を出
版したことでも知られるラクロワ／ヴェルベッコーヴェン出版社から印刷さ
れるという僥倖を得たものの、その内容の過激さのために当局の取締りが危
惧され、印刷された初版はブリュッセルの倉庫にお蔵入りとなり、出版には
至らなかった 4)。同様に 2 巻の小冊子の形で出版された『ポエジー』も生前
の評価を得ることはなかった。しかし、19 世紀末から徐々に始まった再評
価は、20 世紀のシュルレアリストたちによる再発見とそれに続く熱狂的崇
拝で決定的となり、この詩人の名前がフランス文学史に刻まれる契機となっ
た。死後約半世紀を経た再評価のため、伝記的資料に乏しく、謎に包まれた
詩人の生涯が伝説の域を出ない時期が続いたが、歴史実証主義研究の成果に
より肖像写真をはじめ、多くの伝記的事実が明かされた。

　ロートレアモンの作品の特徴に、文体の特殊性、新しい組み合わせによる
詩的イマージュの拡張、創作言語更新への野心的執着等が挙げられるが、ま
ず分類の難しさに関して言及したい。つまり、フランス文学史の中において
は同時代の文学的潮流の中に位置付けられるのではなく、例外的な異質性が
注目され「流れ星」や「隕石」というような形容とともに、19 世紀なら
「その他の詩人」として分類されるが、それよりもさらに次世代のシュルレ
アリスム関連の項にその始祖として紹介され、異質な存在感を示しているの
である。残された 2 作品において、筆名が星印で表された匿名からロートレ
アモン伯爵を経て本名のデュカスへと至る変化や、表現形式が『マルドロー
ルの歌』の内部で散文詩から小説へ変化し、次の作品では「詩学」という意
味の『ポエジー』というタイトルを冠しながらも、実際は従来の詩の形式と
はかけ離れた短い文章の連続体で構成されるなど、筆名も形式も次々と変遷
を経た。『ポエジー』は「ポエジー I」「ポエジー II」の 2 部で構成される冊
子形式であるが、「ポエジー I」においてはロマン主義作家たちへの攻撃的
批判文の体をなしており、弾劾すべき作家の固有名詞やロマン主義的表現の

羅列が目立つ。「ポエジーII」においては、有名なアフォリズムが換骨奪胎的な書き換えで剽窃的に利用されるが、そうした手法の正当性も作中で高らかに謳われた。このように、ロートレアモンが書くものが果たして詩なのかどうか読者を混乱させることにもその一因があるだろう。

　彼の文体の特殊性としては、散文詩の形式を超えた自由な詩的イマージュの横溢がある。『マルドロールの歌』は、全編を通して18世紀後半に流行したイギリスのゴシック小説を想起させる暗澹たる舞台設定が見られ、その一方でやや時代遅れであるロマン主義的な、過剰に激越な調子や語りが目立ち、大衆小説の文体が誇張された形で再現される。このように全体にわたって誇張や過剰が特徴となっている。一般的にフランス語では古典的教養に則った規範的な美しい文章が善しとされるが、ロートレアモンのフランス語は規範的な節度や調和とは正反対なものであり、文法的な逸脱や破格的な用法が多い。彼の特殊な表現にはスペイン語からの影響が明白であることも指摘されている。少年時代のロートレアモンがフランス語とスペイン語の二言語併用者だったという証言が伝えられているが、南米というフランスの「外部」から来たロートレアモンの言語感覚は、フランスの「内部」から出たことのない人々の言語感覚と同一ではないだろう。当時のモンテビデオはヨーロッパ各地から新天地を求めて入植した移民たちがそれぞれのコロニーを形成し、国際色の豊かな多言語都市として栄えたというが、この詩人もそうした特殊な環境において、移民作家たちが自伝で告白するように複数の言語の中で自分だけの言語を確立していったのだろうか。

　しかしロートレアモンの創作言語の越境性をこうした出自だけに見ようとするのは、一面的すぎるだろう。「彼の想像力は本に取り巻かれている」（Blanchot 1963, 69）と評されるように、ロートレアモンの詩的言語はその多岐の分野にわたる膨大な読書経験に支えられていると言っても過言ではない。作品の随所に認められる間テクスト性（他の作品の引用、仄めかし、パロディ、パスティッシュ、借用、剽窃等）は枚挙にいとまがないが、ロートレアモンは剽窃を表現手法として新しい「美しさ」の地平を切り拓いた。「彼は解剖台の上での、ミシンと雨傘との偶発的な出会いのように（美しい）」（Lautréamont 2009, 227 = 2001, 197）は、『マルドロールの歌』の中の有名な一節で

ある。それは、無慈悲な主人公マルドロールの暴力の犠牲となる少年の美しさについての一連の描写の中の一部であるが、伝統的な「美」の観念からはかけ離れたものを「美しい」という形容詞と接続することで、「美しさ」の概念を更新するかのような言語実験だったと言えるだろう。この他には「猛禽類の爪の収縮自在性」「脳の後部の柔らかい部分にある傷における筋肉の動きの不確かさ」（Lautréamont 2009, 227 = 2001, 197）といった生物学的、医学的な説明が唐突に美しさの基準として提示されるが、こうした科学的、医学的な言説を詩に混入し新たに詩的なイメージを形成する行為は、『マルドロールの歌』の他の箇所でも実践されている。例えば「第五の歌」の冒頭には、迷走状態に見えるこの作品の構成を、群れを成して跳ぶ椋鳥の飛翔に例える箇所がある。それはシュニュ博士の『博物誌百科』からの剽窃であり、現代で言うカット・アンド・ペーストに近い技法に、多少の書き換えを施したものであることが明らかになっている（Viroux 1952; 石井 2001, 465-467）。こうした剽窃的借用の元になった資料は博物誌に限らず、医学事典等からの出典も多く報告されている。剽窃したテクストを取り込んで創作する行為はさらに激化し、「ポエジー II」においては 159 の断章のうち 88 の断章で、パスカルやラ・ロシュフーコーなどによる有名な箴言を剽窃しながらも、肯定文を否定文にするような単純な操作でそれを書き換え、意味を無効にしながらも箴言を更新するという実践が繰り返される。「ポエジー II」には「剽窃は必要だ。進歩はそれを前提としている」（Lautréamont 2009, 283 = 2001, 255）として、このような剽窃の手法を正当化する宣言とも取れるような一節が記されることから、剽窃／書き換えは戦略的に実践されたと考えられるだろう。

この「進歩」という言葉は、「新しさの追究」という形でロートレアモンの作品に現れる重要な概念である。彼の詩的言語実践は形式、文体、語とイマージュの組み合わせ等、あらゆる局面において、「新しさ」を目指すものであり、散文詩の語り手が最良の文学形式を追求するさまを逐次報告するような一種のメタテクストでもあるからである。彼の詩学が同時代の大衆を対象にしたものではなく、「新しさ」の追究により文学の未来を先取りしているのだという野心的な自負は、例えば自分を指して「19 世紀の終わりには、時代の詩人が姿を表しているだろう」（Lautréamont 2009, 42 = 2001, 255）、「後に

なって（中略）あなたははじめて、煤けた顔をした背教者の序文をもっとよく理解することだろう」（Lautréamont 2009, 223 = 2001, 193）というように随所に表れている。

ロートレアモンは詩的言語実践の更新を目指し、生物学や医学といった進歩が顕著に現れる領域からさまざまなテクストを狩猟し、ありふれた形容詞にその異質なテクストの塊を接続することで詩的イマージュを起爆させ、鮮烈な印象を生み出そうとした。それはまさしくイメージと言語使用の異種混淆であり、因習から解き放たれた自由な想像力と創造力との飛翔である。

こうしたさまざまなレベルで見られるロートレアモンの越境性や新規性が、フランス文学史という国民文学の枠内に、その作品を分類することの困難さとなって表れているのではないだろうか。その作品が正当に理解されるには、ダダやシュルレアリスムといった破壊的な文学運動の出現を待つ必要があった。さらには 20 世紀以降のフランス語圏文学、移動文学などの周縁性や越境性を持つ文学との参照により、ロートレアモン作品の読解に新たな局面が開かれるのではないだろうか。

Ⅲ　ダニー・ラフェリエール『帰還の謎』の文体に見る越境と重層性

次に、1980 年代以降、多様な出自を持つ移民作家たちが、フランス語による文学の書き手として活躍している現代ケベックの事例を取り上げる。カナダのケベック州はアメリカ大陸で最大のフランス語圏を形成し、カナダにおいてフランス語のみを公用語とする唯一の州である。英語系住民からの政治的支配に対し、1960 年代の「静かな革命」と呼ばれる行政改革を通して近代化が進み、また言語面においては 1977 年に制定された「フランス語憲章（Charte de la langue française）」によって、それまでは労働者階級の言葉でしかなかったフランス語の地位が劇的に向上した。こうした社会情勢の中で、フランス系カナダ人、すなわちケベック州の住民であるケベコワ（Québécois）としてのアイデンティティが確立され、フランス系カナダ文学が「ケベック文学」として発展していった。また 80 年代以降は、英系、仏系、そ

の他の言語を母語とするアロフォンというマイノリティが共存する言語的三極構造を背景に、文化横断、文化変容を提唱するトランスカルチュラリズムと呼ばれる文学運動が生まれ、ネオ・ケベコワと呼ばれる新来移民の移民作家たちの活動が広がった。彼らの作品は「移動文学 l'écriture migrante」と呼ばれる潮流を形成し、現代ケベック文学の一翼を担っている。その中でも世界的な評価により異彩を放つハイチ出身のダニー・ラフェリエールの『帰還の謎』（L'énigme du retour, 2008）を中心として、その越境性について検討したい。

ハイチの首都ポルトープランスで誕生したラフェリエールは、デュバリエ独裁政権時代にカナダに亡命し、ケベック州のモントリオールに移住した。彼の父もまた、ラフェリエールの幼年期に独裁政権からの迫害を逃れアメリカに亡命し、後に客死している。ハイチでは日刊紙のジャーナリストとして活躍していたが、第一作の『ニグロと疲れないでセックスする方法』（Comment faire l'amour avec un Nègre sans se fatiguer, 1985）により一躍人気作家になるまでは、モントリオールで清掃や工場労働等の様々な職についていたという。2009 年には『帰還の謎』によりフランス文学部門でメディシス賞受賞を果たした。これはフェミナ賞と並んでフランスで最も権威ある文学賞の一つであり、小説を対象として優れたデビュー作や、まだ才能に見合った名声を得ていない作家に贈られるものである。また、2013 年にフランスのアカデミー・フランセーズ会員に選出されたことが話題を呼んだ[5]。アカデミー・フランセーズ会員は終身制であるため会員は「不滅の人たち les Immortels」と呼ばれ、その主な任務をフランス語辞書の編纂とするなど、フランス語の威信の象徴でもある。ラフェリエールの選出は、周縁的とされるフランス語圏文学をフランス語による正統的文学作品として承認するという意味を持つと共に、フランス語で書かれた文学の帰属性に対する評価の変化を示していると言える。ラフェリエールは、このようにケベック文学の枠を出た作家となった。

ラフェリエールの創作期は 3 つに大別される（立花 2014, 278）が、『帰還の謎』は「アメリカ的自伝」10 部作を書いた第二期後の断筆時期を経た、第三期に分類される作品で、父の死を機に、亡命後に初めてハイチに一時帰国した体験を描いた自伝的小説である。自伝的と言っても小説の設定は必ず

しも実際の出来事と時間的に対応したものではない。現実と創作を混成した自伝的物語が一人称の語りで構成される小説という形容がふさわしいだろう。

　この作品は二部から構成される。第一部「ゆっくりとした出発の準備」では、父が亡命先のニューヨークで客死したという知らせを受けた語り手が、父の魂を故郷に戻すために帰郷の旅をする前の出来事が、冬の北米（モントリオール／トロント／ニューヨーク）を舞台に描かれる。一方、第二部ではハイチに帰郷した語り手が現地の家族と再会し、ポルトープランスから父の故郷であるバラデールまでを辿る道のりが描かれる。旅の目的は、亡命した父の不在により欠落した自分の幼年期を取り戻すことでもある。

　『帰還の謎』は一人称の語りにより、主人公の自伝的な越境経験が静かに綴られ、読者の心を強く揺さぶる。第一部の冬の北米を舞台にした緊張感は、第二部の南国ハイチにおいて都会のポルトープランスから、時が止まっているかと思えるほどの田舎の村として描かれる父の故郷であるバラデールに近づくに従って弛緩し、物憂げなおとぎ話のように変貌していく。また、カナダ亡命後、モントリオールで体験した酷寒の中の経済的苦境、疎外感が主に『甘い漂流』（*Chronique de la dérive douce*, 1994）において描かれるが、反対に『帰還の謎』においては亡命から 30 年以上後になされた帰郷で、生まれ故郷の街にいるのに自分をよそものだと感じる「二重の亡命」を味わったことが記される。彼の名前は既に存在しないものとして妹の息子に与えられており、彼は亡命により生まれ故郷でも自分の居場所を失ってしまう。ハイチとは全く異なるカナダの生活に慣れた 33 年後に故郷に戻ると、今度は反対にハイチの文化に違和感を持つ。しかし、越境の体験がなければ「自分はこんなふうには物を書かなかった」（Laferrière 2010, 35 ＝ 2011, 51）のであり、小説家になることに憧れる甥との対話では、「現実と自分の間の距離がだんだん広がってきている気がする」と答える甥に、「それがおそらく、君がものを書くための空間だ」と伝える（Laferrière 2010, 142 ＝ 2011, 197）。

　この作品の特筆すべき特徴は、その文体にあるだろう。タイトルの下には「小説」と記されてはいるが、文体は一般的に小説に期待されるものとは異なり、第一部の冒頭から 6 章までは自由詩のような短い断章が続く。そこに間欠的に散文詩的な詩情をたたえるパラグラフが交差する形式が全編にわた

って続き、読者に写実的で抒情的なスケッチの連続を見ているかのような印象を与えながら非連続的な物語が進行する。フランス語のテクストを読めば、この作品が韻律を持つ詩として朗誦される口承性を持つことがすぐに理解されるだろう。また、時には俳句を思わせるような、非常に少ない語数で構成される短い行が、定型詩のように配置されてもいる。この文体には、松尾芭蕉の『奥の細道』に代表される俳文と俳句の組み合わせの影響を見ることができる。実際、ラフェリエールの作品における松尾芭蕉の影響は数々の作品にその痕跡をとどめている。例えば、第一作目の『ニグロと疲れないでセックスする方法』の主人公は芭蕉の俳句を諳んじる教養ある人物として描かれ、二作目となる『エロシマ』（*Eroshima*, 1987）においても作中の至る所に芭蕉等の俳句が挟み込まれている。さらに『甘い漂流』のエピグラフには立花北枝の句が引用され、既に散文と詩の混合のような文体が用いられている。『吾輩は日本作家である』（*Je suis un écrivain japonais*, 2008）は、荒唐無稽なメタフィクションのような外観を持つが、主人公の小説家が敬愛する芭蕉の『奥の細道』を読み進める中で前半の物語が同時進行するという二重の構造を持つ。入れ子式に語られる芭蕉の旅を綴る俳文と俳句は、主人公が文体を探す旅に重なっていく。『帰郷の謎』はこうした作品の後に書かれたものであり、ここに表れる自由詩と散文詩で構成される詩的文体は、芭蕉を師とした文体探究の到達点として提示されていると考えることができるだろう。

　実際、ラフェリエールはある対談において、『帰郷の謎』が彼の作品の中で最も日本的な作品であり、その理由として都会で死んだ父を生まれ故郷に戻すという非常に日本文化的な死後供養が描かれていることに加え、芭蕉の文体にある簡素さを表現したと解説をしている。さらに西洋の古典的神話のテーマを物語に落とし込んだという意味で三島由紀夫『午後の曳航』の影響も自ら指摘している（Laferrière 2012）。『吾輩は日本作家である』に、彼が少年時代にたまたま自宅の本棚にあった三島の作品を日本人作家と知らずに愛読していたという一節があるが、ラフェリエールにとって作家の国籍や、作家がどの国や地域に帰属するかを論じることは意味がないのだ。ラフェリエールはまた別の対談において、彼自身はどの国の作家なのかという問いに対して、自分は「読者の国の出身」であり、「日本人が本を読んでくれれば、

日本の作家になる」と返答する。この問答は形を変えて『吾輩は日本作家である』にも再登場し、この作品の主題である「作者の帰属」に関し、越境作家に限らず、人々の出自によって外部からアイデンティティが自動的に決定されることの不毛さを批判している（Laferrière 2008, 29 = 2014, 28）。

　従って『帰還の謎』をカナダに亡命したハイチ出身の移民作家が帰郷する素朴な自伝小説として表層的に読むだけでは、この小説を十全に味わったことにならないだろう。ラフェリエールの文学的教養が重層的に重ねられ、普遍的な神話の中に移植された個人の物語が、自伝的な語りの力により、豊かな文学作品として昇華されていることを見誤ってはならない。

おわりに

　個人の越境の体験はどのように創作言語や文学的実践を変容し、更新するかという観点から、多和田葉子の「エクソフォニー」論、19世紀後半に詩的言語の更新に向けて未踏の地を切り開こうとしたロートレアモンの越境性、そしてダニー・ラフェリエールの『帰還の謎』の独特の文体が持つ文化的重層性について論じた。

　彼らの越境の体験あるいは越境の状態は、創作言語を大きく更新し、文学の地平を新しく切り開いた成果として、世界に対する読者の視点を拡張することを誘っている。

　多和田やラフェリエールは、境界の外に出なかったらこのように書いただろうかと自問する。越境の体験が「書くこと」を要請するとすれば、書くことは抑圧された自我を、言語を用いて解放することであり、ラフェリエールの場合は亡命先での苦境や疎外感、焦燥、亡命した人間の苦悩等を美しい回想の物語に変え、同時に文学作品と作者の帰属を同一のものだとする幻想を無効にすることを試みた。多和田の場合は日本語とドイツ語の両方から創作することで創作言語の新しい可能性を探り、それを文化や言語の間を「耕す」という言葉で表そうとした。ロートレアモンは既にフランス国民文学の中に位置付けられており、越境文学の観点からはあまり考察されてこなかった。しかし、フランス語の破格的使用による新しい詩的言語の追究は越境の

経験がなければ世に出ないものだったのかもしれない。

　個人が、一人の人生の間にせよ、世代を跨るにせよ、越境体験を経て、新しい土地の新しい言語や文化を学び直しながら己のアイデンティティを再統合する時、複数の言語使用や複数の文化的適応性のため、自分はどこへ帰属する何者であるのかという不安定な状態が現れる。同時に複数の文化や言語を所有し、複数の共同体に属し、あるいはどこにも属さず、または二つ（や複数）の言語の間にとどまることを選択し、その中間の空間で創作活動が始まることもある。文学とは言語化できないものを言語化しようとする試みだとすれば、そして現代に文学のための空間がまだ残されているとすれば、そのような「間の空間」こそが文学の生まれる場所であるのかもしれない。

1）　このシンポジウムについては以下を参照。Arndt, Susan, Dirk Naguschewski and Robert Stockhammer eds.（2007）*Exophonie. Anderssprachigkeit（in）der Literatur*, Berlin: Kulturverlag Kadmos.

2）　日本における外国人作家の受賞時の評価に関しては、谷口（2009, 206）を参照。ドイツにおける外国人作家の文学賞受賞に関しては、土屋（2009, 125）を参照。

3）　Tawada, Yoko（2007）*Sprachpolizei und Spielpolyglotte*, Tübingen: Konkursbuch Verlag.

4）　ロートレアモンの伝記的記述に関しては以下を参照。石井（2008, 321-329）; Lefrère（1998）。またイジドール・デュカスを著者名としている作品も全て本章ではロートレアモンという表記で統一する。

5）　ラフェリエールのアカデミー・フランセーズ入りの経緯及びケベックにおける反響は小倉（2014）を参照。

参考文献

石井洋二郎（2008）『ロートレアモン――越境と創造』筑摩書房。

小倉和子（2014）「ダニー・ラフェリエールのアカデミー・フランセーズ入り」『ケベック研究』特別号小畑精和先生追悼論集、149-157。

小倉和子（2021）『記憶と風景――間文化社会ケベックのエクリチュール』彩流社。

真田桂子（2006）『トランスカルチュラリズムと移動文学――多元社会ケベックと移民と文学』彩流社。

真田桂子（2014）「ケベックの「移動文学」の浸透と波及――『フランス移動文学作家事典 1981-2011』の刊行をめぐって」『阪南論集　人文・自然科学編』49（2）、81-93。

立花英裕（2013）「ダニー・ラフェリエールと日本」『人文論集』51、57-68。

立花英裕（2014a）「訳者解説」ダニー・ラフェリエール『吾輩は日本作家である』藤原書店。

立花英裕（2014b）「ダニー・ラフェリエールと世界文学」『ケベック研究』特別号小畑精

和先生追悼論集、88-98。

谷口幸代（2009）「日本文学を引用する越境の作家たち――水村美苗、デビッド・ゾペティ、多和田葉子」『越境する文学』水声社。

谷川道子（2000）「境界の詩学――多和田葉子文学の位相」荒このみ・谷川道子編『境界の「言語」――地球化／地域化のダイナミクス』新曜社。

多和田葉子（2003）『エクソフォニー――母語の外に出る旅』岩波書店。

土屋勝彦（2009）「ドイツ語圏の越境文学」土屋勝彦編『越境する文学』水声社。

フェーダーマイアー、レオポルト（2009）「言語遊戯と多文化性」（伊藤亮平訳）土屋勝彦編『越境する文学』水声社。

山出裕子（2010）『移動する女性たちの文学――多文化時代のジェンダーとエスニシティ』御茶の水書房。

Blanchot, Maurice（1963）*Lautréamont et Sade*, Paris: Les éditions de Minuit.

Laferrière, Dany（2012）"Je suis un écrivain japonais（entretien réalisé par Michaël Ferrier），"*Nouvelle Revue Française* 599, 56-64.

Hoffman, Eva（1989）*Lost in Translation: A Life in a New Language*, London: Minerva（＝1992, 木村博江訳『アメリカに生きる私――二つの言語、二つの文化の間で』新宿書房）.

Laferrière, Dany（2000）*J'écris comme je vis*, Genouilleux: La Passe du vent（＝2019, 小倉和子訳『書くこと　生きること』藤原書店）.

Laferrière, Dany（2008）*Je suis un écrivain japonais*, Paris: Grasset（＝2014, 立花英裕訳『吾輩は日本作家である』藤原書店）.

Laferrière, Dany（2010）*L'Énigme du retour*, Montréal: Les éditions du Boréal（＝2011, 小倉和子訳『帰還の謎』藤原書店）.

Lautréamont（2009）*Œuvres complètes*, Paris: Gallimard（＝2001, 石井洋二郎訳『ロートレアモン全集』筑摩書房）.

Lefrère, Jean-Jacques（1998）*Isidore Ducasse, auteur des Chants de Maldoror, par le comte de Lautréamont*, Paris: Fayard.

Perrone-Moisés, Leyla and Emir Rodriguez Monegal（2001）*Lautréamont: l'identité culturelle. Double culture et bilinguisme chez Isidore Ducasse*, Paris, Montréal, Budapest, Torino: L'Harmattan（＝2011, 寺本成彦訳『ロートレアモンと文化的アイデンティティ――イジドール・デュカスにおける文化的二重性と二言語併用』水声社）.

Viroux, Maurice（1952）"Lautréamont et le docteur Chenu," *Mercure de France* 1072, 632-642.

第13章 科学にたずさわるのは誰か
科学の不定性とコミュニケーション

大木聖子

はじめに

　みなさんは、「科学」と聞いて何をイメージするだろうか。自分と「科学」との距離感は、どのくらいだと感じられているだろう。子供の頃から理科が好きで理系に進学した人、とにかく数学や理科に苦手意識がある人、技術開発の職業や研究に従事している人、仕組みはともかくスマホやパソコンは使いこなせる人、学校の理数系は好きではないけど科学館はたまに行く人。これらの人を「科学」からどのくらいの距離にいるか配置してみてほしい。あなた自身はどこに並ぶだろう。

　高校までの理科や数学の問題には正解が用意されているので、理系科目には答えがひとつあって、それは誰が問いても同じ答えになる絶対的なものだ、という印象を抱いているかもしれない。次の日蝕がいつ起きるか予測できたり、DNA鑑定で犯人が特定できたりと、科学的正しさの前では誰も反論を挟めない。論争が起きているとしたら、どちらかが正解でどちらかが不正解だから、と思われるかもしれない。

　ところが現実的には、降水量の予報が外れて水害になったり、地震予知が未だできずに大災害になったりしている。低線量の放射線被ばくによる健康被害や、新たなウイルスに感染したのちの後遺症、次世代への影響はどのくらいなのかといった問題は、専門家でも見解が分かれ、見通しを立てるのが困難だ。もちろん、たくさんのデータが集まれば明らかになる事象もあるだろう。しかし、現在進行形で誰かの生命に関わっていたり、データ収集のた

めにさらに大きな犠牲を払う必要があったりすると、科学的正しさによる解決を待っているわけにもいかなくなる。

　この章では、科学に問うことはできても科学の方からは答えが得られないもの、あるいは、市民の方から問わない限り科学の世界では問われないものについて考える。「科学的正しさ」は絶対なのだから科学は専門家にお任せしていればいい、という考え方に立っていていいのか、誰が科学技術政策の舵取りをすべきなのか、考えながら読み進めていただきたい。

I　科学技術と私達の距離感

　私が担当している授業に、科学と社会との関係について考えるものがある。これは、前職で東京大学地震研究所に勤めていた時に、広報やコミュニケーションを担当していた経験に根ざしているもので、災害科学のコミュニケーションのあり方を整理し直す中で出会ったテーマだ。

　この授業の履修選抜では、以下の問いを出している。

　　①　「運転中の原子力発電所の安全装置が全て、同時に故障した場合、深刻な事故が生じますか？」

　　②　「運転中の原子力発電所の全ての安全装置が、同時に故障することはありますか？」

　　③　「運転中の原子力発電所の全ての安全装置が、同時に故障する可能性を考えて、事前に対応しておく必要はありますか？」

　　④　「原子力発電に依存した生き方は幸せなのでしょうか？」

　　⑤　これらの質問そのものについて自由に論じなさい

　①から④までの問いは、1972年に核物理学者のアルヴィン・ワインバーグが提示したものだ（Weinberg 1972）。①の問いの答えは、少なくとも専門家であれば一致し、そのような前提ならば事故が生じる、となる。②の問いについては、そのような可能性が完全にないとは言いきれないため、確率表現となるだろう。③の問いでは、前問に記した確率を安全と見るか危険と見るかという「リスク評価」が求められる。つまり、その人の「判断」が入るため、科学的一致は見られなくなる。④の問いは、もはや科学で答えられる

問いではない。ワインバーグはこれらをトランス・サイエンス領域にある問題群、すなわち「科学に問うことはできても、科学で答えることはできない」問題群として、現代社会において顕著になってきていると指摘している。

科学と社会との関係を考える授業の初回にはグループワークを行い、各自が論じてきた内容をさらに深めてもらう。多くの学生が、その人が置かれている立場、住んでいる場所や時代によって回答が変わること等を指摘する。「では、エネルギー政策には誰が関わるべきでしょうか」と問いかけると、教室が静まり返る。専門家に任せる？　専門家でも意見が一致しない問題なのに？　そもそも誰が専門家を選ぶ？　専門家だけでいいの？　自分にはさほど関わりがないと思っていたエネルギー政策が、途端に身近なものとして迫ってくる。エネルギー政策だけではない。仕組みを知らぬまま恩恵を享受してきたあらゆる科学技術が、自分に関係する問題となって現前する。

これは、科学技術政策の舵取りは誰がすべきなのか、という問題である。近年になって私たちは、これまで生活を豊かにしてきた科学技術が、時を経て脅威となって出現しうることを経験している。あるいは、開発された当時には想像もしえなかった欠陥が後になって現れたり、出現した事象への解釈や解決策が専門家であっても一意に決まらなかったりすることを繰り返し見てきた。それぞれの専門家がその分野の知見を深めることだけでは、これらの問題は解決しない。次節から、その具体例を見ていこう。

II　ラクイラ地震

科学と社会との関係において、世界中の地震学者を震撼させた出来事がある。2009 年 4 月 6 日に発生したイタリア中部でのラクイラ地震と、それに伴って 1 年後に起きた地震学者への刑事告訴だ。最終的には科学者らは無罪となったが、一審では公職追放の他、禁固 6 年などの判決が下された。本節では、地震学者訴追事件にどのような背景があったのかを詳説する（纐纈・大木 2015）。

1 発災までの状況

イタリア中部アブルッツォ州の州都であるラクイラ市では、月に数回程度の小さな地震活動が起きる。そのほとんどは体に感じられない程度の小さな揺れであるが、2008年半ばから2009年3月にかけて有感地震（人が揺れを感じる地震）が頻繁に起きるようになり、街は地震の話題でもちきりになった。

このような状況下で、ある技術者が空気中のラドン濃度データを示し、ラクイラ市近隣の別の市を震源とした大地震が起きると発信した。この情報は一定数の住民に影響を与え、これを信じる者と真偽を確かめようとする者とで、街はパニック状態となった。3月30日には一連の群発地震の中ではもっとも大きいM4の地震が発生し、これに伴う余震も頻発した。

この翌日、専門家を集めた会議が緊急にラクイラ市で開催された。これはイタリア政府市民保護局が随時開催できる諮問委員会で、災害の種類ごとに予め専門家が委員として任命されている。この日の委員会には、4名の専門家委員、および、市民保護局から副長官を含む2名、オブザーバーとして地震活動データを管理するセンター長の任に当たっていた地震学者、アブルッツォ州の防災担当者、そしてラクイラ市長の3名が参加している。

委員からはそれぞれの専門分野にちなんだ助言として、大地震が起こるとも起こらないとも言えない、起こるとしてそれがいつなのかを予測することはできない、といったことが指摘され、委員会自体は1時間程度で終了した。直後の記者会見には、市民保護局副長官と大災害委員会の委員長、州の防災担当者とラクイラ市長が取材に応じ、地震予知は困難であること、大地震が起こるか起こらないかはわからないことをコメントしている。

しかし、その晩にニュースで流された映像や翌朝の地元紙には、これと全く異なる報道がなされた。ローカルテレビは「国が大災害委員会を開き、頻発する地震は大地震の予兆ではないと「安全宣言」を出しました」と放送し、地元紙は「科学者は危険がないと判断」と記事にした。

そしてその1週間後の4月6日午前3時32分（現地時刻）、M6.3の地震がラクイラ市で発生し、309名の犠牲者を出した（図13-1）。地震学者らが刑事告発されたのはこの1年後である。

図 13-1　ラクイラ地震による被害（筆者撮影）

2　地震学的にわかっていること・わかっていないこと

　現段階で地震学的にわかっていることを整理しておこう。大前提として、現在の地震学では、「いつ」「どこで」「どのくらいの規模の」地震が起きるかを予測することはできない。では空気中のラドン濃度で地震を予測した技術者は、なんだったのか。これは地震学的にはよく知られている問題で、結論から言うと空気中のラドン濃度は地震以外の要因でも増減をするため、これで地震予知はできない。

　次に、群発地震と大地震の関係について。群発地震とは、小規模から中規模の地震が一定期間に渡って断続的に起きる現象のことである。火山噴火に伴う地震活動の場合はこの群発地震がよく見られるが、ラクイラ市のように、特段の火山活動も見られないまま群発地震が続くのは不気味だっただろう。大地震の予兆なのではないかと怯える人々が現れるのも理解できるが、地震学的には、群発地震の最後に大地震が起きるか否かはわかっていない。頻度だけで言えば、群発地震の最後に大地震が起きることの方が遥かに少ない。

　この群発地震については、奇妙な解釈が巷でなされることがある。群発地震がエネルギーを小出しに放出する方が、大地震が起きるよりも良いことだ、あるいは、群発地震でエネルギー放出をしているので大地震は起きない、と

いった誤った解釈である。地震学的には、マグニチュードが2つ異なるとエネルギーは約1000倍変わる。このことは、M7の地震エネルギーを解放したいならM5を1000回、あるいは、M3を100万回（1000×1000回）起こさねばならないことを意味している。現実的には自然界でそのような代替現象は起きていない。

　最後に、地震災害で犠牲者が出る要因については国を問わず、揺れで倒壊した建物や転倒した家具による圧死や窒息死である。逆に言うと、地震が起きることそのものは止められないが、建物の耐震性や家具の固定といった防災対策で被害は大幅に軽減できる。このような視点でイタリアを見た場合、やはり日本に比べて耐震性の低い建物が多い。中でもラクイラはいわゆる古都であり、古い（そして美しい）建物も多くあった。このことは、ラクイラ市はもちろんイタリア政府も、ラクイラ地震が起こる前から把握していた。

3　顛末と判決

　大災害委員会やその後の記者会見では専門家らが、地震が起きるかどうかはわからない、予知はできない、と言ったにもかかわらず、なぜ安全宣言が報道されたのか。この才盾は、裁判の過程で図らずも判明した。委員会のあった日、委員会開催前のインタビューで副長官が「たくさん地震が起こるのはエネルギーが発散しているのだから良いことだ」と発言している映像が提出されたのだ。明らかに軽率な発言ではあるが、その副長官も、委員会での専門家の意見を聞いた後はこのようなことを言っていない。なぜメディアが委員会後の番組で、委員会前の副長官によるこの発言を切り取ったのか、その真相は残念ながら、明らかになっていない。

　一方、裁判が進んでいく中で、この発言は市民保護局の長官が意図したことだったと発覚した。長官は州の防災担当者に対して、委員会開催前日に電話で以下のように述べている。「地震に関する一流の専門家たちはこう言うだろう、「これは正常な状態です。M4の地震が100回ある方が、何もないより良いのです。なぜならば100回の地震はエネルギー放出に貢献するものであって、害のある地震というのでは決してないのです」と。これを私と君が話す代わりに、地震学分野の最高の科学者たちに話をさせよう」。

前述のとおり、「小さな地震が多発することで大地震の代替となりうる」と考えるのは非専門家が陥りがちな誤った認識である。当然、地震学者らはそのような発言は行わなかった。代わって副長官が、委員会開催前に自らこれを発言し、そこが切り取られて夜のニュースや翌朝の朝刊となった。

　ラクイラ地震から1年以上経った2010年7月に地震学者を含む7名が起訴されると、世界中の地震学者が「地震予知はいかなる国の地震学者であってもできない」との署名運動を展開した。実はこの署名運動はかえって遺族の逆鱗に触れてしまう。遺族が刑事告訴したのは「リスクを伝えずに安全宣言をしたこと」に対してであり、「地震予知ができなかったこと」に対してではない。私が遺族らに行ったヒアリングでは、「署名運動によって我々は、地震予知ができると思い込んでいる知識のない人々と印象付けられた」と憤っていた。

　一審の判決は2012年10月に下された。起訴された7名全員に対して、共同過失致死罪で禁固6年の実刑判決、および、公職からの追放、総額800万ユーロ以上の賠償金および国家賠償という、安全宣言など少しも発言しなかった地震学者の立場からすると極めて重い判決である。7名は控訴し、2014年11月に二審のラクイラ高等裁判所が専門家6名に無罪判決、副長官に執行猶予付き禁固2年を言い渡した。2015年11月、イタリア最高裁が上告を棄却して第二審が支持され、判決が確定した。

4　コミュニケーションの課題

　もし、あなたの住む地域で群発地震が始まり、巷では大地震の前兆だと噂が流れ始めたら、あなたや家族はどうするだろう。専門家会議が開催されると知ったら、その日のニュースをどのような思いで見るだろう。「安全宣言」は、望むことができるなら、一番聞きたい答えなのではないだろうか。そのような安心できる答えを選択的に聞いてしまってはいないだろうか。

　あるいは、メディアが「大地震が起きるかどうかは専門家もわからない」と報道したとして、あなたや家族はどうするだろうか。防災対策をさらに固めるか、いずれ収まると思ってやりすごすか、あるいは情報収集を続けるか。その情報はどこに求めるだろう？　やはり専門家である地震学者だろうか。

そもそもあなたはどのように、「この人は地震の専門家」と見分けるだろうか。

　「現時点で地震予知はできない」という科学の限界を前に、犠牲者が多数発生し、さらに刑事訴訟へと突き進んでいったのは、あまりに虚しく哀しい悲劇である。発端は地震の科学の不確実性にあったにしても、より本質的には、科学というよりコミュニケーションの問題と言えよう。

　これまで専門家は、専門家コミュニティの外へのコミュニケーションにどれほど注力してきただろうか。地震学的にわかっていることだけでなく、わかっていないことも普段から積極的に伝えていれば、政府や市民の備えを促せたのではないか。市民からの問いについて、それは科学では答えられない問いだと切り捨てたり、あるいは、科学を以て答えることで市民が聞きたい真の問いには応えずにかわしたりしてきたのではないだろうか。

　地震防災に資する研究をするために地震学コミュニティが立てる問いは「今後 30 年の地震発生確率は何 % か」といった枠組みになる。科学コミュニティは、科学で答えられる形式でしか問いを立てられない。家具を固定する、耐震性のある住宅に住む、等の対策が歴然と存在している地震災害において、問うべきことは他にもあるはずだ。問いの枠組みを専門家や国に任せず、市民が自らの枠組みで問い直していけるような社会はどのように実現できるのか。

　次節ではラクイラ地震から遡ること 20 年、専門家と非専門家の対話の重要性に社会全体が気づく大きなきっかけとなった事例を取り上げる。

III　BSE（牛海綿状脳症）

　1980 年代半ばにイギリスで発見された狂牛病（牛海綿状脳症 Bovine Spongiform Encephalopathy、以下、BSE）において専門家は、病原体が何であるか科学的に未解明なまま、ヒトへの感染可能性についての判断を求められている。最終的には政府から「牛肉安全宣言」が出されたが、10 年の潜伏期間の後にヒトへの感染が確認され、政府や専門家への信頼が失墜する出来事となった（小林 2007）。

1 BSE の病原体と感染過程

　1986 年、イギリスで初めての BSE 感染牛が報告された。感染した牛は、脳の組織がスポンジ状となり、異常行動や運動失調などを示して最終的には死亡する。1990 年代前半にはヨーロッパ各国で発症牛が確認され、1992 年のピーク時までには世界で約 37,000 頭が感染したと言われている（厚労省 2017）。日本では 2009 年までに 36 頭の感染が発見されているが、これ以降は見つかっていない。

　BSE が発見された当時、その科学的知見には大きな限界があった。結論から言うと、病原体はプリオンというタンパク質である。感染を引き起こしているのが細菌やウイルスではなく、自分のタンパク質であることは、当時の生物学や医学の常識とはかなり乖離していた。実際、発見者のプルシナーは 10 年近くに渡って激しい批判を浴びていた。（なお、この功績がついに認められて 1997 年にノーベル生理学医学賞を単独受賞している。）

　答えがプリオンであることを知らない状況では、BSE 感染牛の特定も、病原体の排除方法も、ほとんど手探りにならざるを得ない。まず、病原体であるプリオンはタンパク質からなるため、ゲノムを持たない。このことは感染しているかどうかの遺伝子診断ができないことを意味する。また、そもそもプリオンは自分自身のタンパク質であるため、細菌などの外敵を取り込んだ場合に見られる体内での防衛反応が起こらず、抗体ができない。つまり、抗体検査も機能しない。さらに、プリオンはウイルスと違って熱にも消毒にも強く、1000 度で加熱するまで感染力が変わらない。BSE の平均的な潜伏期間は 5 年であり、これもまた、感染後速やかに発症するウイルスとは異なる特徴である。

　プリオンは、DNA や RNA がないにもかかわらず増殖し、疾病を伝達する。これも大きな謎であった。今なお解明されていないところもあるが、現段階では以下のように考えられている。肉骨粉といった工業的共食いにより口から入った病原体が小腸のパイエル板という組織に付着する。その後、神経を通って脊髄、さらに脳へと到達する。長い時間をかけて脳で増えていき、やがて脳内に蓄積して末梢神経に広がっていく。脳の神経細胞が壊されて、脳は小さな穴だらけ（海綿状）になり、歩行困難などの諸症状を現すように

なる。

2　サウスウッド委員会による報告書とフィリップス委員会による検証

1986 年に最初の BSE 感染牛が発見されてからわずか 2 年後、病原体であるプリオンについてほとんど未知のまま、動物学者のサウスウッド博士を中心とした委員会が政府によって組織された（以下、サウスウッド委員会、1988－1989）。BSE に関する科学的・専門的知見によって、今後の見通しと対策を政府に勧告することが期待されていた。

前述の通り、プリオンの概念なくして科学的な助言や判断を行うのは困難である。しかし、サウスウッド委員会は現在の指標に照らしても有効な勧告を行っている。例えば、反芻動物由来の資料（肉骨粉）を反芻動物に供与することの禁止や、感染牛の牛乳の廃棄、特定危険部位（脳）のベビーフードへの使用禁止などである。一方で、「ヒトへの感染についてはありそうにない」（"the risk of transmission of BSE to humans appears remote"）としていた。これは、ウシ以外の動物に見られる同様の症状（例えばヒツジに見られるスクレイピー等）では、他の動物には感染しないというのが定説であったためである。

委員会の見解について、政府はその報告書を求めてはいなかったが、最終的にはサウスウッド報告書がまとめられた。委員のひとりであるリチャード卿が、委員会から政府、政府から一般市民へと伝達されていく中で、バランスの取れていない警告を委員会が発したかのようになるリスクを考えて報告書をまとめることを主張したためである。そして、報告書には上記のヒトへの感染はありそうにないとの記述の後に、以下の一行が加えられた。「しかしながら、もし我々の評価が誤っていたら、その影響は極めて深刻となるだろう」。白（完全な安全）ではなくグレー（わからないところがある状態）であることを示すための一文だった。

しかし、サウスウッド委員会からの報告を受けてイギリス政府は、イギリスの牛は安全キャンペーンを全面的に展開する。当時の農業大臣は「サウスウッド報告をバイブルとみなしている。これ以上に優れた学識ある科学者グループはいない」と述べ、「イギリス牛は安全」と繰り返し国民に強調して伝えた。7 年後の 1996 年、ついに BSE の人への感染事例（変異型クロイツフ

ェルト・ヤコブ病）が発覚、政府や専門家を信じて安心して牛肉を食べていたイギリス国民は、科学に対する信頼を大きく失墜した。

最初のヒトへの感染が確認された翌年の1997年、判事のフィリップス卿を委員長として、BSEをめぐる科学者と行政の対応を検証するための委員会が立ち上がった。膨大な量の報告書には、当時の科学的知見の不足を以て専門家を裁くことはふさわしくないといった点や、委員会の構成員と役割については改善の余地があった点などが指摘されている。

サウスウッド報告書の利用の仕方に関しては、政府のリスク・コミュニケーションのあり方について以下のように記されている。「BSEについて、政府は国民に対して嘘をついてはいなかった。政府内では、BSEによる人へのリスクは起こり得ないものであると信じられていた。リスクがありえないものと信じていたがゆえに、政府はBSEに対する不安を煽るような過剰反応が起こるのを防ぐことに終始していた。国民を安心させるためのキャンペーンが誤りであったことは、今となっては明らかである。BSEはおそらく人に感染していたという1996年3月20日付の政府発表に対して、国民は裏切られたと感じた。リスクに関する政府発表に対する信頼は、BSE問題によって損なわれた」。

白とも黒とも言いきれない、「リスク」の捉え方とそれに関するコミュニケーションの難しさや、専門的知見に頼ることへの限界がここでも指摘されている。

3 双方向のコミュニケーションへの兆し

読者の中には、狂牛病騒動の渦中だった頃の日本や世界の様子を記憶している方もいるだろう。特に、2001年9月に国内で初めてBSE感染牛が発見された時は、農家が特定された情報が出回ったり、嫌がらせがあったりと、ヒステリックとも呼べる状況だった。そして、「日本にはBSE感染牛はいない」と言っていた政府に対する国民の信頼は、イギリスほどでないにしろ崩壊し、消費者による不買で食肉産業は大打撃を受けた。

国内での感染牛の発覚に伴い、政府は欧米に10年以上遅れてようやく肉骨粉の投与禁止を決断し、国産牛であっても特定危険部位の除去を行う等の

対策を打ち出した。二転三転したが最終的には、国内で全頭検査を行ってから市場に出すことが決定される。これについては、国内の専門家でも意見が対立し、「危険部位を除去すれば安全とは言いきれないため、全頭検査で検出すべきだ」、「検査には検出限界があるため、全頭検査で解決するものでもない。危険部位の除去で十分だ」などと見解の一致は見られなかった。今となっては、双方とも部分的に正しく、部分的に間違えているのだが、何が正しいのか誰もわからない状況だった。

　もし、あなたがこの渦中にいたら、牛肉の消費行動は変わっただろうか。世界最初の発見から15年も経つのに、未だ専門家の見解が統一されない。食べるか、食べないか、あなたならどうするだろう。一消費者だった場合、畜産業界の従事者だった場合、幼い子供が家族にいる場合……状況によって考え方も変わる。だとすれば、あなたは誰の判断を仰ぎ、どのような決断をするだろう。

　専門家と市民とのコミュニケーションに関して、イギリスではその後、興味深い動きが見られた。どうすればグレーゾーンが市民に伝わるのかを悩んだ専門家と、専門家は本当はどこまでわかっていたのだろうかと思った市民とが向き合って科学について対話する、「サイエンス・コミュニケーション」が興ったのである。この動きはやがて欧州、そして日本へと広がり、専門家と市民とが交流できる場やそのための予算措置が用意されるようになった。

　科学と社会との関係を考えていく上でサイエンス・コミュニケーションは重要な活動であるが、わかっていることをわかりやすく伝えることに終始している印象がある。科学に問うことはできても科学では答えられない問題群について考えていくには、わかっていないことをもっと積極的に伝えていく必要があるだろうし、専門家と非専門家である市民という枠組みから解き放たれて、専門家では置かない問いの枠組みを投げかける存在としての市民へと醸成されていくプラットフォームがほしい。次節ではそのような枠組みの多義性が顕著に現れた事例について記す。

IV 遺伝子組換え作物

スーパーで商品を選ぶ際に「遺伝子組換えでない」といった表示を見かけることがあるだろう。1990年代に新しい科学技術として出現した農業バイオテクノロジーは、人々の「食の安全」に関するリスク認知が、人体に影響をもたらすか否かの科学的な事実だけではなく、それを扱う規制当局への信頼など、社会的・政治的・倫理的なことにも及ぶことを明らかにした。本節では、欧州がたどった遺伝子組換え作物への対応から「科学的正しさ」や「科学による客観的価値基準」について考える。(Marris et al. 2001; 平川 2010)

1 遺伝子組換え作物への市民の「問い」

スーパーで買い物をしている時、同じ商品の異なるブランドがそれぞれ「遺伝子組換え作物を使用」「遺伝子組換えでない」とラベルしていたら、あなたはどちらを選ぶだろうか。日本の消費者庁のウェブサイトには、遺伝子組換え食品について以下のように記されている。

> 私たちが毎日食べているお米や野菜、果物の多くは、長い年月をかけて「育てやすさ」や「美味しさ」等のために、品種改良が進められてきました。その結果、私たちは現在、様々なニーズに沿った食材を手に入れることができています。
> この品種改良技術のうちの一つとして、遺伝子組換え技術が開発され、農作物等の改良の範囲の拡大や、改良期間の短縮等ができるようになりました。
> 遺伝子組換え食品とは、他の生物から有用な性質を持つ遺伝子を取り出し、その性質を持たせたい植物などに組み込む技術を利用して作られた食品です。
> 遺伝子組換え技術では、自然では交配しない生物から遺伝子を持ってくることができるため、従来の掛け合わせによる品種改良では不可能と考えられていた特長を持つ農作物を作ることができます。
> 例えば、害虫抵抗性のとうもろこしでは、農薬をまかなくても害虫の繁

殖を抑えることができるため、収穫量も多くなります。また、除草剤耐性の大豆では、雑草を除く作業が楽になるだけでなく、雑草を取り除くために土を掘り返さなくてもよくなるため、地表の土壌が風により舞い上がって失われるのを防ぐことができます。このように、これまでの技術では開発できなかった新しい性質を持った品種は、食糧問題や環境保全にも大きなメリットがあります。(消費者庁 2022)

　ほとんど同内容の記述が厚生労働省と農林水産省の当該ページにも掲示されている。食糧問題にも環境問題にもメリットがあり、従来の品種改良のように無害のものである。いいことずくめに聞こえる遺伝子組換え食品は、しかし、人々に容易に受入れられたわけではなかった。もちろん、課題は今もなお存在している。

2　市民による問いの枠組み

　人々が遺伝子組換え食品の何に不安を抱くのか、1998年から2年間にわたって、イギリス・フランス・ドイツ・スペイン・イタリアで大規模な調査が行われた〈「欧州における農業バイオテクノロジーに関する一般市民の認知(PABE)」〉。大変興味深いことに、調査結果は国によって大きな差異は出なかった。つまり、一般市民が抱く疑問はある程度の普遍性のあるものだということが示唆される。

　レポートの冒頭には農業バイオテクノロジーの関係者に向けて、「あなた方が一般市民に対して抱いている以下の10の視点は神話であり、実際の調査結果とは矛盾している」とのメッセージが綴られている。例えば、「神話1：問題の根源的な原因は、一般人が科学的事実について無知であることによる」「神話5：消費者は選択の自由を行使するために表示を望んでいる」「神話8：一般市民は「ゼロリスク」を要求しているが、これは合理的ではない」などである。遺伝子組換え作物に対する市民の問いはもっと思慮深いものだ。調査が明らかにした、一般市民による遺伝子組換え作物に関する主な質問12項のうちいくつかを抜粋する。

- 誰が、どのように、遺伝子組換え作物を開発することを決めたのか？
- 遺伝子組み換え作物が市場に出回る前に、私たちはなぜもっと良い情報を与えられなかったのか？
- 規制当局は、これらの製品を開発しようとする大企業に対抗できるだけの十分な権限と資源を持っているのか？
- リスクは真剣に評価されたのか？　誰が、どのように行っているのか？
- 潜在的な長期的影響は評価されたのか？　どのようにされたのか？
- 予期せぬ有害な影響が発生した場合、どのような救済措置が考えられているのか？
- 不測の被害が発生した場合、誰が責任を負うのか？　どのように責任を負うのか？（Marris et al. 2001: 9）

　一般市民は、安全かそうでないかの科学的事実を求めているというよりは、リスクの評価や管理を行う政府の能力や、政府委員となる専門家を本当に信頼していいのかを問うている。まして、ゼロリスクや完全な確実性を求めているわけでもない。人々の農業バイオテクノロジーへの不信感にも近い反応は、専門機関が不確実性を否定したところにあったのだ。

3　客観的評価基準と価値基準

　遺伝子組換え技術を活用して生産された食品に対して市民が示した拒否反応を前に、各国政府は科学的なリスク評価として客観的評価基準を算出しようとした。ところが、一体何が「客観性」を担保するのかという大きな問題に突き当たる。人々が求めたのは、遺伝子組換え作物を巡り巡って口にした場合の人への健康リスクだけではなく、遺伝子組換え作物を大量に栽培した場合に農地の中の微生物や昆虫などに与える環境リスク、それを食べる鳥などに与える生態系への影響など、多岐に渡るものだった。

　仮に農薬使用量のみを軸に客観的評価を行うとしても、どの農法による使用量と比較するかによって結論も変わってくる。農薬を多用する従来の工業的方法と比較すれば「大いに受け入れるべき」という判断になるし、もともと減農薬や無農薬などのオーガニック農法をしていれば「受け入れる必要の

ない技術」となる。このことは、これから推進していく農法として何を尊重するか、という国としての価値基準を問うている。

　たとえばオーストリアは、山地が多く起伏に飛んだ地形であるため大規模農業に向いていない。この状況を逆手に取って、オーストリアには高品質のオーガニック野菜を生産する小規模農家が多数ある。オーストリア政府は、これらの農家を保護する観点から遺伝子組換え技術を受け入れないという決断をした。これは、遺伝子組換え作物の人体への影響というよりは、望ましい農業モデルと食文化の視点を尊重した判断と言えよう。遺伝子組換え作物に関する客観的評価基準が議論されているように見えて、実際には、その国の価値基準が大きく影響していた。

　遺伝子組換え作物に代表されるような食の安全に関する新しいテクノロジーが出現した時、それを受け入れるか否かは、誰が意思決定するのがいいのだろう。それが人体にどれほどの影響をもたらすのか、次世代に蓄積されることはないのか、客観的評価基準を求めたところで「現段階ではわからない」部分が必ず出てくる。さらに、生態系や環境への影響など、誰が未来を読めようか。

　「科学的正しさ」を専門家に求めているだけでは、抱いている不安や疑問の答えは得られない。科学コミュニティが問えるのは、科学が答えられる問いの枠組みに適ったものだけである。社会の中で特定の市民が仕事を失うリスクや、地域社会が崩壊するリスク、故郷を失うかもしれないリスクは、科学コミュニティの行う議論の俎上に上がってこない。これらの問いを立てられるのは、市民の方なのだ。

　食の安全に関する新たなテクノロジーだけではない。原子力発電やワクチン接種など、この10年にも私たちは多くのグレーを目の当たりにしてきた。あなたはそれらに、どのような問いを立てるだろうか。

V　問いを問い直す

　ここまで取り上げた事例はいずれも「科学に問うことはできても、科学では答えられない問題」であるが、取り扱いづらい要因は少しずつ異なってい

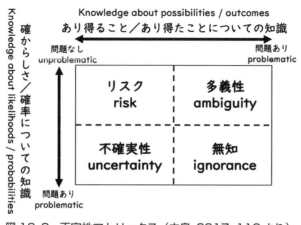

図 13-2　不定性マトリックス（中島 2017: 112 より）

る。これを整理するために、アンディ・スターリング（Andy Stirling）による不定性マトリックス（図 13-2）を導入しよう（中島 2017; 戸田山 2011）。

　図を見ると、横軸は「あり得ること／あり得たことについての知識」、縦軸は「確からしさ／確率についての知識」となっており、いずれも「問題なし⇔問題あり」が両端に置かれている。横軸は定性的側面についての知識であり、「問いの立て方・切り取り方」に「共通見解が定まっているか／いないか」を示している。縦軸は定量的側面についての知識であり、「問題の定量化の仕方」に「科学的に妥当か／そうでないか」を示している。いずれも「科学的知識」ではなく「知識」であることに留意しよう。

　すると左上は、問いの立て方に共通見解があり、確率の算出方法にも科学的妥当性が確立している事象が入る。例えば、交通事故などの「リスク」と呼ばれる問題群が挙げられる。その下は、問いの立て方に共通見解はあるが、その定量化の実現可能な方法については誰も確信が持てない、未だ論争があるような「不確実性」を伴う現象が入る。Ⅱ節で取り上げたラクイラ地震など、大地震の発生予測がこれに当たる。その右の「無知」は、定性的側面と定量的側面の双方の知見がなく、問いを立てることすら難しい、誰もほとんど想像もしていない領域である。Ⅲ節で扱った BSE がヒトに感染する可能性はこの領域にあったと言えよう。最後に右上の領域、これは注目する事象の定量化の方法に対立はないが、どのような枠組みで考えるかが多種多様で

ある問題群が入る。Ⅳ節で取り上げた遺伝子組換え作物を受け入れるか否かのような「多義性」のある事象がこれに該当する。

　本章で取り上げた事例を上記のマトリックスに配置したが、不定性マトリックスはトランス・サイエンス的問題群を分類するツールではない。ある物事を多角的に見るための「触媒」である。自分にとっては「リスク」の領域に入るものも、他者にとっては「多義性」や「無知」の領域に置かれているかもしれない。関係者の対話を促すツールとして活用されることを願って作られたものだ。

　我々は、一定の確率で起きる交通事故や気象災害などのよく知られた文脈にある「リスク」について、なんとか折り合いをつけて日常を送っている。しかし、群発地震の後に大地震が発生するのか、首都直下地震はいつ起きるのか、といった「不確実性」についての判断はかなり難しい。専門家の見解が一致しても、その確率が大きいか小さいか、そのためにどれほどの経済コストを割いて備えるべきかについての答えは得られない。

　一方で、数学的な手続き自体には異論はないが、何を本質的に大事とみなすかによって使用するデータが異なってくる問題では、問いの立て方そのものが重要になってくる。遺伝子組換え作物をどこまで許容するか、その問いの枠組みを健康被害とするか、有機栽培をする小規模農家の経済リスクとするか、高品質野菜の産出国という文化の維持に置くか、これは科学の世界からは出てこない問いである。

　科学は、科学が定量化できる枠組みでしか問いを立てない。だから科学だけに任せていては、重要な問いがいつのまにか削ぎ落とされていくことになる。扱いたくない難しい問題だからわざと問いから外しているのではなく、そもそも科学の枠組みでは立てることのない問いなのだ。

　ではこの重要な問いを立てるのは誰か。もうおわかりだろう。私たち市民である。私は地震学や防災においては専門家の立場だが、それ以外の無数の領域については一市民だ。その分野の科学的関心事項からは漏れてしまう問いを国や専門家に投げかけていかねばならない。社会的・政治的な問題や、責任や倫理に関わる問題、信頼性や持続可能性に関わる問題を考慮に入れてさまざまな切り口から問いを立てられるのは、専門家ではなく市民だ。専門

家が置く問いの枠組みそのものを問い直す力が、市民には求められている。

おわりに

　ラクイラ地震で地震学者が訴追される事件が起きた時、さまざまな大学に呼ばれて、地震発生予測の不確実性とトランス・サイエンスについて講義を行った。私自身が地震学者なので科学者寄りに講義をしてしまっているのかもしれないが、理学系の学部で開講されると、履修者の学生たちは科学者の立場で講義を聞きがちだ。行政はもっとこうするべきだった、メディアはこうするべきだった、との意見が多く、科学者をかばう雰囲気が圧倒的になる。

　講義を行ってきた大学の中で初めて、科学者にも悪いところがあった、メディアにだって言い分がある、という意見が出てきたキャンパスがある。SFCだ。もちろん科学者をかばう意見も出ているが、その上で、「自分は今メディアでインターンをしているので、こういうやり方になるのもわかる」、「市民が入手できる情報は限られているのだから、専門家が曖昧な表現をしても頭に入ってこない」といった意見も議論の俎上に載せてグループワークが進行していく。議論の結果を発表する場面では、私が地震学者であることに少しも遠慮することなく、地震学者のこういう言い方がよくないんじゃないか、もっとこういう情報は出せないのか、ここと連携してはどうか、といった意見が出てくる。

　ラクイラ地震だけではない。BSEについても遺伝子組換え食品についても、「生物実験をやっている立場からすると…」と生物学系の研究会の学生が意見を言い、「研究者が忖度をしたら政治判断ができなくなる。わからないことはわからないと、色を付けずに言ってほしい」と政治学系の研究会の学生が意見を返したりしている。まさに、それぞれの立場から問いを立て直した上で、相手と自分の問いの枠組みが違うことを前提にして、自分から見えている問いが何なのかを伝えようとしている。

　そこには、対話を通じて社会を担っていく「市民」の姿がある。地震の不確実性をどう伝えたらいいのかを考えてきた私は、地震学の研究所ではなく、ここSFCで、その答えの一端を見つけかけている。

参考文献

Weinberg, M. Alvin（1972）"Science and trans-science," *Minerva* 10, 209-222.

繩縞一起・大木聖子（2015）「ラクイラ地震裁判──災害科学の不定性と科学者の責任」『科学技術社会論研究』11 号、pp. 50-67。

小林傳司（2007）『トランス・サイエンスの時代──科学技術と社会をつなぐ』NTT 出版ライブラリーレゾナント。

Marris, Claire, Brian Wynne, Peter Simmons and Sue Weldon（2001）"Public Perceptions of Agricultural Biotechnologies in Europe," *Final Report of the P ABE research project*, FAIR C T98-3844（DG 12-SSMI）.

平川秀幸（2010）『科学は誰のものか──社会の側から問い直す』NHK 出版。

消費者庁「遺伝子組換え食品」https://www.caa.go.jp/policies/policy/consumer_safety/food_safety/food_safety_portal/genetically_modified_food/（最終アクセス：2022 年 10 月 25 日）

中島貴子（2017）「「科学の不定性」に気づき、向き合うとは」本堂毅・平田光司・尾内隆之・中島貴子『科学の不定性と社会──現代の科学リテラシー』信山社。

戸田山和久（2011）『「科学的思考」のレッスン──学校では教えてくれないサイエンス』NHK 出版新書。

医療専門職養成課程モデル・コア・カリキュラムに見る
「コミュニケーション」の捉え方

杉本なおみ

　コミュニケーションは医療現場に不可欠な要素だが、従来は大学の学修項目として明示されることはなかった。しかし社会の求めに応じコミュニケーションを学習内容に付加することこそ急務とする医学・歯学教育モデル・コア・カリキュラム（2001）が策定され、初めて重要項目として取り上げたことを契機に、医療系学生のコミュニケーション能力を涵養する試みが全国に広がった。

　モデル・コア・カリキュラム（以下　コアカリ）は各分野の学士課程に共通して取り入れるべき核を示すガイドラインである。文部科学省諮問機関の提言に沿い、専門教育の質保証を求める国家・社会の要請に応える形で推進された経緯から、医療職成教育政策を体現する文書として政策研究の対象ともなる。例えばコアカリに「（実習では）コミュニケーションを保って医療の現場に溶け込む」（医学，6）という記述があれば、政策研究者は、そこに「コミュニケーションは「保つ」ことが可能であり「保たれた」コミュニケーションは医療に資する」という策定当事者（例：教育・研究者、官僚、政治家）の思考が投影されていると解釈する。

　医学・歯学コアカリのコミュニケーション部分の策定に、コミュニケーション学の学位を有する専門家が関与した形跡はない。コミュニケーション学は人々が記号を介して意味を創出する過程を扱う学問であり、領域内にはコミュニケーションの捉え方に関する共通の学問的前提が存在する。しかし医学・歯学コアカリ初版にはこれが反映されていないことになる。

　医療者にも独自のコミュニケーションの捉え方があって然るべきだが、それだけではコミュニケーション教育を行うのに不十分な場合がある。例えば

「傾聴・共感」（医学，26）は医療界で重用される概念だが、この断片化した学び方に懸念を抱くコミュニケーション研究者は少なくない。

　医学・歯学コアカリは初版後3回改訂され、薬学・看護学コアカリも新たに策定された。そこで本稿では医療系4分野のコアカリ最新版[1]の記載内容（表参照）から、各分野のコミュニケーションの捉え方を読み解く[2]とともに、コミュニケーション学本来の捉え方と対比することで、医療系学部におけるコミュニケーション教育への理解を深める手がかりとする。

I　コミュニケーションは「プロセス」である

　「コミュニケーション」は相互理解や合意形成と同義に用いられることが多い。これはコミュニケーションというプロセスとその結果が混同されていることの現れである。服薬という行為が体内に薬が入ることにより成立し、結果（薬効）が得られなくともなかったことにはならないように、相互理解や合意形成に至らぬコミュニケーションもまたコミュニケーションである。コミュニケーションは結果から規定すべきではなく、あくまでもプロセスとして捉えるべきだとするこの考え方を「プロセス性」という。

　コミュニケーションは4分野すべてのコアカリにおいて「基本的な資質・能力」とされているが、プロセス性の捉え方には分野ごとの違いがある。薬学コアカリでは情報の適切な収集と有益な情報の提供という限定的な定義、医学・歯学コアカリでは患者・家族と「良好な関係を築く（ため）」という定義がされている。目的・結果から規定するこのような捉え方は「目標やタスクの透明性を高める利点はあるものの、「できる／できない」という狭い枠組みでは評価しきれない現場での多様な気づきや学びをどうするのかという課題を残す」（石橋 2016b, 173）。

　これに対し看護学コアカリでは「よりよい支援に向けたコミュニケーションを学ぶ」とのみ記載されている。「良好な関係構築」を学修目標に掲げることの是非が問われた末に削除された経緯が議事録（2017）から読み取れる。「支援に向けた」という抑制された表現と共に、思い通りに運ばぬ可能性も含めコミュニケーションをプロセスとして学ぶという捉え方が窺える。

II　コミュニケーション能力を「スキル」とは捉えない

　「コミュニケーション」は、頻繁に接触する、連絡を怠らない、友好的な雰囲気を維持するという程度の意味で使われることもある。医療系コアカリにおいても「コミュニケーションをとる」（看護学・歯学）、「基本的なコミュニケーション」（医学・歯学）という記述に同様の捉え方が窺える。特に後者はその並記内容から、医療面接冒頭の一連の発話（例：こんにちは、学生の○○です、今日はどうされましたか？）を指すように読み取れる。さらに「コミュニケーション技法・技術・スキル」（看護学・医学）のように「コミュニケーション＝スキル」という捉え方を明白に示す記述例もある。

　コミュニケーション学研究者はこのような捉え方に懐疑的である。「スキル中心の考え方は、スキルが有効であることが前提として考えられているため、コミュニケーションのコンテクストや受け手の内的・外的ノイズについても、制御可能な要因として捉えられて」おり、このような考え方の下で学んでも「患者から発せられるメッセージに鋭敏になり相互関係のなかで適切性を探るプロセスを探る」能力が育たないことを危惧するためである（石橋2017a, 10）。

　コミュニケーション学の成果が医療専門職教育政策に反映されにくい現状は「ある種のがんの治療法に関する科学的根拠が蓄積されつつある傍らで怪しげな民間療法が横行している状態」に喩えられる。当然効果は得られず「がん治療など取り組んでも無意味だ」とする世論が形成されるのを専門家達は忸怩たる思いで眺めている。手遅れになる前に、コミュニケーション学、特にその下位領域であるコミュニケーション教育学研究者の声が政策当事者に届くことを強く願う。

1)　文部科学省を通じ公表されている医学・歯学・薬学・看護学コアカリを対象とし、職能団体等を策定主体とする他医療系分野のコアカリは除外した。
2)　コミュニケーション教育にどの程度の力点を置くか、どの領域に配置するかといった点は各分野固有の特徴に依存するものであり、その有無や多寡は論考の対象としない。なお学生が獲得すべき能力としての記載に限定し、学修対象としての記載（例：細胞間コミュニケーション）は除外した。また見出しが「コミュニケーション」を含む場合、その下位項目をコミュニケーションと捉えていることの表れと解

釈し全てを対象とした。一方コミュニケーションの範疇に含まれ得る内容でも当該語を含まぬ場合、立案者がコミュニケーションとして記載した内容を分析するという目的に照らし除外した。全文中下線は筆者による。

引用文献（コアカリ・議事録は文部科学省ホームページ上で検索・閲覧可能。最終閲覧日 2022 年 8 月 31 日）

医学における教育プログラム研究・開発事業委員会（2001）『医学教育モデル・コア・カリキュラム——教育内容ガイドライン』

石橋嘉一（2016a）「コミュニケーション・スキルの考え方」池田理知子・五十嵐紀子『よくわかるヘルスコミュニケーション』ミネルヴァ書房。

石橋嘉一（2016b）「臨床教育の評価」池田理知子・五十嵐紀子『よくわかるヘルスコミュニケーション』ミネルヴァ書房。

看護学教育モデル・コア・カリキュラム策定ワーキンググループ（2017）『（第 3 回）議事録』

大学における看護系人材養成の在り方に関する検討会（2017）『看護学教育モデル・コア・カリキュラム——「学士課程においてコアとなる看護実践能力」の修得を目指した学修目標』

モデル・コア・カリキュラム改訂に関する連絡調整委員会・モデル・コア・カリキュラム改訂に関する専門研究委員会（2017）『医学教育モデル・コア・カリキュラム——教育内容ガイドライン平成 28 年度改訂版』

モデル・コア・カリキュラム改訂に関する連絡調整委員会・モデル・コア・カリキュラム改訂に関する専門研究委員会（2017）『歯学教育モデル・コア・カリキュラム——教育内容ガイドライン平成 28 年度改訂版』

薬学系人材養成の在り方に関する検討会（2013）『薬学教育モデル・コアカリキュラム 平成 25 年度改訂版』

表「看護学教育」「医学教育」「歯学教育」「薬学教育」各モデル・コア・カリキュラムにおける「コミュニケーション」掲出箇所
（本稿執筆時点での最新改訂版の公表年月日降順、同日の場合には領域名の五十音順）

	「看護系人材」「医師」「歯科医師」「薬剤師」として求められる基本的な資質・能力
看護学（2017）	4　コミュニケーション能力　人々の相互の関係を成立・発展させるために、人間性が豊かで温かく、人間に対する深い畏敬の念を持ち、お互いの言動の意味と考えを認知・共感し、多様な人々の生活・文化を尊重するための知識・技術・態度で支援に当たる A-4-1）①看護において、コミュニケーションが人々との相互の関係に影響することを理解できる　②人々との相互の関係を成立させるために必要とされるコミュニケーション技法について説明できる　③自分の傾向がわかり、自分の課題を意識しながらコミュニケーションをとることができる
医学（2017）	4　コミュニケーション能力　患者の心理・社会的背景を踏まえながら、患者およびその家族と良好な関係性を築き、意思決定を支援する A-4-1）医療内容を分かりやすく説明する等、患者やその家族との対話を通じて、良好な人間関係を築くためのコミュニケーション能力を有する　①コミュニケーションの方法と技能（言語的と非言語的）を説明し、コミュニケーションが態度あるいは行動に及ぼす影響を概説できる　②コミュニケーションを通じて良好な人間関係を築くことができる　③患者・家族の話を傾聴し、共感することができる
歯学（2017）	4　コミュニケーション能力　患者の心理・社会的背景を踏まえながら、患者及びその家族と良好な信頼関係を築く。信頼関係を確立するために、コミュニケーションの重要性を理解し、その能力を身に付ける　①コミュニケーションの意義、目的と技法（言語的・準言語的・非言語的）を説明できる　②コミュニケーションを通じて良好な人間関係を築くことができる　③医療面接における基本的なコミュニケーションができる
薬学（2013）	（コミュニケーション能力）患者・生活者、他職種から情報を適切に収集し、これらの人々に有益な情報を提供するためのコミュニケーション能力を有する A（3）信頼関係の構築【1 コミュニケーション】①意思、情報の伝達に必要な要素について説明できる　②言語的及び非言語的コミュニケーションについて説明できる　③相手の立場、文化、習慣等によって、コミュニケーションの在り方が異なることを例を挙げて説明できる　④対人関係に影響を及ぼす心理的要因について概説できる　⑤相手の心理状態とその変化に配慮し、対応する　⑥自分の心理状態を意識して、他者と接することができる　⑦適切な聴き方、質問を通じて相手の考えや感情を理解するように努める　⑧適切な手段により自分の考えや感情を相手に伝えることができる　⑨他者の意見を尊重し、協力してよりよい解決法を見出すことができる

前頁の表の続き

	「看護学」「医学」「歯学」「薬学」に関する知識・技能	実習
看護学（2017）	D-2-2)-(4)①看護におけるコミュニケーション技術を修得する D-6-3)⑦他のチーム員と適切なコミュニケーションをとる必要性を理解し、指導の下で実践できる	実習施設等で他の職種と交流し、連携・協働を学ぶことにより、コミュニケーション能力を育成する（後略） F-1-1) A（④コミュニケーション能力）を常に意識しながら、臨地実習を行う
医学（2017）	C-5-7)⑤効果的な対人コミュニケーションを説明できる ⑥話し手と聞き手の役割を説明でき、適切なコミュニケーションスキルが使える ⑧文化・慣習によってコミュニケーションのあり方が異なることを例示できる E-6-3)①放射線リスクコミュニケーション 患者と家族が感じる放射線特有の精神的・社会的苦痛に対して十分に配慮できる ②患者の漠然とした不安を受け止め、不安を軽減するためにわかりやすい言葉で説明でき、対話ができる E-9-1)⑦人生の最終段階における医療での患者とのコミュニケーションを説明できる F-3-2)②医療面接における基本的コミュニケーション技法を用いることができる	G-1-1)(1) A4 コミュニケーション能力を常に意識しながら、臨床実習を行う G-4-1)(7) 救急科③チーム医療の一員として良好なコミュニケーションを実践できる G-4-4) シミュレーション教育 ②模擬患者の協力を得て、臨床技能（コミュニケーションスキルを含む）や医療者に求められる態度を身に付ける 診療参加型臨床実習実施ガイドライン 2 (4)①bコミュニケーションや身体診察の技能、基本的臨床手技等については、診療参加型臨床実習の中で、自分で体験することで「できる」ようになる 2 (5) f 最低1日1回はベッドサイドでゆっくりと患者とのコミュニケーションをもつこと、その際、できるだけ聞き役になるように努める
歯学（2017）		F-2-1)②医療面接における基本的なコミュニケーションができる G-2①医療面接を実施し、患者と良好なコミュニケーションがとれる
薬学（2013）		

索　引

編者

宮代康丈（MIYASHIRO Yasutake）
慶應義塾大学総合政策学部准教授。専門分野：政治哲学、フランス哲学・思想。
パリ・ソルボンヌ大学（パリ第4）博士課程修了。博士（哲学）。
主要著作：*Démocratie libérale ou républicaine? Les écrivains politiques français du XIX° siècle*（Presses de l'université Paris-Sorbonne, 2015）。

山本 薫（YAMAMOTO Kaoru）
慶應義塾大学総合政策学部専任講師。専門分野：アラブ文学。
東京外国語大学博士（文学）。
主要著作：「中東のラップをめぐる力学とアイデンティティ形成——DAMの事例を中心に」
（福田宏・後藤絵美編『「みえない関係性」をみせる　グローバル関係学5』岩波書店、2020年）。

著者

今井むつみ（IMAI Mutsumi）
慶應義塾大学環境情報学部教授。専門分野・認知科学、発達心理学、言語心理学。
ノースウエスタン大学心理学部博士課程修了。Ph.D.（認知心理学）。
主要著作：『ことばと思考』（岩波書店、2010年）。

大堀壽夫（OHORI Toshio）
慶應義塾大学環境情報学部教授。専門分野：言語学（意味論、機能的類型論、談話分析）。
カリフォルニア大学バークレー校大学院言語学科博士課程修了。Ph.D（言語学）。
主要著作：「類像性」（秋田喜美と共著）（池上嘉彦・山梨正明編『認知言語学I　講座・言語研究の革新と継承6』ひつじ書房、2020年）。

國枝孝弘（KUNIEDA Takahiro）
慶應義塾大学総合政策学部教授。専門分野：フランス文学、フランス語教育。
フランス・トゥールーズ・ル・ミライユ大学（現トゥールーズ・ジャン・ジョレス大学）博士課程修了。博士（文学）。
主要著作：「グザヴィエ・ドラン作品の言語・沈黙・叫び——登場人物の相互関係をめぐって」
（『ユリイカ4月号　特集グザヴィエ・ドラン』青土社、2020年）。

藤田 護（FUJITA Mamoru）
慶應義塾大学環境情報学部専任講師。専門分野：ラテンアメリカ研究、アイヌ語・アイヌ語口承文学研究、人類学、スペイン語教育。
東京大学総合文化研究科地域文化研究専攻単位取得退学。
主要著作：『Keio SFC Journal〈Vol. 19 No. 2 2019〉特集：多言語多文化共生社会に向けた挑戦』
（杉原由美と共同編著、慶應義塾大学湘南藤沢学会、2020年）。

髙木丈也（TAKAGI Takeya）
慶應義塾大学総合政策学部専任講師。専門分野：朝鮮語学、方言学、談話分析。
東京大学大学院人文社会系研究科博士（文学）。
主要著作：『中国朝鮮族の言語使用と意識』（くろしお出版、2019年）。

中浜優子（NAKAHAMA Yuko）
慶應義塾大学環境情報学部教授。専門分野：第二言語習得、外国語教育。
米国ジョージタウン大学大学院言語学研究科博士課程修了。PhD（言語学）。
主要著作：*Referent markings in L2 narratives: Effects of task complexity, learners' L1 and proficiency level*
（Hituzi Syobo Publishing, 2011）。

杉原由美（SUGIHARA Yumi）
慶應義塾大学総合政策学部准教授。専門分野：応用言語学、日本語教育、多文化／異文化間教育。
お茶の水女子大学大学院人間文化研究科博士後期課程修了。博士（人文科学）。
主要著作：『日本語学習のエスノメソドロジー——言語的共生化の過程分析』（勁草書房，2010年）。

白頭宏美（HAKUTO Hiromi）
慶應義塾大学総合政策学部専任講師（有期）。専門分野：日本語教育。
横浜国立大学大学院教育学研究科修士課程修了。修士（教育学）。
主要著作：『メタ認知を活用したアカデミック・リーディングのための 10 のストラテジー』（共著、凡人社、2019 年）。

藁谷郁美（WARAGAI Ikumi）
慶應義塾大学総合政策学部教授。専門分野：ドイツ文学、宗教言語分析、ドイツ語教育、外国語教育デザイン、メディア分析。
ドイツ国立ボン大学（Rheinische Friedrich-Wilhelms-Universität Bonn）博士課程修了。Ph.D.（文学）。
主要著作：*Die Lokalisierung geistiger Weltvorstellungen in der Übersetzung literarischer Werke - Verwendung von biblischer Sprache in der deutschsprachigen Übersetzung des Romans Der Seemann, der die See verriet von Yukio Mishima*（Kongressakten IVG Palermo 2021, Bd. 8, Peter Lang Verlag, Berlin 2023）。

鄭浩瀾（ZHENG Haolan）
慶應義塾大学総合政策学部准教授。専門分野：中国近現代史、中国地域研究、歴史社会学。
慶應義塾大学大学院政策・メディア研究科後期博士課程修了。博士（政策・メディア）。
主要著作：『中国農村社会と革命——井岡山の村落の歴史的変遷』（慶應義塾大学出版会、2009年）。

野中 葉（NONAKA Yo）
慶應義塾大学総合政策学部准教授。専門分野：地域研究（インドネシア）、現代社会と宗教、女性とイスラーム、マレー・インドネシア語教育。
慶應義塾大学大学院政策・メディア研究科後期博士課程修了。博士（政策・メディア）。
主要著作：『インドネシアのムスリムファッション——なぜイスラームの女性たちのヴェールはカラフルになったのか』（福村出版、2015 年）。

西川葉澄（NISHIKAWA Hasumi）
慶應義塾大学総合政策学部専任講師。専門分野：フランス文学、フランス語教育。
上智大学大学院文学研究科フランス文学専攻博士課程満期退学。パリ第 3 大学 DEA 修了（文学）。上智大学修士（文学）。
主要著書：『トラントラン 初級フランス語・かんたんなことをコツコツやろう』（朝日出版社、2019 年）。

大木聖子（OKI Satoko）
慶應義塾大学環境情報学部准教授。専門分野：地震学、災害情報、防災教育。
東京大学大学院理学系研究科修了。博士（理学）。
主要著作：『超巨大地震に迫る——日本列島で何が起きているのか』（NHK 出版新書、2011年）。

杉本なおみ（SUGIMOTO Naomi）
慶應義塾大学看護医療学部教授。専門分野：医療コミュニケーション学
イリノイ大学アーバナ・シャンペーン校博士課程修了。博士（コミュニケーション学）。
主要著作：共編『医学教育白書 2022 年版（'19〜'22）』（篠原出版新社、2022 年）。

シリーズ　総合政策学をひらく

言語文化とコミュニケーション

2023 年 2 月 25 日　初版第 1 刷発行
2023 年 3 月 31 日　初版第 2 刷発行

編　者————宮代康丈・山本薫
発行者————慶應義塾大学総合政策学部
　　　　　　〒 252-0882　神奈川県藤沢市遠藤 5322
　　　　　　https://www.sfc.keio.ac.jp/
発売所————慶應義塾大学出版会株式会社
　　　　　　〒 108-8346　東京都港区三田 2-19-30
　　　　　　TEL 03-3451-0931　FAX 03-3451-3122
装　丁————鈴木衛
印刷・製本——株式会社理想社
カバー印刷——株式会社太平印刷社

慶應義塾大学出版会

シリーズ「総合政策学をひらく」全5巻

慶應義塾大学湘南藤沢キャンパス（SFC）が、日本で初めて「総合政策学部」を 1990 年に開設してから 30 年を迎えました。シリーズ「総合政策学をひらく」は、「実践知」の学問として定義され、個々の先端的学問領域に通暁しつつも、それらを総合的にとらえ直して問題解決するために学際領域に踏み込もうとする新しい「知」＝総合政策学の「今」と「この先」を示すためのブックプロジェクトです。

言語文化とコミュニケーション

宮代康丈・山本薫［編］　　　　　　　　　　定価2,730円（本体価格2,300円）

総合政策学の方法論的展開

桑原武夫・清水唯一朗［編］　　　　　　　　定価2,750円（本体価格2,500円）

以下、続刊

流動する世界秩序とグローバルガバナンス

神保謙・廣瀬陽子［編］

社会イノベーションの方法と実践

琴坂将広・宮垣元［編］

公共政策と変わる法制度

新保史生・和田龍磨［編］